受资项目：国家社科基金西部项目
（项目批准号：16XMZ067）

西北民族地区特色优势产业现状与发展调查研究

白贺兰　马小黎　李珂璟　　著
任　慧　杨　城　王统勋

民族出版社

前　言

　　西北民族地区位于我国西北部，亚欧大陆腹地，包括甘肃、青海、宁夏、新疆四省（区），土地总面积约占全国总面积的1/3。这里地形地貌复杂多样，少数民族成分众多，空间位置偏僻，经济发展滞后，生态环境脆弱，但该区地域辽阔，光、热、水、土资源丰富，物种资源多样，具有发展特色产业的优势和潜力。西部大开发战略实施以来，经过多年发展，西北民族地区的经济发展已经取得长足进步，但相较于非民族地区以及中东部地区，经济发展比较迟缓，产业层次较低的状况还没有得到根本改变。与非民族地区以及中东部地区的差距日益增大，区域内部城乡差异亦愈加明显。实施"区域协调发展战略"，难点在西部，发展壮大特色优势产业则是西北民族地区实施"乡村振兴战略"的关键之举。作为"一带一路"倡议的前沿阵地，西北民族地区也迎来了进一步发展壮大特色优势产业，加快产业结构调整，实现地区经济跨越式、可持续、高质量发展前所未有的历史机遇。

　　本书首先对西北民族地区特色优势产业发展的历史沿革进行梳理；其次，利用DSSM—区位熵模型对西北民族地区产业结构与竞争力进行评价，利用Granger因果检验、协整分析对特色优势产业进行筛选并检验；再次，分省域对西北民族地区特色优势产业现状、问题进行分析；再其次，以案例分析的方式对甘肃肉羊产业、青海旅游业、宁夏枸杞产业和新疆的棉花产业四个典型特色优势产业进行了现状与发展实证研究；最后，提出西北民族地区特色优势产业跨越式、可持续发展的对策建议。以期为西北民族地区决策者制定产业发展规划提供参考，为社会各界了解西北民族地区特色优势产业的发展情况、积极参与投资建设提供信息，为我国其他民族地区乃至全国特色优势产业的发展提供借鉴。进而为优化西北民族地区经济结构，增强区域竞争力，推动西北民族地区乡村振兴，实现区域经济跨越式可持续发展，缩小我国东西部差距，解决西北民族地区"三农"问题以及推进城乡一体化，从根本上巩固和发展民族团结、社会稳定及边疆安全做出积极的贡献。

本书共分为九章，撰写人员第一章为白贺兰、任慧、王统勋，第二章为马小黎、李珂璟、任慧、杨城、白贺兰，第三章为白贺兰，第四章为马小黎、白贺兰，第五章为李珂璟、白贺兰，第六章为任慧、白贺兰，第七章为杨城、白贺兰、任慧、王统勋，第八章为马小黎、李珂璟、任慧、杨城、白贺兰，第九章为白贺兰。

本书的研究和出版得到国家社科基金西部项目"西北民族地区特色优势产业现状与发展调查研究"的资助，在撰写中得到甘肃省农业科学院魏胜文研究员、乔德华研究员、张东伟研究员等专家的帮助和支持，在此特深表感谢！由于资料、数据掌握有限以及著者水平因素，书中难免有疏漏不足之处，恳请读者批评指正！

著　者
2023 年 11 月

目　录

第一章 导 论

第一节 研究背景和意义

一、研究背景

西北民族地区位于我国西北部，亚欧大陆腹地，包括甘肃、青海、宁夏、新疆四省（区），土地面积约占全国总面积的 1/3。该区域地形地貌复杂多样，少数民族成分众多，空间位置偏僻、经济发展滞后、生态环境脆弱，但该区地域辽阔，光、热、水、土资源丰富，物种资源多样，具有发展特色产业的优势和潜力。而且在我国国防安全、民族团结、社会稳定、生态保护、经济发展以及全方位开放中具有极其特殊而重要的地位。西部大开发战略和供给侧结构性改革为发展西北民族地区特色产业提供了有利的机遇和广阔的空间。经过多年发展，西北民族地区的经济发展已经取得长足进步，但相较于非民族地区以及中东部地区，该地区由于自然条件、地理位置、社会资源、历史文化等方面的原因，经济发展比较迟缓，产业层次较低的状况还没有得到根本改变，与非民族地区以及中东部地区的差距日益增大（代敏等，2017），区域内部城乡差异亦愈加明显。党的十九大报告提出"实施区域协调发展战略"（习近平，2017），解决发展不平衡、不充分的问题，并指出"三农"问题是关系国计民生的根本性问题，必须始终把解决好"三农"问题作为全党工作的重中之重，实施乡村振兴战略。发展壮大特色优势产业是西北民族地区产业结构调整的主攻方向，也是推进乡村振兴的关键之举，只有夯实了产业根基，让乡村具有"造血"功能，才能激发农民自身的内在动力和蓬勃活力，促进农村经济的可持续发展，才能促进西北民族地区发挥比较优势，提升自我发展能力，以及推动中东部地区加强与西部地区的产业合作、拓展发展空间、促进产业优化升级，这对于优化全国产业分工格局、促进区域协调发展具有重要意义。作为"一带一路"倡议的前沿阵地，"一带一路"倡议的提出也为西北民族地区进一步发展壮大特色优势产业，加快产业结构调整，实现地区经济跨越式、可持续、高质量发展迎来了前所未有的历史机遇。

二、研究意义

在挑战和机遇面前，如何实现跨越式、可持续发展，是社会进步、经济发展面临的亘古不变的主题。西北民族地区只有立足于特色优势资源，发展可持续性产业，构建特色优势产业体系，才能最终达到促进民族地区经济与社会可持续发展的目的。西北民族地区特色优势产业的研究有其特有的学术价值和应用价值，从理论角度出发，对民族地区特色优势产业发展进行研究，不仅丰富了区域经济理论，使得区域经济深深扎根于不断进步的民族区域社会实践中，还极大地丰富了区域经济学的研究范围，融合相关学科优秀研究成果，积极推动民族地区特色产业研究的深度与广度，奠定下一步研究的基础理论与实践指引；从应用实践来看，西北民族地区经济发展面临的主要问题是急需找到自己的特色优势产业来重点发展。本书主要是对西北民族地区的特色优势产业发展问题进行深入探讨，并为制定西北民族地区特色优势产业发展规划提供基础研究参考，从理论与实践探讨方面有理有据地深入宣传西北民族地区特色优势产业的发展情况，并为外界投资方提供数据信息和客观分析，对增强区域经济竞争力，优化经济结构，推动西北民族地区经济快速发展，缩小我国东西部差距，推进城乡一体化以及解决西北民族地区"三农"问题都具有重大的现实意义。此外，我国的特色优势产业在不同地方都有适宜当地情况的进度发展，各个民族地区的特色优势产业在发展的进程中都遇到了共同的问题，通过本书对西北民族地区特色优势产业的现状和问题分析，总结特色优势产业在西北民族地区的发展变革和优秀发展经验，更好地为其他民族地区乃至全国相关领域特色优势产业的良好发展提供宝贵数据和参考借鉴。

第二节　国内外特色优势产业理论基础
与研究综述

一、理论基础

（一）比较优势理论

斯密做的关于国际贸易的研究中最早提出了国际分工和贸易的理论概念（Adam Smith，1776）。他指出，在某件产品的生产成本上，如果有一国所花费的成本低于其他国家，就称其具有绝对优势，该国发展并出口这种产品具有绝对的优势，同时，可以交换回其他国家具有绝对优势的产品，在贸易交换中交易双方都能从中获取利益（亚当·斯密，1974）。大卫·李嘉图对斯密的绝对优势理论进行优化发展，提出了相对优势学说（David Ricardo，1817）。李嘉图讨论了劳动生产率较低的国家，仍然可以凭借比较优势在国家分工和贸易中获取利益，在这种情况下，贸易依然是互惠互利的。因此，依据这一理论，在本书中，找出本区域具有比较优势的产业并加以发展壮大，有利于促进本区域经济的发展。

（二）产业选择理论

阿尔弗雷德·马歇尔（Alfred Marshall，1890）是第一个相对系统研究产业集群现象的经济学家。他从三个方面解释了区域产业集群，即劳动力市场共享、中间产品投入和技术外溢。后人在研究产业集群理论的起源时，将马歇尔的三要素学说当作经典。阿尔弗雷德·韦伯（Alfred Weber，1929）从产业区位理论的角度对产业集聚进行了深入研究，并首次提出了集聚经济的（agglomeration economies）概念。迈克尔·波特（Michaele Porter，1990）提出了国家竞争优势的"钻石模型"（Diamond Model）。保罗·克鲁格曼（Paul R. Krugman，1991）建立了一个简明而有效的关于"中心—外围"的模型，这一模型中，处于中心或核心（core）的是制造业地区，但是在外围（periphery）是农业地区。可以说，克鲁格曼是在马歇尔后第一次将规模经济、竞争、地理区位等主要经济问题结合在一起考虑的主流经济学家。他认为产业聚集可以增加收益回报，因此聚集程度高的产业，增值优势越高。

（三）可持续发展理论

自美国生物学家 Carson 1962 年出版的《寂静的春天》以来，人类开始意识到，在当今的经济发展状况下，人类社会对生态环境的影响越来越大，全球环境污染和破坏日益严重。前期的主要研究有：哈里森·布朗（1954）的《人类前途的挑战》、H. 贾雷特（1966）主编的《一个增长中的经济的环境质量》、E.J. 米香（1967）的《经济增长的代价》、J. 哈特和罗伯特·索科洛（1971）主编的《耐心的地球》。随着 1972 年《增长的极限》的出版在全球引起轩然大波后，特别是进入 20 世纪 90 年代以来，可持续发展带来的新的价值理念和光明的发展前景被正式列入国际社会的议程。1992 年的世界环境与发展会议，1994 年的世界人口与发展会议和 1995 年的哥本哈根世界首脑会议都以此作为重要议题，提出了可持续发展战略构想。此外，学者们也将可持续发展的概念引入了不同的研究领域当中，将可持续发展与社会发展、环境保护、经济发展、区域发展等方面结合起来。从另外一个角度我们也可以说，可持续发展将这些领域统一起来了。如今，可持续发展理论已经照进现实，成为经济活动的指路牌，循环经济、绿色产业成为产业发展的主攻方向。

（四）跨越式发展理论

所谓生产力跨越式发展，是指生产力相对落后的国家，其发展不再延续传统的渐进式发展方式，而是在与世界生产力发展的交流中，用先进的生产力来规范和扩大自己现有的生产力，从而实现原始生产力的转化和跨越（科斯等，1999）。为跨越式发展提供理论基础的代表性学说有：（1）赫希曼（A.Hirschman，1958）的"不平衡增长理论"。他在《经济发展战略》一书中指出，欠发达国家可以集中有限的资源和资本，优先发展一些优势产业，以带动其他产业的增长和扩张，最终达到追赶发达国家的目标。（2）格申克龙（Gerschenkron，1962）的"后起之益"理论。他认为"后起之益"最终会促进后发国家工业化的成功。（3）罗斯托（Rostovian，1960）提出的"起飞"理论。他认为某个社会、国家和地区可以通过采用新的科技成果实现经济的迅速发展，从而推动其经济社会迅速进步。根据这些理论，并充分考虑到我国体制转轨和发展问题交织在一起的实际情况，国内一些理论工作者和地方领导者提出了较为系统的富有中国特色的比较系统的跨越式发展理论。作为发展中国家的欠发达地区，西北民族地区如何将跨越式发展理论作为行动指南，最终达到赶超我国非民族地区、中东部发达地区，乃至发达国家，具有非常重要的意义。

（五）三次产业结构与划分理论

三次产业最初是由英国经济学家费希尔（1935）在其《安全与进步的冲突》一书中提出来的，他将人类生产活动划分为三种类型，按所处阶段为初级阶段、第二阶段和第三阶段的产业分别叫做第一产业、第二产业和第三产业。1940年左右，在费希尔的研究基础上，美国经济学家科林·克拉克在《经济进步的条件》中指出，国民经济结构可分为三大部门，第一、二、三部门分别以农业、制造业和矿业、服务业为主，明确了三次产业类型，完善了三次产业结构理论。三次产业结构与划分逐渐成为了解经济发展水平、制定产业政策并指导经济发展的主要依据（曹曼、叶文虎，2004）。此后，还有学者提出四次产业（马克·波拉特，1977；辰昕等，2020）、五次产业（王奇和叶文虎，2002）和标准产业划分法（联合国，1971）等新的产业划分方法。但由于缺少统一的理论基础，未能在实际中得到普遍应用。当然随着经济的发展变化，三次产业具体分类亦随之不断调整，且根据各国实际情况不同而各异。本书正是立足于三次产业划分理论对西北民族地区产业结构与特色优势产业进行了分析。

（六）产业结构调整理论

产业结构调整是各种生产要素在不同产业部门之间的重新配置导致相互关系变动的过程（Kuznets，1973；Maddison，1980；Herrendorf et al.，2013；范从来和杜晴，2015）。随着经济的不断发展，三次产业中第一产业要素份额不断减少，第三产业不断增加，第二产业变化相对平缓，即表现出"库兹涅茨事实"（Kuznets，1966）。中国经济增长规律也基本符合"库兹涅茨事实"，只是相比西方工业化国家，中国经济增长表现出后发优势，整体变化幅度更大。自改革开放以来，经过30多年的快速发展，中国产业结构调整不断加码，产业结构不断优化升级，但仍然落后于发达工业化国家。学者们不仅描述了产业结构变迁的规律，还探索了其驱动机制。如供给侧"相对价格效应"（Baumol，1967；Ngai & Pissarides，2007；Acemoglu & Guerrieri，2008；徐朝阳，2010），需求侧"收入效应"（Foellmi & Zweimuller，2008；李尚骜和龚六堂，2012；Comin & Lashkari，2015），以及对外开放因素（章潇萌和杨宇菲，2016；Swiecki，2017）、资本深化效应（Dennis & Iscan，2009；于泽等，2014）等。西北民族地区特色优势产业结构调整也符合"库兹涅茨事实"，产业结构变迁规律也存在"相对价格效应""收入效应"等。

（七）产业链理论

产业链的概念最早是由国内学者姚齐源和宋伍生（1985）在

《有计划商品经济的实现模式——区域市场》中提出的，但如今，产业链内涵已发生很大变化。学者们从产业关联关系、产业分工、价值链、战略联盟以及生产工艺流程的角度分别进行了阐述（肖小虹，2012），但至今没有统一的定义。国外已有文献中，亦无明确的中观层面的"产业链"概念，大多是从微观层面进行价值链、供应链以及产业关联效应方面的研究（赫希曼，1958；詹瑜和崔嵬，2012）。在已有研究的基础上，本书将产业链定义为，各个产业部门之间或者一个产业内部各环节之间，通过产品或服务的上下游输送、相互价值、信息的交换而形成的链条网式逻辑结构关系与空间布局关系形态，包含价值链、企业链、供需链、空间链四个维度。

近年来，学者们从产业链视角分别分析了我国天然气发电产业、物流业、水产业、三七产业、山西省大数据、短视频产业、河北省绿色建筑业的产业现状、探讨了未来发展模式与路径（张喜才，2018；王英臣等，2019；孟鹭，2020；刘志坦等，2020；田国华，2020；孙慧武等，2021；叶元土，2021；詹鹏等，2021）；梳理了亚洲产业链、福建省农业、数字出版业的形成、变迁及提出了优化对策（李颖婷和崔晓敏，2021；陈燕武和李育恒，2021；张斌，2021）；基于产业链视角对中国工业系统生态效率进行了评价。产业链的应用范围日益拓展，对本书产业发展的分析有重要的参考价值。

二、研究综述

（一）国外研究综述

国外研究的侧重点在于理论方面，对优势产业在发展方向上提出了概念化的、结合普遍规律的理论。这些研究有关优势、主导产业的概念理论，为国内外特色优势产业的研究奠定了扎实的理论基础。国外的研究虽然没有明确定义"特色"，但针对优势产业的部分经济学理论研究大多早于国内。对相关的资源禀赋论、比较优势、竞争优势等理论的阐述和研究虽然不能够完全概括特色优势产业的内容，但正是这些理论构成了特色优势产业的研究基础。除此之外，优势产业的测评法等也为国内特色优势产业的研究提供了一定的理论依据。同时，有些理论都是世界著名的经济学家先导在较早期提出来的（最早可以追溯到亚当·斯密 1776 年 3 月提出的绝对优势理论），正因为经济学家对这些理论已经经过了反复研讨和实践验证，才使得它们具有很强的借鉴意义。

目前国外对于优势产业的研究取得了一系列颇具意义的研究成果，如罗斯托的"起飞理论"等。但是对特色优势产业的研究还为数不多。从理论的角度来看，传统理论的一些默认（假定）条件在实际情况中难以实现。所以在此过程中理论的固有缺陷还是会使后续的研究受到一定的影响。虽然国外的相关理论被引用得较多，但是不具有系统性，不足以全面地概括特色优势产业的内容。

（二）国内研究综述

国内对于西北民族地区特色优势产业发展的已有研究相对较少，但关于西部民族地区特色产业发展的研究较多，主要包括对特色资源优势的描述、自然资源禀赋陷阱论、西部民族地区特色产业发展现状分析、西部民族地区特色产业发展战略研究等方面。

1. 特色资源优势描述

前人在对西北民族地区的特色优势产业分析的研究中，主要是通过对自然资源和文化资源两方面的内容进行分析，综合出研究区域的相对优势。如施正一（1988）分别从自然条件、物质资源等方

面详细阐明了西部民族地区所拥有的优势。李澜和张君丽（2001）
对西北民族地区的原有资源、形成的产业、具有特点的交易产品进
行对比得到比较优势。王文长等（2001）从政策的支持角度出发，
分析了西北民族地区的特色政策支持，如少数民族地区拥有特殊的
区域自治制度资源和中央政府各职能部门特殊的政策支持。庄万禄
（2004）认为重点发展西部民族地区的旅游资源，可以结合地理、
气候、农业、自然矿产和水资源等资源发挥特色，吸引游客来增加
西部民族地区的经济收入和促进地区发展。

　　还有学者通过具体问题具体分析，针对单一的特色优势产业进
行分析，主要是对西北民族地区特色旅游资源的介绍与分析（温军和
白永平，1997；王婧，2001；袁翔珠，2002；简王华，2003；毕卫东，
2004），主要是包括三个方面的内容：第一，地势平坦的西北民族地
区有其地域特色的自然景观风光；第二，受到古丝绸之路和东西方文
化交流思想的影响，在当地留下了富有历史感的建筑和文化遗迹；第
三，西北民族地区具有较多的少数民族，民族特色和民族风情都极大
地丰富了当地的人文风情和建筑风格。受到自然光照和环境的影响，
西北民族地区的特色瓜果也是对经济具有重要影响的优势资源。

　　2. 自然资源禀赋陷阱论

　　在西北民族地区的特色资源影响分析方面，学者们通常是分
析特色资源的正面影响。刘颖琦和李学伟（2003）认为西北民族
地区一直是以比较优势理论作为发展理论，以农产品和原有资源
等简单产品作为经济收入的主要发展产品，随着社会工业化的发
展，西北民族地区依靠原有资源难以跟随工业化步伐，会导致经
济发展和社会进展逐渐落后于工业城市，同时，西北民族地区的
传统特色产业也会逐步消失，而且，西北民族地区对原有自然资
源的过度开发，使得生态成本越来越高，因此比较优势理论难以

支撑当下西北民族地区的特色优势产业发展。张红芳（2000）将其称为自然资源禀赋陷阱，并指出西北民族地区应坚持可持续发展策略，避免西北民族地区成为东部资源和能源供应基地的严重后果。当然，资源禀赋陷阱论也是产业链不完整，产业现代化水平不高的阶段性、过渡性观点。

3. 西部民族地区特色产业发展现状分析

西部民族地区特色经济的发展是依托于其特色资源、优势资源和市场优势的，而各地区的地理、气候、环境千差万别，优势资源、特色资源、民族传统、人文环境各不相同，因此所确定的特色产业也各不相同。要总体概括西部民族地区的特色经济发展难度确实很大，因为各个地区没有专门的机构对特色产业的发展进行统计。此外，西部民族地区是一个大的地域范围，行政单位多且分散，这给数据的收集工作带来了很多的困难。绝大多数学者没有对西部民族地区特色产业发展现状做比较细致的研究或说明，都是仅仅粗略地对全区或者区内某个小区域某些或某个特色产业发展进行简单概括（张前进和马丽，2008；申兵，2012；康军，2015；程文明等，2019），只有少数学者分地区、分产业对西部民族地区特色经济发展情况进行了比较详细地阐述说明。如王文长等（2001）在《西部特色经济开发》一书从农业、工业、第三产业方面对特色经济的发展进行了归纳，并进一步对西部12省（市、区）特色经济进行了更为详细的说明。此外，李俊峰（2002）在《论西部特色经济的培育与发展》一文中也对西部12省（市、区）特色经济的发展状况分别做了说明。

4. 西部民族地区特色产业发展战略研究

自党中央提出实施西部大开发战略以来，众多学者为西部发展出谋划策。在促进西部民族地区发展这个问题上，学者们依据比较优势理论，提出了发展西部民族地区特色经济的建议，并进一步为西部民族地区发展特色经济指明了战略对策。王文长等（2001）在全面分析了西部地区的特色优势之后，确立了西部开发的特色经济战略的基本思路：以特色需求为导向、以特色资源为基础、以绿色产业为重点、以可持续开发为目标。温军和白永平（1997）在结合以前研究的基础上，提出了民族地区新的现代化追赶战略，并指出民族地区应建立本土化与民族特色经济。此外，一些学者针对个别区域的经济社会发展状况，在为其进行总体规划时同样提出了发展特色经济的战略思路（赤旦多杰，2000；郑莉等，2002；胡鞍钢，2001；沈会盼等，2003；张文全，2003；何金玲，2003）。还有的学者针对不同的区域或者不同的产业提出相应的发展路径（庄万禄，2004；刘晖，2005；姚旻和陈厚义，2008；任媛和安树伟，2011；王恩胡，2012；崔荣星和李延芳，2012；姚荣锦，2014；蓝庆新和韩萌，2017；周丽等，2021）。

已有研究无疑对于认识西北民族地区特色产业结构的特点、存在的问题及应采取的发展对策具有重要参考价值。但鲜见对西北少数民族地区特色产业状况做深入的研究，且已有研究对西北民族地区的分析关于产业结构涉及的部门相对较少，大多数是对三大产业分别来进行评价，缺乏全面性、系统性。基于此，本课题试图借鉴前人已有研究成果，对西北民族地区特色优势产业进行详细调查，评价各特色优势产业绩效，分析其发展中存在的问题，提出在生态保护的前提下实现特色优势产业可持续发展的战略对策。

第三节　研究目标与内容

一、研究目标

本书从特色产业发展的理论基础出发，结合我国促进西部民族地区发展的政策支持措施，通过对西北民族地区特色优势产业发展的历史沿革梳理、现状探究与存在问题的剖析，揭示和总结西北民族地区特色优势产业的发展规律和经验，提出该地区特色优势产业发展的对策建议，为相关决策者制定产业发展规划提供参考，为我国其他民族地区乃至全国特色产业的发展提供借鉴。

二、研究内容

西北少数民族地区包括甘肃、青海、宁夏、新疆四省（区）的少数民族聚居区，除汉族以外，世居有回族、东乡族、保安族、撒拉族、土族、裕固族、维吾尔族、哈萨克族、柯尔克孜族、锡伯族、塔吉克族、乌孜别克族、塔塔尔族、俄罗斯族、蒙古族、藏族、满族、达斡尔族等18个少数民族，是仅次于西南地区的全国第二大多民族区域。我国信奉伊斯兰教的10个少数民族，大都聚居在本区域。

本区大致位于北纬35°—50°之间，绝大部分位于青藏高原寒区和西北干旱区内，地形复杂，幅员辽阔，生态环境多样，具有丰富的自然资源以及多元的民族文化。这些都使该地区形成了多种特色优势产业，本书以西北少数民族地区特色优势产业发展背景与历史沿革，特色优势产业发展现状、存在的问题，发展对策建议，以及甘肃肉羊产业、青海旅游业、宁夏枸杞产业、新疆棉花产业等为代表的特色优势产业案例分析为研究内容。

三、总体框架

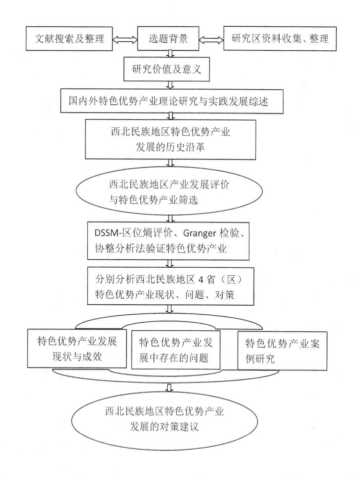

第四节 研究思路与方法

一、研究思路

首先，对西北民族地区特色优势产业发展的历史沿革进行梳理；其次，利用"DSSM（动态偏离份额模型）—区位熵"模型对西北民族地区产业结构与竞争力进行评价，利用 Granger 因果检验、协整分析对特色优势产业进行筛选并进行检验；接着对西北民族地区特色优势产业现状、问题进行分析；再次，以案例分析的方式对甘肃肉羊产业、青海旅游业、宁夏枸杞产业和新疆棉花产业四个典型特色优势产业进行了现状与发展实证研究；最后，提出西北民族地区特色优势产业跨越式、可持续发展的对策建议。

二、研究方法

（一）文献研究法

在研究过程中，通过对国内外有关特色产业与民族地区发展的文献和理论成果进行多方面的收集整理研究，寻找理论依据，从而把握目前特色产业和民族经济发展的理论和前沿动态。

（二）实证分析法

在文献研究法的基础上，针对西北民族地区特色优势产业发展的现状及绩效进行问卷调查、会议座谈、入户访谈等实证分析方法，从而得出针对不同特色优势产业选择、培育及发展的对策建议。另外，在案例分析中，还采用 SWOT 分析法对宁夏枸杞产业进行了态势分析。

（三）统计分析法

本书在定性分析的基础上，采用"DSSM（动态偏离份额模型）—区位熵"模型，Granger（格兰杰）因果分析、协整分析、熵值法等定量分析方法评价西北民族地区产业结构和竞争力现状，筛选西北民族地区特色优势产业，为提出西北民族地区特色优势产业发展的思路对策提供科学依据。在案例分析中，本书还采用 SEM（结构方程模型）对青海旅游业游客满意度进行了分析，采用灰色关联度对甘肃肉羊产业可持续发展的影响因素进行了分析。

第五节　相关概念界定

一、西北民族地区

西北民族地区是中华民族的重要发祥地，是民族团结与发展的摇篮，具有深厚的民族文化底蕴和独特的自然风貌。西北民族地区是历代西部开发的重要区域，漫长的开发历程为促进区域经济社会发展、维护民族团结统一，发挥了巨大的历史性作用。我国西北地区一般指陕西、甘肃、宁夏、青海、新疆五省（区）。陕西的少数民族人口比重较少，而且主要是回族，与其他省（区）回族聚居区特色产业大体相似。因此，本书没有将陕西归入研究对象。甘肃民族自治地区面积占全省面积的 39.8%，少数民族人口占甘肃省总人口的 10.62%，民族自治地区包括甘南藏族自治州、临夏回族自治州及张家川回族自治县、天祝藏族自治县、肃南裕固族自治县、肃北蒙古族自治县和阿克塞哈萨克族自治县共 2 个州 5 个县，但为了保持数据口径的一致性，本书将甘肃全省纳入研究范围，仅在甘肃特色优势产业分析部分按 2 州 5 县范围进行分析。青海虽然不是民族自治地区，但其境内的民族地区面积占总面积的 98%，是全国实行民族区域自治面积最大省份；583 万人口中，少数民族人口占 47%，是全国少数民族人口比例最高的省份，故本项目将青海整体视为民族自治地区纳入研究范围。宁夏和新疆是民族自治地区，民族自治地方面积占总面积的 100%，少数民族人口分别占该地区总人口的 34.6% 和 59.4%，理所当然属于本项目研究的区域范围。故本项目研究的区域范围包含甘肃、青海、宁夏和新疆 4 个省（区）。

二、特色优势产业

目前，国内外学者对特色优势产业还没有达成统一的界定认识。2004 年，《国务院关于进一步推进西部大开发的若干意见》中指出，要将发展特色优势产业作为西部大开发的重要内容。自此，特色优势产业的研究开始兴起。范省伟（2005）认为，特色优势产业是根据资源优势和社会发展状况产生的能够缩小区域发展差距、调整产业结构及改变陈旧思想观念的产业。魏立桥和郑博文（2008）认为，特色优势产业是有较强的资源禀赋优势和区域市场竞争优势的产业，与其他产业相比，具有绝对或相对差别，即你无我有或产业的你小我大、你泛我专等，现实中尤其是未来，特色优势产业的特征更多会以相对差别体现出来。王岚（2009）认为，特色优势产业是具有特色资源禀赋优势、具有较强竞争力的产业。高新才（2010）认为，特色优势产业是以市场为导向，通过产品的自身品质或产业的规模优势而反映出具有较强市场竞争力的产业。严广恩（2014）认为，特色优势产业是一个国家或一个地区在发展过程中形成的具有本地特色和核心市场竞争力的产业或者产业集群，对当前或者以后一个时期区域经济的发展具有重大意义的产业。孙国盛（2015），认为特色优势产业的内涵应体现出产业差别化，既要包含我有你无的绝对优势的差别，又要包含产业的我强你弱、我精你粗等相对优势的差别。曹琼（2017）将特色优势产业界定为，依赖于当地特色的优势资源、产业关联度较高、能够产生规模经济效应、具有较强区域竞争力的产业。

因此，在国内还没有对特色优势产业进行统一界定的前提下，本书把在一定区域内形成的，具有资源特色或者产品特色的，与其他产业具有绝对差别或者相对差别的，能够产生规模经济效应、具有较强区域竞争力的优势产业界定为特色优势产业。西北民族地区在我国属于半农半牧区，第一产业为其主要特色优势产业门类，因此，本书在全面分析西北民族地区三次产业现状的基础上，侧重于对第一产业的特色优势产业进行描绘、分析，并主要以第一产业中的具体产业进行案例研究以及剖析特色优势产业发展中存在的问题、提出相应的对策建议。

第六节 创新点与不足

一、创新点

第一，本书系统全面梳理了西北民族地区特色优势产业发展的背景与历史演变，探索了西北民族地区特色优势产业发展的规律，弥补了现有文献未见系统全面梳理西北民族地区特色优势产业历史沿革的不足。

第二，本书首次系统分析了西北四省（区）三次产业的发展现状以及8大重点产业的结构与竞争力，获得了省（区）间横向比较与长期动态纵向比较的创新性结论。

第三，在经济分析中，DSSM（动态偏离份额模型）—区位熵、熵值法等经济计量分析方法各自独立使用的研究较多，但将三种方法结合起来研究西北民族地区特色优势产业的文献不多，且此种结合既能使比较不失统一评判标准，又能使结果更有针对性。

第四，已有文献将Granger因果检验、协整分析引入产业绩效评价与特色优势产业筛选中的研究不多，本书对产业绩效评价与特色优势产业筛选方法是一个很好的补充。

二、研究不足与展望

第一，由于统计数据限制，更详细、完善的产业经济、社会、生态相关数据欠缺，为了分析口径的一致性与不同年份、地区的可比较性，本书采用大尺度数据分析时限制于三次产业、八大重点产业，未能进行更细致、更多元的相关分析。

第二，本书对西北四省（区）特色优势产业的发展现状与优势评价等受到数据局限与新冠疫情等影响，研究未能进一步拓展和深入，下一步工作可从特色优势产业发展的模式入手，总结特色优势产业发展的成功经验与发展模式等，为同类研究提供参考，为决策管理提供理论依据，为各类生产经营者的实践活动提供理论指导。

第二章　西北民族地区特色优势产业发展的背景与历史沿革

第一节　西北民族地区特色优势产业发展背景

　　西北民族地区位于我国西北部内陆，亚欧大陆腹地，与俄罗斯、蒙古国、哈萨克斯坦等国相邻，这里地广人稀、干旱缺水、沙漠广泛、沙质多、生态脆弱、资源丰富、开发难度大、国际边界长、边境贸易广泛。地形以高原、盆地和山脉为主。由于远离海洋，高原和山区地形阻挡了湿润气流使该地区降水少，气候干旱，形成了广阔的沙漠和戈壁海滩景观。自然景观从东到西可分为黄土高原、戈壁沙滩地、荒漠草原和戈壁荒漠。大部分地区气候为温带大陆性气候和高寒气候，冬季寒冷干燥，夏季高温，降水稀少，呈现自东向西递减趋势。吐鲁番盆地是我国夏季最热的地区，而托克逊地区是我国夏季降水最少的地区。此地区是中国少数民族集中的地区之一，少数民族主要有回族、维吾尔族、哈萨克族、藏族、东乡族、裕固族等18个少数民族，由于民族众多和地理区位决定了其空间位置偏僻、经济发展滞后，曾是我国深度贫困地区的相对集中地带，也是大陆与中亚经济相对落后地带的核心区域（贾曼莉，2020）。

西北民族地区的经济结构以资源型工业和传统农业为主。工业结构又以煤炭开采、石油开采和有色金属冶炼为主。煤炭开采、石油开采主要分布在新疆维吾尔自治区；有色金属冶炼、煤化工在甘肃、宁夏都有分布。农业结构以灌溉农业、绿洲农业和畜牧业为主，灌溉农业主要分布在宁夏回族自治区的引黄灌区及扬黄灌区，绿洲农业主要分布在甘肃省河西地区、新疆维吾尔自治区天山山麓，畜牧业主要分布在青海省、宁夏回族自治区和新疆维吾尔自治区。青海省和新疆维吾尔自治区是全国重要的畜牧业基地。新疆维吾尔自治区为全国重要的糖料作物产地，也是全国重要的温带水果产地。"一带一路"构想的提出，将西北民族地区从内陆边缘地带推向了前沿地带，民族地区以特色旅游业为引领的第三产业的发展迎来了前所未有的机遇，其产值比重越来越高，2019年西北民族地区四省（区）第三产业比重均已达50%以上（见表2-1）。贡献也越来越大，逐渐成为西北民族各地区重点发展和扶持的产业甚至是支柱产业，已经成为民族地区产业结构优化升级过程中的重点产业之一。

表2-1　2019年西北民族地区第三产业比重

项目	甘肃	青海	宁夏	新疆
地区总值（亿元）	8718.30	2965.95	3748.48	13597.11
第三产业产值（亿元）	4805.40	1504.30	1883.83	7019.86
第三产业比重（%）	55.12	50.72	50.26	51.63

注：数据来源于2020年中国统计年鉴。

第二节 不同民族地区产业发展历史沿革

一、甘肃民族地区

甘肃省自古以来就是一个多民族聚居的地区，有 55 个少数民族成分，包括 2 个民族自治州、7 个自治县、13 个民族自治县、38 个民族乡，还有一些少数民族集中的城市，如兰州市、天水市、平凉市等，其中千人以上的少数民族有 16 个，东乡族、保安族、裕固族为特有的少数民族，民族地区主要集中在黄土高原、甘南高原和河西走廊三个区域。2018 年末，全省常住人口 2637.26 万人，其中民族自治地区常住 331.59 万人，占全省人口的 12.57%，少数民族人口 263.2 万人，占全省总人口的 9.98%，民族区域面积 18 万平方千米，占全省国土总面积的 43%，民族自治地方生产总值 538.58 亿元，比 2017 年增长 10.61%。本书的甘肃民族地区主要包括甘南藏族自治州、临夏回族自治州、酒泉市肃北蒙古族自治县、阿克塞哈萨克族自治县、天祝藏族自治县、张掖市肃南藏族裕固族自治县，以及天水市张家川回族自治县。根据其民族分布区域和民族特色，本书将甘肃民族地区划分为河西走廊民族区、黄土高原回族聚居区和甘南藏族聚居区。河西走廊民族区包括张掖市肃南藏族裕固族自治县、酒泉市肃北蒙古族自治县、阿克塞哈萨克族自治县和武威市天祝藏族自治县，黄土高原回族聚居区包括临夏回族自治州和天水市张家川回族自治县，甘南藏族聚居区指甘南藏族自治州。历史上，甘肃民族地区整体呈现出"大杂居，小聚居，藏民放牧，汉民种地，回民经商”的总体特色。

甘肃民族地区特色优势产业发展历史沿革总体可以分为古代时期不同民族交错期、近代民族经济大力恢复期和现代民族经济跨越式发展期三个阶段。由于民族众多，在古代，不同民族在民族地区交错执政，冲突不断的同时，农牧产业也交替发展，呈互相促进的局面。进入近代经济恢复期，战争逐渐平息，呈现大一统局面，第一产业得到恢复；新中国成立后第二产业日益成熟，并逐渐成为民族地区经济发展的重中之重，成为支柱性产业。西部大开发以后，以旅游业为代表的第三产业蓬勃发展，与第一产业相辅相成，直接推动农牧产业成为第一产业的中流砥柱，并呈现出继续发展的新局面（见图2-1）。

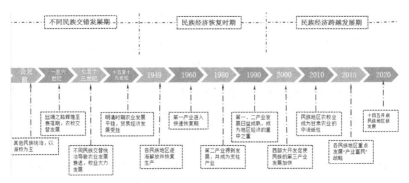

图2-1 甘肃民族地区特色优势产业发展历史沿革

（一）河西走廊民族地区

河西走廊自古以来就是富足之地，是中国北方军政金融中心、最大的外贸交易中心，也是文化中心。各民族之间的迁徙非常活跃，经历了相当复杂的历史过程，先后出现过匈奴、月氏、乌孙、鲜卑、吐谷浑、羯、氐、羌、回纥、吐蕃、党项等少数民族,汉武帝时期打通丝绸之路后,各民族在不同的时期迁徙进入河西走廊,根据各民族的生产传统和自然资源不同,形成了河西走廊民族地区农耕与游牧互嵌的居民分布格局。隋唐时期,由于流民的不断涌入,统治者统筹利用人力资源,通过接纳流动人口和对人员进行安置措施,将南北方的农业生产先进技术兼容并蓄,使河西地区的农业经济兴盛一时。自河西被吐蕃占据后,又经西夏至元代的统治,河西地区被少数民族政权管辖了600多年,这一时期河西地区的农业开发处于衰退状态,土地利用以畜牧业为主。或农牧各半,农业有一定程度的恢复,土地利用结构上呈现出农牧兼营的格局(王建新,2019)。到明清时代,河西走廊的屯垦规模日益增大,达到鼎盛时期。总体来说,河西民族地区呈现出当中央政权的势力占优势时,种植业得以发展,当游牧族群经略时,游牧文化区向农耕文化区蔓延,农耕文明与游牧文明的分界线来回摆动。

新中国成立以后,河西走廊民族地区成了一条资源命脉,矿产主要有铁矿、铜矿、铅矿、锌矿、镍矿、铂矿、金矿等,矿业开发已成为民族地区,甚至是甘肃的重要经济支柱,这些矿产不仅资源丰富,且大部分资源已有大规模的开采,也有很大一部分的资源开采后精细加工,形成了完备的产业链。20世纪70年代河西走廊被批准为全国十大商品粮基地之一,种植业继续扩大,80年代耕地面积达到60多万公顷,制种产业开始发展壮大,成为全国最大的蔬菜、花卉、瓜类对外制种基地,占全国种子出口量的75%以上;畜牧业是当前民族地区的支柱性传统产业,也是甘肃省较为关键的畜牧业基地,畜牧业历年来在农业生产中占有较大比重。

西部大开发后河西走廊第一产业有所下降,第二、三产业的比重呈现不断上升的趋势,2003年河西走廊三次产业比值为

19.4：42.8：37.8。2013 年"一带一路"倡议的提出使河西走廊的通道优势开始显现，《甘肃省"十三五"民族地区经济和社会发展规划》提出将"矿产品精深加工、农畜产品深加工、民族特色文化旅游、民族用品"发展为河西民族地区的支柱产业。近年来，蔬菜种植业逐渐崭露头角，开辟出中东亚市场，河西走廊旅游业借助民族地区的区位优势和民族特色掀起热潮。

（二）黄土高原回族聚居区

甘肃黄土高原地区是回族群众主要聚居区，其经济兴起于唐朝的茶马互市，以畜牧业发展作为主要经济支柱的少数民族，其生活之中的基本用品是通过将自己的牲畜与相关的产品与以耕种为主要经济支柱的民族进行交换得到的，形成茶马互市的雏形，在明清时达到鼎盛。鸦片战争以后，近现代回族经济成功地实现从传统商业向近代化的转变，皮毛贸易兴盛，兰州、平凉、张家川、临夏等地在清代都是回族皮毛和皮革加工行业发达的地区，因此带动了手工业的发展。清末，政府对回族实行的高压政策，使回族商业一度陷入了停滞状态，到民国时期，甘肃和青海两地的回藏之间的贸易不断加大，有些回族商人也进入川北马尔康和青海藏族聚居区，在游牧民族之间穿行，将茶叶、各种生活小用品、用具、布匹交换为当地的马、牛、羊、羊毛、兽皮等，再将羊毛、兽皮转卖到临夏，对临夏裘皮市场的经营活动起到了积极的作用，也造就了一大批裘皮大企业，回族裘皮和毛业兴起，跃居商业管理的首位。

新中国成立以后，尤其是国家实施西部大开发战略以来，甘肃省政府对回族聚居区的经济发展提出了战略构想和"强基础、抓教育、兴商贸、育产业、保民生、促和谐"的思想，使回族聚居区农业经济和第三产业得到了长足的发展。中共十九大以后，临夏回族自治州坚持以扩规模、创品牌、增效益为重点，围绕壮大特色产业、优化产业结构，加快推进深度开发，特别是在民族特色食品、服饰、皮革制品、民族医药、民族手工艺品等特色产业方面逐渐形成了全国清真食品和民族特需用品生产基地。

（三）甘南藏族聚居区

甘南藏族自治州是中国十个藏族自治州之一，位于青藏高原东北边缘与黄土高原西部过渡地段，境内海拔大部分地区在 3000 米以上，藏族人口占全州总人口的 56.3%。从唐代开始，朝廷与吐蕃互市，甘南曾是丝绸南路唐蕃古道和四大茶马司之一，到北宋时期建立了茶马互市贸易机构。自明代开始，随着中央王朝对甘南地区的重视程度不断提高，进一步健全茶马贸易的组织和制度，牲畜以及皮毛在市场上逐渐流通，成为当地重要的商品，民族商贸开始发展。明代后期，为稳定边疆发展生产，朝廷开始向甘南地区驻扎军队，鼓励军士带着家人定居甘南，于是各族人民开始开发农业，田地逐渐增加，田地规模扩大，劳动力增加，农业生产的发展，使甘南藏族地区以游牧为主的生产传统逐渐向农业转变。清乾隆年间的税制改革，使物物交换演变为货币交换，也影响了茶马贸易，直到最终茶马贸易消失（程立英，2004）。

1953 年甘南地区解放，成立甘南藏族自治区，党和政府在甘南牧区实行各种优惠政策，使得在民国时期受到重创的畜牧业生产得到了迅速恢复和发展。2008 年甘南提出通过实施"农牧互补"战略，确定把牦牛、藏羊为主的高原特色生态畜牧产业，培育成全州的战略性主导产业，畜牧业有了长足进步。通过《甘肃省"十三五"民族地区经济和社会发展规划》的实施，重点发展壮大现代农牧业、标准化规模养殖场及养殖小区，推进藏药材基地标准化、规模化种植；开展藏药深加工产品生产，开发藏药新产品，促进藏药全产业链发展，第三产业上特别推动文化旅游资源大开发、大发展，培育开发少数民族特色餐饮和乡村旅游。

二、青海

（一）青海基本情况

青海省位于我国西部，雄踞世界屋脊青藏高原的东北部，全省均属青藏高原范围内。地理位置介于北纬31°36′2″—39°12′45″之间，东经89°24′3″—103°04′10″，全省东西长1240.6千米，南北宽844.5千米，总面积72.23万平方千米，占全国总面积的1/13，居全国第四位，平均海拔3000米以上。青海省共辖2个地级市，6个民族自治州，46个县（市、区、行委），399个乡（镇），省内常住人口598.38万人，常居人口中有55个民族，少数民族占全省人口总数的47.71%，其中藏族、回族、土族、撒拉族、蒙古族为世居少数民族，民族自治区域面积占全省总面积的98%。青海省农牧业资源独具特色，自然资源蕴藏丰富，旅游业等新兴产业优势突出，对我国未来经济发展具有重要战略意义。

（二）青海省特色优势产业的历史沿革

青海省资源、地缘优势明显，依据资源禀赋和产业环境的选择，发展特色产业得天独厚，从秦汉时期发展高原养殖业开始兴起，奠定了畜牧业作为特色优势产业的基础；种植业主要以戍边屯田、保障驻军功能为主，引入内地的农耕技术，随着生产力发展和技术进步，发展青海特色的种植业；近代工业文明传入青海后，社会分工急剧发展，现代工业代替了传统的手工业，成为新的特色优势产业。新中国成立后，三次产业的特色优势开始出现明显的分化，形成以海东市、西宁市为主的特色优势种植业，贡献了全省一半以上的粮食作物和经济作物；形成以六个少数民族自治州的高原畜牧特色优势产业；全省建立了以海西州和西宁市为龙头的重、轻工业体系；第三产业蓬勃发展，形成以省会西宁为核心的第三产业，占比程度逐年增加，产业优势明显（见图2-2）。

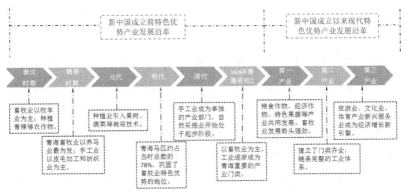

图2-2 青海民族地区产业发展历史沿革

1. 新中国成立前的青海传统特色优势产业发展

秦汉时期，畜牧业、种植业作为青海省特色优势产业已有长足发展，畜牧业形成丰富的家畜品种资源和较为复杂的品种结构，主要以牧羊业为主，并培育草原上最主要的畜种——藏系羊，同时畜养牛、马、猪、狗乃至骆驼等（崔永红等，1999；丁柏峰，2017）；种植业在东部湟水、黄河两岸实行军屯或民屯（靳润成，1988）；引入中原地区先进的生产耕作技术、生产工具和农作物品种等，促进当地农业发展水平的提高，种植粟、糜、小麦、麻、青稞等农作物（高志伟，2005）。

魏晋时期以来，青海经济形态和生产方式都有了新的变化，种植业引进牛耕、铁犁等先进的农耕技术，极大地提高了当地的生产力水平；畜牧业依托青海广阔的草原和天然绿洲，加之民族融合等原因，促进饲养技术和方式相互吸收，取长补短，推动畜牧业发展。这一时期青海饲养品类主要为马、牦牛、藏系绵羊和山羊、骆驼等，其中，养马业最为发达，能够完成从品种改良、培育良马、驯马、交易等全产业体系流程（崔永红等，1999；高志伟，2005）。手工业以皮毛加工和纺织业等为主，从业者以兼业和家庭为主，与内地的生产模式相同，自用或零星地出售，经济体量较小，难以形成有效的分工协作，与内地同时期相比并不具有产业发展优势。

隋唐时期，青海省的特色优势产业继续延续畜牧业、种植业的特色优势，规模略有扩大。元代种植业开始分化，引入果树、蔬菜等栽培技术，带动了当地林果、蔬菜业发展，品类更加丰富（高志伟，2005），不仅提升了青海省特色优势产业发展水平，而且客观上也促进了青海农业结构的调整。明代青海畜牧业经济发达，出自青海境内的马匹就约占当时总数的78%（崔永红等，1999），巩固了畜牧业特色优势地位。清代，随着社会经济的发展，产业结构进行了重大的调整，促使社会分工进一步分化，手工业脱离原来的农业和畜牧业，已成为一个单独的产业部门，自然采掘业开始处于起步阶段，譬如人工开采茶卡、柯柯盐矿，开采大通煤窑等。

1928年青海省成立，是近代青海省特色优势产业发展的重要节点。但特色优势产业依然以传统的农牧业为主，且畜牧业占较大比重，牲畜数量最多的年份曾突破1000万头（只），畜种改良与培育在一定范围开展（崔永红等，1999；王昱等，2013）。同期，社会分工更加细化，出现官营工矿企业，第三产业产生并为第二产业服务，金融业、邮政业、无线电台、电话装置现代科技开始传播，有助于工业文明的传播，也促进了特色优势产业新的变化。工业逐渐成为青海重要的产业门类，并客观上推动了第三产业中交通运输业、金融业、邮电业的发展。

2. 新中国成立以来的现代特色优势产业发展

新中国成立以来，青海特色优势产业蓬勃发展。新中国成立初期，青海省以农牧业为主，工业规模较小、产业体系不健全，服务业发展缓慢；三次产业比为80.5∶5.7∶13.8，属于典型的农业社会。经过70年的努力，产业结构逐步调整，传统优势产业占比缩小，新兴产业从无到有、从小到大，到2018年，青海经济总量达到2865亿元，是新中国成立初期的336倍，三次产业结构调整为9.36∶43.52∶47.12，形成以第三产业为主导力量，第二产业为中流砥柱，第一产业优势明显的产业发展格局，构建了以绿色能源、绿色产业、绿色消费、绿色农牧业为架构的绿色发展方式，实现了产业结构由"一三二"到"三二一"的历史性转变。

（1）高原特色农牧业发展势头强劲

改革开放及家庭联产承包责任制政策解放了农牧业生产力，加之农牧业基础设施投入力度加大，科学技术的推广和应用，使现代农牧业综合生产能力持续提高，经济效益全面提升。青海省积极调整农业产业结构，从以往单一的粮食作物为主，发展成以粮食作物、经济作物、特色果蔬等产业共同发展的良好局面；农业除巩固原有的优势产区，逐步向沿黄流域和柴达木盆地转移。2018年粮食产量103.06万吨，比1978年增长了1.14倍，蔬菜和食用菌产量突破150万吨，比1978年增长6.6倍；枸杞产量达到8.56万吨，特色瓜果种植面积占水果种植面积的66.4%。青海省作为全国六大牧区之一，畜牧产业是具高原特色的支柱产业，发展势头强劲。2018年大牲畜存栏527.6万头，羊存栏1336.1万只，猪存栏

78.2 万头，年产各种肉类 36.53 万吨，奶类 33.5 万吨等，均创历史新高，创建绿色有机农畜产品示范省建设基础不断夯实。2006—2019 年青海省畜牧业在全国的区位熵高于 2，具备较强的产业竞争优势。青海省畜牧业主要优势区域分布在海北州、黄南州、海南州，该优势区的牲畜存栏数占全省总数的 33.05%，其中，牛占全省的 32.73%，马占全省的 50.00%，羊占全省的 58.75%；年出栏占全省的 37.99%，其中，羊占全省的 61.00%；畜产品产量占全省的 39.4%，其中牛肉占全省的 39.64%、羊肉占 61.55%、奶类占32.00%、羊毛占 58.17%、牛毛绒占 52.17%。

（2）特色优势工业不断发展壮大

青海省工业从门类不健全，工业基础差逐步发展到发挥自然禀赋优势，建立了门类齐全、链条完整的工业体系，形成具有青海地域特色的工业产业结构。1949—2012 年全省工业增加值年均增长13.6%，占国民经济的比重增加到 47.3%，成为青海省国民经济的主导力量。2012 年以后，青海省为推动传统产业转换优化升级，借助供给侧结构性改革发展机遇，加快努力培育新兴产业，工业经济向高质量方向不断迈进，2013—2018 年规模以上工业中高技术制造业年均增长 26.2%，新能源产业、新材料产业、装备制造业、生物产业年均分别增长 26.8%、21.2%、23.9% 和 21.5%；2018 年青海省第二产业贡献率达到 54.82%（青海省统计年鉴，2015—2020），对经济增长有明显拉动作用，而资源类行业比重从 2008 年的 25.1% 下降到 2018 年的 19.5%。虽然资源类行业比重下降，但青海省第二产业中优势产业还是集中在煤炭开采和洗选业、石油和天然气开采业、黑色金属矿采选业、有色金属矿采选业、非金属矿采选业等资源密集型产业，及其上下游关联行业，如化学原料和化学制品制造业、黑色金属冶炼和压延加工业、有色金属冶炼和压延加工业等。

优势产业主要分布在海西州和果洛州。青海矿产资源品种比较齐全，在国家矿产储备清单中，前十名的矿产有 52 种，其中 11 种为第一名，5 种为第二名，9 种为第三名（王文长，2000）。

青海省构建了基于鲜明地域优势和高原特色的轻工产业体系，2006—2017 年，轻工业占全省规模以上工业的比重由 5.12% 提高到 14.24%，西宁市是青海省轻工业发展的核心区域，占全省规模以上轻工业个数的 71.24%，主要集中在食用植物油、乳制品、饮料、酒、棉纱、手工及机制地毯（毛毯）、制帽、中成药等行业。2018 年，西宁市食用植物油、乳制品加工、饮料及酒等产业在全省的占比分别为 42.5%、88.37%、53.70%。另外，西宁市还集中了传统优势手工和机制毛毯（挂毯）、制帽、中成药等行业等；棉纱产业分布在海南州，形成了以青海银河纺织集团公司为龙头的棉纱产业链条，带动了当地棉纱产业发展。

（3）新兴第三产业发展迅速

新中国成立初期，青海商贸市场萧条落后，交通运输极不便利，几乎没有旅游、金融业等现代特色的服务业；改革开放以来，随着国家扶持服务业发展的政策措施陆续出台，第三产业得到快速发展。目前，青海省传统服务业逐步改造提升，现代服务业不断壮大，第三产业规模突破千亿元大关，占经济总量的比重和对经济增长的贡献率不断提高。"十三五"期间，青海省把加快服务业发展作为经济转型升级的战略支点，加快高原旅游名省建设，推动生产性服务业向专业化、高端价值链延伸，推动消费服务业向精细化、高质量转型，提高服务业在国民经济中的比重和贡献率。2018 年，第三产业增加值占 GDP 的 47.12%，比重较 1949 年提高了 33.3 个百分点；2018 年第三产业的经济贡献率达 40.00%。青海有众多的世界级、国家级旅游资源，旅游业具有明显的产业竞争优势，并借助国家政策的驱动，旅游总收入占全省 GDP 的比例由 2006 年的 5.50% 提高到 2018 年的 16.26%（青海统计年鉴，2020），已发展成为特色突出、优势明显、类型多样的旅游格局；在旅游业的带动下，交通运输仓储和邮政业、批发和零售业、住宿和餐饮业等传统服务行业呈现稳步发展；银行业、房地产业等基础服务业全面开花；新兴服务行业茁壮成长，如文化、体育产业逐渐成为经济增长新引擎。

三、宁夏

宁夏是我国五个民族自治区中唯一的回族自治区，具有悠久的历史。宁夏回族自治区成立于 1958 年，面积 6.64 万平方千米，2019 年末全区常住人口 694.66 万人，其中回族人口为 250.42 万人，占全省总人口的 36.05%，其他少数民族人口为 5.60 万人，占 0.84%，是全国最大的回族聚居区，辖 5 个地级市，22 个县、市（区）。宁夏全境海拔 1000 米以上，地势南高北低，为典型的大陆性气候，属温带半干旱半湿润地区，具有四季分明、日照充足、雪雨稀少、蒸发强烈等特点，常年降水量在 150—450 毫米之间。宁夏在地形上分为三大板块：北部引黄灌区，地势平坦，土壤肥沃，素有"塞上江南"的美誉，现代种养业及农产品加工业发展水平较高，是宁夏重要的粮食生产基地；中部干旱带，多风少雨，以养殖业、黄花菜和荞麦等特色种植业、旅游业为主；南部山区，丘陵沟壑林立，部分地域阴湿高寒，曾是国家级贫困地区之一，通过实施国家三西扶贫开发、西部大开发及脱贫攻坚战略，大力发展养殖业、文化旅游业、加工业、特色林果、优质马铃薯及冷凉蔬菜等种植，已全面实现精准脱贫。

宁夏特色优势产业发展的背景与历史主要有以下几个阶段（见

图 2-3)。原始农业是远古时期的主要产业类型，以种粟为主；夏商周时期到春秋时期以牧业为主，其中夏商周时期以游牧为主，春秋时期人们的生活相对稳定，以定居畜牧为主；随着农业生产的稳定发展，种植业成为秦朝至东汉初的主要产业；但是由于东汉中后期至北魏封建割据战争和羌族人民起义，半农半牧成为经济生活的主要内容。直至唐代，由于几代明君的励精图治，注重农业生产，这一时期种植业又成为主要产业。1978 年，由于改革开放和工业革命，工业被列为宁夏的主要产业。随着国家供给侧结构性改革的要求与社会实际发展需要，宁夏在稳定发展第一、二产业的同时，也大力发展第三产业，使得产业结构逐渐合理，并朝着结构高级化方向转变。

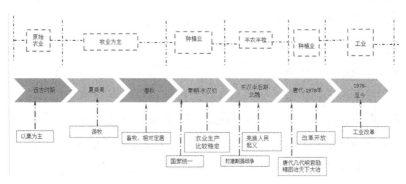

图 2-3　宁夏民族地区产业发展历史沿革

1978 年以后，养殖业逐步扩大发展，虽然农业占地区国民经济总值不足 20%，但是产业特色突出，发展水平较高。20 世纪 80 年代后，工业、农产品加工业及社会服务业不断发展。特别是近年来，宁夏加快产业结构调整步伐加快，在促进一、二产业持续稳定快速发展的同时，大力发展第三产业，产业结构逐渐趋于合理，并开始向高级化方向转变。

（一）古代至近代时期

在夏商周之前，宁夏一直是以种植业为主。从周朝开始到春秋时期，逐渐转变为以畜牧业为主，春秋时期畜牧业比较发达，但是比起之前的完全游牧，已经相对地定居，能够修建城郭，居民已经慢慢学会了定居和初期的贸易交换。由于社会生产力的提高，西戎诸国居民的社会贫富差距逐渐拉大，早已进入了阶级社会发展阶段。定居生活方式的发展是民族生存的需要，也是影响各民族之间经济和社会关系的重要因素。基于军事防御和政治统治的需要，秦汉时期在宁夏地区推行了以屯田、水利开发和移民等为主要内容的经济开发举措，农业获得了较大进步，种植业成为秦朝至东汉初的主要产业。唐宋农业经济发展取得突出成就，元、明、清时期以农兼营经济为主，牧业逐渐降到次要地位。在元代大规模屯田过程中，少数民族群众开始务农，明代宁夏的农作物以小麦、水稻为主，小米、谷子次之，粗粮、豆类居多，经济作物以大麻为主，甜菜、芝麻、烟草、蓖麻、棉花、烟草次之。随着农牧业技术的不断发展以及宁夏地区物产愈加丰富，特别是清代农牧业生产的恢复和发展，带动了地区手工业和农牧产品加工业的较快发展，比如对特产驼绒、羊皮、蜂蜜、芦苇、牛油、羊毛、牛乳等都有初级加工的农牧产品（徐永富等，2014）。

宁夏现代工业起步很晚，1929年前，传统落后的农牧业经济仍占宁夏产业主导地位，几乎没有现代工业。除了一家由芬兰商人于1926年建立的甘草药膏厂外，宁夏仅有几家毡坊、毯坊和煤窑，日常产品全部依靠外省输入。马鸿逵主政宁夏后，为增强经济和军事实力，维护和巩固统治地位，地方当局推出了一系列政治、军事、经济措施，如保甲制度、征兵扩军、经济统制等、并大力兴办各种工矿业和交通业，直接促进了宁夏近代工业的兴起与发展，但大多数工业都以手工劳动为主，机械化程度很低（徐永富，2014）。

（二）新中国成立至西部大开发

新中国成立以后，农业位居我国国民经济的主要地位，宁夏的农业取得了较快发展，主要体现在耕地面积大幅度增加、水利建设成果显著，生产条件得到了较大改善。1958年宁夏回族自治区成立时，一、二、三产业比重为55.8：19.9：24.3。宁夏回族自治区的成立，提高了宁夏在西北地区和全国经济社会的战略地位，得到了国家和全国其他省市的大力扶持和帮助，国家对宁夏投资的迅速增加、一批骨干企业和工业门类从无到有以及农业的恢复发展，使得宁夏经济的建设步伐加快，初步改善了宁夏的工业结构和国民经济结构。

20世纪60年代，宁夏地区加大水利设施建设，特别是青铜峡的兴建，使宁夏耕地面积比50年代增加3万多公顷，其中水田增加了1万多公顷，使全区灌溉面积达16.67万公顷，大大改变了宁夏平原的灌溉条件，新增灌溉面积2.27万公顷。西部大开发以后，宁夏回族自治区人民政府提出将以种植业为主的传统农业向特色产业和畜牧业转变，由初级农产品生产向农产品加工业发展，从以农业为主的单一农村经济结构发展到一、二、三产业综合发展的复合农村经济结构，逐步形成枸杞中药材产业、优质牛羊肉及毛皮加工业、葡萄酿造产业、马铃薯及其加工业、淡水渔业、牛奶及乳制品加工业、优质特种粮食加工行业、蔬菜行业等。

从第二个五年计划开始，宁夏在国家整体战略向中西部地区转移的契机下，开始了工业建设的第一个高潮时期，宁夏取得了工业、农业、交通邮电业、水利事业等方面的卓越成就，包兰铁路通车，贺兰山煤炭基地、青铜峡水利枢纽等重大工程开工建设，大量工业从无到有，占工业总产值的比重大大提高，开始接近或超过农业总产值，改变了宁夏农业占绝对优势的经济结构。煤炭工业逐步成为宁夏工业的主导产业，获得长足发展。1960 年原煤产量已达 305 万吨，是 1957 年产量的 89 倍，煤炭工业产值占工业总产值的比重，也由 1957 年的 6.8% 上升到 1960 年的 21.8%。煤炭工业的发展，同时也带动和促进了一系列相关产业的发展。银南地区的青铜峡、吴忠两县因水电站、水泥厂、机床厂、仪表厂等项目的布点建设成为宁夏工业新的增长点，初步形成银北—银川—银南工业布局的基本框架。1960 年工业企业数量猛增到 783 个，工业总产值增加到 20267 万元，第一次超过农业总产值（中共宁夏回族自治区委员会党史研究室等，2016）。

改革开放以后，宁夏工业经济进一步发展壮大，三次产业结构不断优化，到 1978 年工业增加值占地区生产总值的比重达到 43.0%，三次产业结构比重调整为 23.6：50.8：25.6。在改革开放的新的历史时期，宁夏加快了产业结构调整的步伐。在促进第一、二产业持续、稳定、快速发展的同时，宁夏大力发展第三产业，产业结构逐渐趋于合理，开始向先进方向转变，完成了从自发探索阶段到创新完善阶段的顺利过渡。

（三）西部大开发至今

西部大开发以后，宁夏回族自治区人民政府提出将以种植业为主的传统农业向特色产业和畜牧业转变，由初级农业品的生产向大力发展农产品加工转变，由以农业为主的单一型农村经济结构向一、二、三产业全面发展的复合型农村经济结构转变的思路，逐渐形成枸杞及中药材产业、优质牛羊肉及皮毛加工业、葡萄酿酒业、马铃薯及其加工业、淡水渔业、牛奶及乳制品加工业、优质粮食加工业、蔬菜产业等特色农业产业。宁夏经济也进入了快速发展期，连续9年超过10%，年均增长11.4%，高于全国平均水平。在工业方面，西部大开发十年间，宁夏回族自治区的一、二、三产业增加值比例由1999年的18.2∶39.2∶42.6变为2008年的10.9∶52.9∶36.2，形成了以能源、新材料、化工、装备制造、农副产品加工业等五大区域特色的工业体系。2008年，宁夏煤炭人均占有量和人均发电量分别居全国第三位和第二位，以宁东"国家级煤电化工三大基地"为核心的工业经济新增长点日益凸现。

党的十八大以后，自治区党委提出全面建设"开放宁夏、富裕宁夏、和谐宁夏、美丽宁夏"的目标，改变宁夏特色优势工业主要依托地区资源优势，重点发展能源工业的格局（李文庆，2014）。通过突出重点、转型升级，做优做强工业，工业生产稳中向好，企业效益稳步提升。一是努力做强煤化工、煤炭火电、羊绒纺织、葡萄、文化旅游和食品用品等六大产业；二是发展壮大石油化工、特色农业、装备制造、新能源、新材料等五大产业；三是积极培育现代物流、金融、生物、信息及电子商务四大产业；四是限制淘汰电解铝、钢铁、水泥、铁合金、电石、焦炭、化肥等七大过剩落后产业。2019年，宁夏规模以上工业增加值比上年增长7.6%，比全国高1.9个百分点，居全国第九位，西北第一位。其中制造业增长9.9%，电力、热力、燃气及水的生产和供应业增长7.2%。从主要产品产量看，多晶硅增长84.1%、味精增长41.3%、初级形态塑料增长37.9%、单晶硅增长30.3%、化学农药原药增长12.5%、钢材增长12.7%、乳制品增长11.0%、铁合金增长5.6%、发电量增长6.6%、原油加工量增长2.4%。第三产业方面，公路、铁路、航空、联运、速递、货代、装卸搬运、仓储、流通加工物资贸易、包装服务及设备、物流信息服务等领域的大力发展，都不同程度地提升了宁夏现代服务业发展的层次和水平，优化产业结构，扩大服务领域，推动了现代服务业与国内外市场。

在农业方面，2019 年宁夏全区粮食总产量 373.15 万吨，实现"十六连丰"，粮食作物单产 367 公斤 / 亩，比上年增加 11 公斤，增长 3.1%；实现农林牧渔业增加值 297.66 亿元，增长 3.2%。从主要农产品产量看，蔬菜增长 2.7%、油料增长 4.5%、水果增长 28.1%、羊肉增长 5.1%、牛奶增长 9.0%、枸杞增长 0.7%。全区全年实现生产总值 3748.48 亿元，按可比价格计算，比上年增长 6.5%。其中，第一产业增加值 279.93 亿元，增长 3.2%；第二产业增加值 1584.72 亿元，增长 6.7%；第三产业增加值 1883.83 亿元，增长 6.8%。第一产业增加值占地区生产总值的比重为 7.5%，第二产业增加值比重为 42.3%，第三产业增加值比重为 50.2%，比上年提高 0.6 个百分点。按常住人口计算，人均地区生产总值 54217 元，增长 5.5%。产业结构进一步优化。

四、新疆

新疆，古称西域，意思是中国西部的疆域，清朝开始改称新疆。总面积 166.5 万平方千米，约占全国陆地总面积的 1/6。国内与西藏、青海、甘肃等省区相邻，境外与蒙古、俄罗斯、哈萨克斯坦、吉尔吉斯斯坦、塔吉克斯坦、阿富汗、巴基斯坦、印度等八个国家接壤，是古丝绸之路的重要通道，陆地边境线 5600 多千米，约占全国陆地边境线的 1/4，是中国陆地面积最大、交界邻国最多、陆地边境线最长的省级行政区，现有 14 个地、州、市，89 个县（市），其中33个为边境县（市）。2018年末，新疆常住人口2486.76万人，比上年末增加42.09万人，汉族人口947.76万人，占人口比重的40.16%，各少数民族人口1411.97万人，占总人口比重59.84%。

新疆自古以来就是多民族聚居、多宗教并存的地区，从西汉开始纳入中国版图。是世界四大文化的交汇区域，还是我国民间文化遗产大区。目前，新疆生活着我国所有民族成分的民族，是中国民族成分最全的省级行政区之一。其中，超过100万人口的有维吾尔族、汉族、哈萨克族和回族4个民族，超过10万人口的有柯尔克孜族、蒙古族2个民族。世居少数民族有维吾尔、哈萨克、回、柯尔克孜、蒙古、塔吉克、锡伯、满、乌孜别克、俄罗斯、达斡尔、塔塔尔族等12个少数民族。

新疆特色优势产业的发展主要经历了以下几个阶段（见图2-4）。在新中国成立前，早在秦汉时期，新疆即为多民族聚集区，产业以游牧业为主，有自己独特的手工业、商业，如陶器制造、毛纺织品、玉石制造业。自西汉时期张骞出使西域后，中原地区的丝绸和丝织品以及先进的生产工具和农业经验，如铁铧、铁锄等铁质农具及代田法，以及掘井技术和冶铁技术等伴随着屯田士兵从中原地区传入了新疆。清朝对新疆的经营，无论是规模和范围皆远胜从前历代，社会经济得到前所未有的进步和发展，清政府大力支持手工业、商业，新疆成为"繁华富庶、甲于关外"的地方。但两次鸦片战争，沙俄入侵和第二次世界大战使新疆政治动乱，经济受到重创。1934年，经济有所恢复，主要是农业和畜牧业，近代工业开始发展。新中国成立初期，新疆特色优势产业以传统的农牧业为主，且畜牧业占较大比重，几乎没有现代工业。从自治区成立到改革开放以前，新疆优先发展重工业，改革开放时期，新疆特色优势产业以矿产资源开发和农副产品深加工为主导力量。2000年以来，西部大开发战略加快了新疆"一黑一白"等资源优势向产业优势的转换速度。2013年，"一带一路"倡议的提出使新疆经济进入历史新阶段，以旅游业为主的第三产业逐渐成为经济发展的主力军，传统种植业中，棉花产业规模日益增大，形成了"世界棉花看中国，中国棉花看新疆"的产业格局。

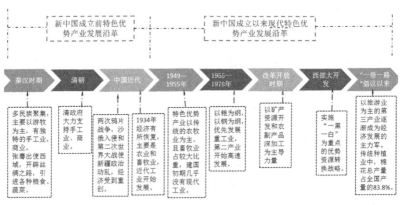

图2-4　新疆民族地区产业发展历史沿革

（一）古代至近代

西汉初年，西域处于割据状态，城邦与行国并存，史称"三十六国"。张骞通西域后，西域同中原的联系，为西汉统一做出了突出贡献，形成了著名的"丝绸之路"。公元前60年，西汉朝廷设立西域都护府，它的建立标志着西汉王朝对西域统治的确立，从此西域正式并入汉朝版图，成为我国统一的多民族国家不可分割的一部分。两汉统治时期，西域经济稳步发展，在魏、晋、南北朝时期，由于中原政治权力交替，政局动荡，对西域的管理有所减弱，西域也出现了政权兼并、七国对峙的局面。鲜卑、柔然、高车等民族政权，在西域进行了长达一个多世纪的争霸战争。这场战争对西域的生产造成了巨大的破坏，但是客观上促成了西域民族的大融合，特别是对新疆维吾尔族的形成，发挥了不可忽视的重要作用。隋唐时期，是西域的黄金时期，唐朝统一西域，极大地促进了西域经济的发展，谱写了各民族团结、和谐共处的光辉篇章。唐朝后期，回鹘人大举迁入新疆。这次民族大迁徙，使回鹘人融合了西域土著，从而形成现在的维吾尔族。宋朝国力不强，无力管理西域。到元朝时期，中央政府把新疆放在与行省同样重要的地位，在天山南北设立了行尚书省、行中书省、元帅府等机构。到清朝年间，康熙皇帝亲征统一了天山南北，大力兴修水利，发展经济，设立行政官署，开办屯田，设立驿站，铸造钱币，并设置伊犁将军，统辖天山南北。十九世纪初，清政府逐渐衰落，政治腐败，新疆政治动乱。两次鸦片战争时期，新疆少数民族多次抵御沙俄的侵略，但有许多俄罗斯人、乌兹别克人和塔塔尔人进入新疆并留居下来。1884 年 11 月 17 日新疆正式建省。1949 年 9 月 25 日，新疆和平解放。

（二）新中国成立至西部大开发时期（1949—2000 年）

新中国成立前新疆经济是以农牧业为主体的自然经济，到 1955 年农业产值占新疆生产总值的 50% 以上，当时的新疆地区生产总值为 12 亿元，但生产模式属于经营粗放，广种薄收，靠天吃饭的局面，牧业经济单一。多数牧民沿袭逐水草而居的游牧生产生活方式，"夏饱、秋肥、冬廋、春死"是当时畜牧业生产现状，是典型的传统农牧业为主体的产业格局，仅有的工业企业主要是私人手工作坊和个体手工业，几乎没有现代工业，生产方式非常落后，工业几乎处于停滞状态，以农业为主，优先发展农业的思想短时间内未有改变。

1955 年 10 月 1 日，新疆维吾尔自治区成立，首府为乌鲁木齐。当时确认了新疆 13 个世居民族，各民族"大杂居、小聚居、混杂居住"的特点。南疆维吾尔族比较集中，北疆汉族和哈萨克族比较集中，柯尔克孜、锡伯、塔吉克和达斡尔族等其他民族大多为杂居（《新疆的发展与进步白皮书》2009 年 9 月）。

从自治区成立到改革开放以前，我国处于计划经济体制时期，实行传统发展战略，对新疆采取"以粮为纲"发展农业，"以钢为纲"办工业，"优先发展重工业"，走的是一条高积累、高投入、高速度的发展路子。当时新疆的第一产业的比重下降到 35.8%，第二产业比例增加，而第三产业仅有 17.2%。在 1982 年召开的党的第十二次全国代表大会确定了我国经济建设的战略目标后，新疆维吾尔自治区政府依据自治区的实际情况，首次提出了新疆经济发展的战略目标，同时也提出了把农牧业、煤炭、石油、教育和科技等作为自治区的战略重点，"七五"时期新疆"三大基地"计划开始。至此，新疆的经济到了快速发展的时期，到 2000 年，全疆 GDP 达到 1365 亿元，产业结构不断优化，第一、二、三产业产值占地区生产总值的比重分别为 40.6%、27.5%、31.9%。

（三）西部大开发之后（2000—2012 年）

1999 年 6 月 17 日，在我国现代化建设进入关键时期，江泽民总书记提出的振兴中华的宏伟战略之———西部大开发战略使新疆受益很大。新疆是中国的石油、天然气、煤炭等矿产资源最为丰富的地区之一，因此，大力推进了工业化发展的进程，确立了资源优势经济转化战略，积极采取鼓励和支持特色产业发展的各项措施办法，资源优势加快向产业优势转化，一大批特色产业迅速发展壮大，产业结构得到了很好的调整，并取得了显著成效。到 2008 年新疆原油产量达 2722 万吨，成为国家第二大原油产区；天然气产量 240 亿立方米，居全国第一位；拥有各类油气输送管道 4000 多千米，基本形成了北疆、南疆、东疆油气管网的框架。到 2008 年，末，新疆三次产业占地区生产总值的比重分别为 16.4∶49.7∶33.9。

党的十八大以后，新疆优化和调整产业结构，按照"优化第一产业，调强第二产业，做大第三产业"的思路，在农业方面以"稳粮、优棉、促畜、强果、兴特色"为方向，大力调整优化农业产业结构，促进农村一、二、三产业融合发展；在工业方面，主要依托煤炭资源进行的煤电煤化工产业快速兴起，不仅满足新疆经济发展对能源和石化产品的需求，而且有力地带动了相关产业的发展，刺激了服务业的增长，第三产业逐渐发展成为支柱产业。

（四）"一带一路"倡议提出之后（2013 年至今）

2013 年 9 月和 10 月，中国国家主席习近平分别提出建设"新丝绸之路经济带"和"21 世纪海上丝绸之路"的"一带一路"合作倡议。2015 年初，国家发改委发布了《推动共建丝绸之路经济带和 21 世纪海上丝绸之路的远景与行动》，明确了在"一带一路"倡议中新疆地区的定位，指出"发挥新疆独特的区位优势和向西开放的重要视窗作用，形成丝绸之路经济带上重要的交通枢纽、商贸物流和文化科教中心，打造丝绸之路经济带核心区"。该倡议对新疆地区的开放型经济发展，具有无可替代的重要作用，新疆地区的开放性经济发展进入到历史新阶段（张洋，2019）。截至 2018 年，新疆生产总值 12199.08 亿元，比上年增长 6.1%，三次产业比为 13.9∶40.3∶45.8，人均地区生产总值 49475 元，在西北民族地区排名第一。其中新疆粮食产量达 1504.23 万吨，较 1955 年增长近 10

倍，粮食人均占有量超过 600 千克，高于全国平均水平；林果面积 144.516 万公顷，园林水果产量 1059 万吨，面积和产量均居全国前列。棉花已成为新疆的主要农作物，总产量由 1955 年的 2.51 万吨增加到 2018 年的 511.09 万吨，占全国产量的 83.8%，是南疆少数民族农民最重要的收入来源。

"一带一路"倡议的提出使第三产业逐渐成为拉动新疆经济增长的主要动力，2018 年第三产业产值 5584.02 亿元，对全疆经济的贡献率达到 62.3%，连续 4 年成为推动新疆经济增长的第一动力，全疆 4A、5A 级景区达到 105 处，接待游客突破 1.5 亿人次，旅游总消费达 2579.71 亿元。

第三章 西北民族地区产业发展现状、评价与特色优势产业筛选

第一节 西北民族地区产业发展现状

一、西北民族地区属大农业区

（一）从全国看，西北民族地区第一产业优势明显

总的来说，西北民族地区生产总值在全国国内生产总值中比重较小，三次产业中，第一产业增加值占全国的比重最高，第二产业次之，第三产业最小。2000—2017 年，西北民族地区生产总值在全国国内生产总值中比重平均为 3.05%，呈波动略降趋势。三次产业中，第一产业增加值占全国的比重最高，且呈波动上升趋势，平均为 4.56%，其次为第二产业增加值占全国的比重，平均为 3.0%，呈波动上升趋势，从 2005 年开始持续超过第三产业增加值占全国的比重，第三产业增加值占全国的比重最低，平均为 2.77%，呈先降后升再降趋势，2017 年较 2000 年略降 0.34 个百分点（见图 3-1）。西北民族地区约占全国国土资源面积的 1/3，与之相比，西北民族地区对全国经济贡献较小，经济贡献仅为面积占比的 1/10，

差距较大。西北民族地区受历史和自然环境等因素影响，在我国属于大农业（含牧业）地区，且农业发展趋势向好，不断壮大。另外，受到西部大开发战略计划的支持以及矿产、天然气等资源禀赋的有利影响，该区第二产业增加值比重仅次于第一产业。随着国民经济收入不断增长，以及各地对特色优势产业的重视和规划，该区第三产业得到大力支持，但受国民经济收入增长趋势放缓等因素影响，第三产业发展并不充分，三次产业中，第三产业增加值占比最低，且与本世纪初相比略有降低。

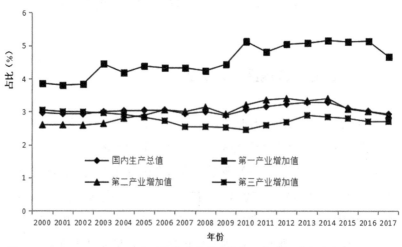

图 3-1　2000—2017 年西北民族地区生产总值与三次产业增加值在全国的比重

（二）从区内看，西北民族地区二三产业占主导优势

西北民族地区产业结构与全国相似（见图 3-2），均为第二产业居主导地位，第三产业次之，第一产业占比最低，2000—2017 年，全区三次产业结构比平均为 15.4：44.1：40.5，全国为

10.5：44.8：44.7。发展趋势也相似，第一产业占比均呈下降趋势，全区 2017 年较 2000 年下降 7.2 个百分点，但全区几乎每年都高于全国约 5 个百分点。第二产业占比总体均呈"降、升、降"趋势，2017 年较 2000 年全区略有下降，仅 0.51 个百分点，全国下降较多，为 5.6 个百分点。从 2007 年开始，《西部大开发"十一五"规划》作用初显，全区第二产业占比份额开始超过全国，并保持至 2014 年，期末 3 年低于全国但非常接近，期内平均低于全国 0.8 个百分点。第三产业占比发展趋势和第二产业正好相反，总体均呈"升、降、升"趋势，2017 年较 2000 年全区升高了 7.73 个百分点，全国上升更多，为 12.9 个百分点。

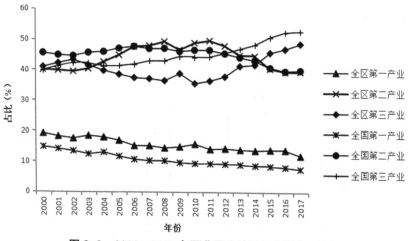

图 3-2　2000—2017 年西北民族地区与全国产业结构

二、西北民族地区四省二三产业均占主导优势

（一）二、三产业占主导优势，但二产优势渐失，三产上升

2000—2017年，西北民族地区四省（区）产业结构与全国平均相似，均为第二产业占主导地位、第三产业次之，第一产业位列最后（见图3-3）。与全国相比，西北民族地区四省（区）中，青海、宁夏第二产业占比较高，新疆、甘肃第二产业占比较低；第三产业占比均低于全国，从高到低依次是甘肃、宁夏、青海、新疆；第一产业占比中，仅宁夏略低于全国水平，其他三省（区）均高于全国水平，从高到低依次为新疆17.69%、甘肃13.91%、青海10.92%。

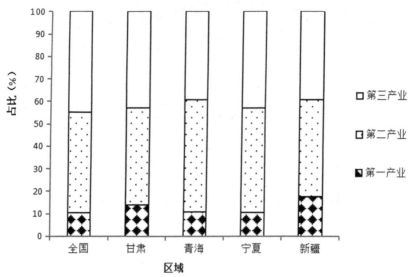

图3-3　西北民族地区四省（区）与全国三次产业占比

2000—2017 年，西北民族地区四省（区）第二产业主导优势均已呈下降趋势，第三产业均有所上升，第一产业均波动下降。从四省（区）与全国三次产业占比 2000—2017 年动态变化图（见图 3-4）中可知，虽期内平均第二产业占主导地位，但第二产业均已呈下降趋势，四省（区）经过 8 年左右的上升后，与全国同步，于 2012 年（除甘肃为 2011 年）开始稳定下降，甘肃、新疆与青海、宁夏分别于 2014、2017 年降至第三产业以下。与全国期末较期初相比，仅甘肃与全国同向发展，均降低 6 个百分点左右，而宁夏、青海、新疆均有不同程度上升。与全区、全国发展趋势相似，第三产业占比呈与第二产业相反趋势，在中期波动下降后，甘肃、新疆于 2011 年开始稳定上升，青海、宁夏与全国同步，于 2012 年开始稳定上升，2017 年，四省（区）第三产业占比均高于第二产业占比，但较 2000 年，增幅均比全国的 12.9 个百分点低，由高到低依次是甘肃 12.61、新疆 6.4、宁夏 3.6、青海 3.1。四省（区）第一产业占比均波动性下降，与全国期末较期初相比，仅宁夏降幅较高，为 8.3 个百分点，其他三省（区）较低，从高到低依次为甘肃 6.91、新疆 6.8、青海 6.1。

总之，从 2000—2017 年产值平均占比来看，四省（区）均为第二产业占主导优势，第三产业均低于全国，各省（区）相差不大；第一产业除宁夏略低于全国，其他三省（区）均高于全国，且新疆最高。从动态变化趋势来看，四省（区）第二产业主导优势均已呈下降趋势，但与全国期末较期初相比，仅甘肃与全国一致降低，而宁夏、青海、新疆均有所上升；四省（区）第三产业均呈与第二产业相反趋势，均有所上升，但均低于全国，甘肃最高，约为新疆的 2 倍，宁夏、青海的 4 倍；四省（区）第一产业均波动下降，与全国期末较期初相比，宁夏高于全国降幅，其他三省（区）低于全国降幅，且降幅大致相同。

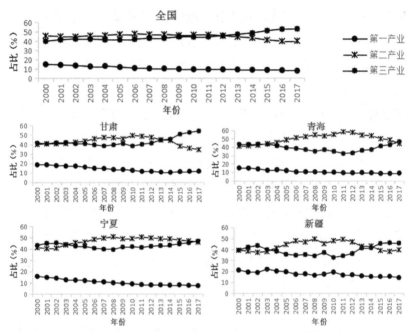

图3-4　2000—2017年西北民族地区四省（区）与全国三次产业占比动态变化

（二）贡献率二三产业远高于一产，但二产贡献率走低态势
明显

2000—2017年，除甘肃省以外，其他三省（区）产业贡献率
与全国平均相似，第二产业贡献率最高，其次为第三产业，第一产
业最低（见图3-5）。其中宁夏第二产业贡献率最高，且三产差距
最大，一、二、三次产业贡献率比为4∶62∶34，其次为青海，甘
肃第二产业贡献率最低，第三产业贡献率高于第二产业，且为四省
（区）中第三产业贡献率唯一高于全国的省份，其他三省（区）中

宁夏第三产业贡献率最低。第一产业贡献率是三产中最低的，四省（区）中新疆最高，为10.83%，均约为其第二、第三产业贡献率的1/4，青海最低，为3.97%，约为其第二、第三产业贡献率的1/15、1/9，是四省（区）中唯一低于全国第一产业贡献率的省份。

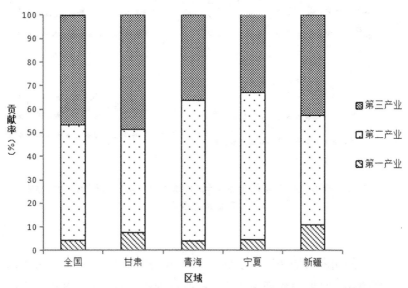

图3-5　西北民族地区四省（区）与全国三次产业贡献率对比

与三次产业占比动态变化相比，2000—2017年四省（区）与全国三次产业贡献率均波动频繁（见图3-6），但第二产业贡献率同呈下降趋势。2017年较2000年，甘肃2017年为负值，因此降幅最大，为54.92个百分点，几乎为全国降幅的2倍，其他三省（区）降幅较小，从高到低依次为新疆8.96、青海7.19、宁夏2.6个百分点。与全区、全国发展趋势相似，四省（区）第三产业贡献率呈与第二产业大致相反趋势，在前期波动下降后，后期先后持续

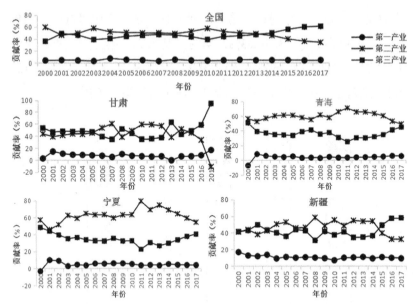

**图 3-6 2000—2017 年西北民族地区四省（区）与全国三次产业贡献率
对比动态变化**

回升，但期末与期初比，宁夏、青海分别呈 7.94、5.68 个百分点的
下降趋势，且期内均低于其第二产业贡献率，而甘肃、新疆同全国
一致呈上升趋势，增幅分别为 40.98、16.52、24.9 个百分点，并分
别于 2015、2016、2014 年开始稳定超过其第二产业贡献率。第一
产业贡献率较第二、三产业最低，但波动较小，期末与期初比，除
新疆降低 7.56 个百分点，甘肃、青海、宁夏均呈同全国趋势一致，
但远高于全国增幅的上升趋势，增幅依次为 13.93、12.87、7.18 个
百分点。另外值得注意的是青海、宁夏 2000 年，甘肃 2013 年第一
产业贡献率为负值，说明这三省（区）第一产业发展虽在上升，但
还不稳定。

　　总之，从 2000—2017 年平均贡献率来看，甘肃第三产业占主

导优势，宁夏、青海、新疆第二产业占主导优势，第一产业中新疆最高、青海最低。从动态变化趋势来看，四省（区）第二产业均不同幅度波动下降，甘肃降幅最大，宁夏降幅最小；第三产业四省（区）发展趋势有所不同，甘肃、新疆上升，青海、宁夏下降，但后期最晚于 2015 年均开始上升，甘肃、新疆分别从 2014、2015 年开始第三产业占主导优势；第一产业 4 省（区）发展趋势亦不一致，甘肃、青海、宁夏上升，新疆下降。

第二节 西北民族地区产业发展评价与筛选

一、研究方法与数据来源

（一）动态偏离份额分析法（DSSM）

动态偏离—份额分析法（Dynamic shift share analysis model）是将研究区域的经济变化过程看作是一个动态的变化过程，以研究区域所在大区的经济发展作为参考系，将大区经济总量在一定时期内的变化过程可分解为三个分量，即区域增长份额分量，代表了大区域内相应产业部门的发展趋势；产业结构偏离分量，代表了产业结构的初期基础；竞争力偏离分量，代表了部门相对竞争力（尹凯，2019；王喜莎，2016）。以此来评价区域经济结构和竞争力，确定产业结构调整的原则和经济发展的合理方向。时间上将研究时段细分，以年为基本单位计算各指标值，再进行累计，减少由于基期到末期的剧烈变化而影响最终的研究结果。

模型可以表示为：

$$G_{iT}=N_{iT}+P_{iT}+D_{iT} \qquad (3-1)$$

$$N_{iT}=e_{it} \times (E_T-E_t)/E_t \qquad (3-2)$$

$$P_{iT}=e_{it} \times [(E_{iT}-E_{it})/E_{it}-(E_T-E_t)/E_t] \qquad (3-3)$$

$$D_{iT}=e_{it} \times [(e_{iT}-e_{it})/e_{it}-(E_{iT}-E_{it})/E_{it}] \qquad (3-4)$$

$$L=(e_T/e_t)/(E_T/E_t) \qquad (3-5)$$

$$L=F \times U \qquad (3-6)$$

$$F = \frac{\sum\limits_{i=1}^{3}(\frac{e_{it}}{E_{it}}*E_{iT})}{\sum\limits_{i=1}^{3}e_{it}} / \frac{\sum\limits_{i=1}^{3}E_{iT}}{\sum\limits_{i=1}^{3}E_{it}} \qquad (3-7)$$

$$U = \frac{\sum\limits_{i=1}^{3}e_{it}}{\sum\limits_{i=1}^{3}\frac{e_{it}}{E_{it}}*E_{iT}} \qquad (3-8)$$

式中，G_{iT}、N_{iT}、P_{iT}、D_{iT} 分别表示某区域 i 产业在 t 时期到 T 时期的产值的变化量、增长份额分量、结构偏离分量、竞争力偏离分量，e_t，e_T，E_t，E_T 分别代表区域和全国的基期 t、研究期 T 时的国民生产总值，e_{it}，e_{iT}，E_{it}，E_{iT} 分别代表某区域和全国 i 产业在基期 t、研究期 T 时的产值，L 为相对增长率指数，F 为结构效果指数，反映产业结构效应；U 为竞争力效果指数，反映区域产业总体上在全国的相对竞争力（吕斯涵等，2019；宋超智等，2009）。

（二）区位熵模型（LQM）

区位熵模型（Location quotient model）主要用来反映区域内产业的专业化程度及其比较优势和竞争力，数据获取简单方便，在经济学研究中应用广泛。

模型可以表示为：

$$LQ_{iT} = (e_{iT}/e_T) / (E_{iT}/E_T) \qquad (3-9)$$

式中，LQ_{iT} 为某区域内 i 产业研究期 T 时的区位熵，e_T，E_T 分别代表某区域和全国的研究期 T 时的国民生产总值，e_{iT}，E_{iT} 分别代表某区域和全国 i 产业在研究期 T 时的产值。当 $LQ_{iT}>1$ 时，区域 i 产业在 T 时有明显的区域优势，该产业在国内的竞争力较强；当 $LQ_{iT}=1$ 时，表示该区域 i 产业在 T 时居于均势，或说明该产业在区域内优势还不明显；当 $LQ_{iT}<1$，表示该地区 i 产业在 T 时在全国处于劣势（王香花等，2015）。

（三）熵值法

对两个以上指标进行赋权来综合评价通常有两种方法，即主权赋权法和客观赋权法。用主观赋权法评价结果有很大的主观性；客观赋值法从实际数据出发，避免了主观人为因素导致的缺陷。客观赋权法又以主成分法与熵值法为主，但主成分法在提取主成分时会造成一定的信息损失，熵值法因其无信息损失优势，被广泛应用于各种指标体系的权重计算（赵会杰等，2019；刘吼海等，2012；苏卉、党楠，2021；李国柱和黄琪骏，2021）。因此本书采用熵值法对指标进行赋权，进而对西北民族地区产业进行评价与筛选。由于各项指标计量单位不统一，为消除量纲影响，先对原始数据 x_{ij} 进行无量纲化处理得到第 i 项产业第 j 项指标的新数据 X_{ij}，然后计算第 j 项指标在第 i 项产业所占比重 P_{ij}，第 j 项指标的熵值 E_j、权重 W_j，最后根据所得权重，采用线性加和方式计算第 i 项产业的综合评价得分 S_i。各计算值见下列公式（苏卉和党楠，2021）。

$$X_{ij} = \frac{|x_{ij} - \min(x_{ij})|}{\max(x_{ij}) - \min(x_{ij})}(i=1,2,...,n; j=1,2,...,m) \quad （3-10）$$

$$P_{ij} = \frac{X_{ij}}{\sum_{i=1}^{n} X_{ij}}(i=1,2,...,n; j=1,2,...,m) \quad （3-11）$$

$$E_j = -\frac{1}{\ln m} * \sum_{i=1}^{n} P_{ij} * \ln P_{ij}(j=1,2,...,m) \quad （3-12）$$

$$W_j = \frac{1-E_j}{\sum_{j=1}^{m}(1-E_j)}(j=1,2,...,m) \quad （3-13）$$

$$S_i = \sum_{j=1}^{m}(W_j * P_{ij})(i=1,2,...,n) \quad （3-14）$$

式中，$\max(x_{ij})$ 和 $\min(x_{ij})$ 分别表示 x_{ij} 的最大值与最小值，m 为指标总数。

（四）数据来源

本书的统计数据来自2007—2018年《中国统计年鉴》《新疆统计年鉴》《青海统计年鉴》《甘肃统计年鉴》《宁夏统计年鉴》中的相关统计数据，在保证可得具有长期、稳定、口径一致数据的前提之下，本书最终确定了第一产业、第二产业、第三产业以及农林牧渔业、工业、建筑业、批发和零售业、交通运输、仓储和邮政业、住宿和餐饮业、金融业、房地产业进行分析。增加值是反映生产活动新增加的价值和转移价值，可以比较确切地反映生产的规模、速度和效益。因此，各产业产值数据选取增加值，且为了不同年份之间具有可比性，所有原始数据均先用2006年各产业增加值现价及其指数换算为以2006年为基的可比价，然后进行各类计算。

二、西北民族地区产业发展评价与特色优势产业筛选

（一）西北民族地区三次产业总体评价

1. 基于DSSM模型的西北民族地区三次产业结构与竞争力分析

表3-1　西北民族地区总体偏离度与效果指数

	G	N	P	D	P+D	L	F	U
甘肃	4094.93	3712.40	−77.39	459.92	382.54	1.01	1.00	1.01
青海	1421.62	1124.80	−6.93	303.75	296.82	1.02	1.00	1.02
宁夏	1472.48	1221.86	−14.74	265.36	250.62	1.02	1.00	1.01
新疆	5787.62	4899.33	−179.57	1067.85	888.28	1.01	1.00	1.01

注：根据各省三次产业增加值现价及其指数计算得出的以2006为基的可比价，G、N、P、D、P+D为2006—2017年变化累计值，数值单位为亿元，L、F、U为2006—2017年变化均值，属无量纲指标。

西北民族地区经济增长主要为国家带动，四省（区）区域竞争力较强，但产业结构不合理。从总体来看，2006—2017年西北民族地区四省（区）的GDP均有不同程度的增长（见表3-1），增长额最高为新疆（5787.62亿元），其次为甘肃、宁夏，青海最少

（1421.62亿元）。四省（区）G的三个分解量中，N对G的解释能力最强，D次之，P为负值，说明西北民族地区经济增长主要为国家带动；L>1，说明四省（区）GDP总体增长率大于全国GDP的总体增长率；P均为负值且F=1，说明西北民族地区四省（区）产业结构不合理，需进行调整；U略大于1，说明西北民族地区四省（区）较多的产业部门具有增长势头；D>P，说明西北民族地区四省（区）区域竞争力较强，但产业结构不合理。

从结构偏离分量看，西北民族地区四省（区）的结构分量均为负值，新疆结构偏离最大，甘肃、宁夏居中，青海最小（见表3-1）。说明与全国相比，西北民族地区四省（区）产业结构不合理，最不合理的是新疆，之后依次是甘肃、宁夏、青海。竞争力偏离分量与结构偏离分量相反，四省（区）均为正值。偏离程度新疆＞甘肃＞青海＞宁夏，说明西北民族地区四省（区）产业竞争力均较强，其中，新疆最强，宁夏最弱。由此可知，四省发展较快的产业反而占整体产业比重较小；而发展较慢的产业比重较大。以上不均衡现象已成为西北民族地区四省发展的障碍，要提高西北民族地区四省整体发展水平，有必要加快调整和优化的步伐。

表3-2　西北民族地区四省三次产业偏离表

		G	N	P	D	P+D
甘肃	第一产业	275.77	418.58	−220.48	77.66	−142.81
	第二产业	2026.08	1819.14	−2.85	209.79	206.94
	第三产业	1793.09	1474.68	145.94	172.47	318.41
青海	第一产业	48.08	81.73	−43.16	9.51	−33.65
	第二产业	898.87	636.47	−3.18	265.58	262.41
青海	第三产业	474.67	406.60	39.41	28.65	68.06

		G	N	P	D	P+D
宁夏	第一产业	66.85	103.05	−54.21	18.01	−36.20
	第二产业	927.97	671.16	−2.75	259.57	256.82
	第三产业	477.66	447.66	42.22	−12.21	30.00
新疆	第一产业	467.11	674.67	−354.78	147.22	−207.56
	第二产业	2976.63	2465.63	−1.42	512.42	511.00
	第三产业	2343.88	1759.03	176.63	408.22	584.85

注：G、N、P、D、P+D 为 2006—2017 年变化累计值，数值单位为亿元。

从三次产业偏离份额（表3-2）来看，2006—2017年西北民族地区四省（区）三次产业产值均为增长态势，增长程度均为第二产业最高，第一产业最低。第二产业中，增长额从高到低依次为新疆、甘肃、宁夏、青海，与四省GDP增长额排序相同。四省（区）三次产业结构偏离分量均呈"三二一"序列（产业结构合理程度从高到低依次为第三产业、第二产业、第一产业，下同），竞争力偏离分量除宁夏为"二一三"序列以外，其他三省均为"二三一"序列。四省（区）第一产业G的三个分量中，N>G>D>P，P为负值，说明四省（区）第一产业结构均非常不合理，竞争力不强，主要为二三产业带动，导致产值增长还达不到各省平均增长水平。结构偏离分量从小到大依次为新疆、甘肃、宁夏、青海，竞争力偏离分量与结构偏离分量则相反，说明第一产业中，新疆发展较慢的产业比重较大，发展较快的产业反而占整体产业比重较小；而青海发展较快的产业比重较大，发展较慢的产业占整体产业比重较小。

四省（区）第二产业G的三个分量中，N>D>P，P为负值，说明四省（区）第二产业竞争力较强，但结构不合理。结构偏离分量四省（区）差别不大，竞争力偏离分量新疆约为其他三省（区）各省的2倍，甘肃最小。综合来看，四省（区）中新疆结构相对最合理、竞争力相对最强，青海结构相对最不合理，甘肃竞争力相对最弱。

四省（区）第三产业 G 的三个分量中，新疆和甘肃 N>D>P，此二省竞争力优势大于结构优势；宁夏和青海 N>P>D，此二省结构优势大于竞争力优势。结构偏离分量、竞争力偏离分量新疆和甘肃较宁夏和青海相差大，结构偏离分量、竞争力偏离分量最高的均为新疆，结构偏离分量最低的是青海，竞争力偏离分量最低的是宁夏，且为负值。以上结果说明四省（区）第三产业除宁夏有结构优势、无竞争力优势以外，其他三省（区）均既有结构优势又有竞争力优势，其中新疆优势最大，其次为甘肃。

从三次产业份额——部门优势图（图3-7）中可以看出：西北民族地区四省（区）的产业部门位于坐标系中的第二、四象限。分布在第二象限的产业属于具有产业优势、增长性的较好产业，包括四省（区）总体和第二产业、第三产业；分布在第四象限的产业部门属于衰退但具有产业优势的一般产业，包括四省（区）第一产业。

从三次产业结构优势—竞争优势图（图3-8）中可以看出：西北民族地区四省（区）的产业部门位于坐标系中的第一、二、三、四、六象限。其中，分布在第一象限的产业属于原有基础较好（具有比较优势），竞争力很强的产业，包括甘肃第三产业和新疆第三产业；分布在第二象限的产业部门属于原有基础很好，竞争力较强的较好产业，为青海第三产业；分布在第三象限的产业部门属于原有基础差，但发展很快的较好产业，包括四省（区）总体和第二产业；分布在第四象限的产业部门属于原有基础较好，但发展速度减

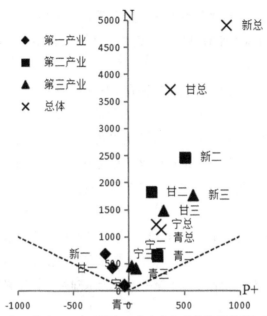

图 3-7　西北民族地区四省（区）三次产业与总体增长份额—部门优势图

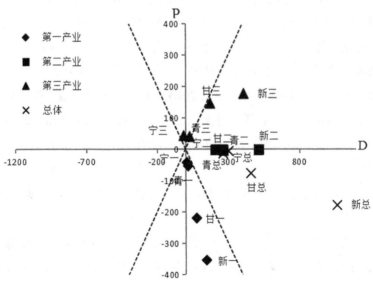

图 3-8　西北民族地区四省（区）三次产业与总体结构优势—竞争优势图

慢、地位处于下降的较好产业，为宁夏第三产业；分布在第六象限的产业部门属于原有基础差，但发展很快的较差产业，包括四省（区）第一产业。

总的来说，西北民族地区四省（区）第一产业结构均非常不合理，竞争力不强，主要为二、三产业带动，第二产业竞争力较强，但结构不合理。第三产业除宁夏有结构优势、无竞争力优势以外，其他三省（区）均既有结构优势又有竞争力优势。四省（区）总体原有基础差，但发展很快。分省来说，新疆、甘肃第三产业基础较好，竞争力很强，属于最好产业；青海第三产业基础很好、竞争力较强，属于较好产业；四省（区）第二产业均属原有基础差，但发展很快的较好产业；宁夏第三产业为原有基础较好，但发展速度减慢的较好产业；四省（区）第一产业为基础差，但发展很快的一般产业。

从四省（区）三次产业结构偏离分量2006—2017年动态变化（见图3-9）来看，2006—2017年四省（区）三次产业结构偏离分量变化趋势相同，即第一产业波动上升，上升幅度由高到低依次为新疆、甘肃、宁夏、青海，但均在零以下，即产业结构不合理，但较期初有所改善；第二产业从2010—2011年开始大幅下降，降幅由高到低依次亦为新疆、甘肃、宁夏、青海，且从2013—2014年开始为负值，虽期内平均结构偏离分量均呈"三二一"序列，但至2016—2017年均已呈"三一二"序列，即第二产业结构最不合理；第三产业波动上升，期末均具产业结构优势，其中新疆优势最大、青海最小。

从四省（区）三次产业竞争偏离分量2006—2017年动态变化（图3-10）来看，2006—2017年四省（区）竞争偏离分量变化趋势类似，第一产业略有波动，相对平稳，新疆、甘肃竞争力偏

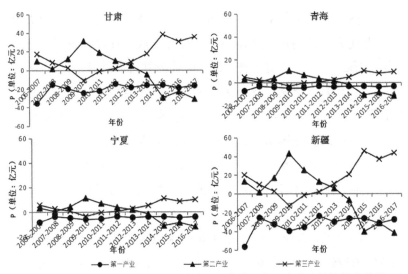

图 3-9　2006—2017 年西北民族地区四省（区）三次产业结构偏离分量
动态变化

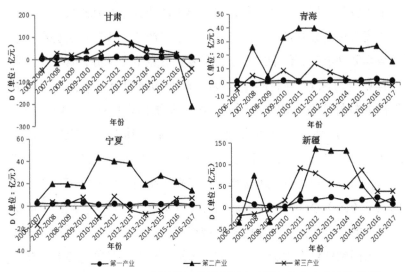

图 3-10　2006—2017 年西北民族地区四省（区）三次产业竞争偏离
分量动态变化（亿元）

离分量高、波动也相对大，但四省（区）基本都为正值，即具有竞争力优势。较期初，新疆、宁夏有所降低，甘肃、青海则有所升高。第二三产业波动频繁，第二产业除甘肃以外其他三省（区）波动上升。期末宁夏、青海保持第二产业期内平均的第一位竞争力优势，甘肃、新疆第二产业竞争力优势已不再突出，甘肃期末甚至降至负值，降幅明显，位居三次产业末位，而第一产业跃居第一。第三产业波动上升，增幅由高到低依次为新疆、宁夏、甘肃、青海，期末新疆、宁夏为正值，具有竞争力优势，青海、甘肃为负值，不具有竞争力优势。

　　总的来说，2006—2017年西北民族地区产业结构不合理，区域竞争力较强，但经济增长主要为国家带动，增幅由高到低依次为新疆、甘肃、宁夏、青海。从三次产业来看，新疆、甘肃第三产业基础较好，竞争力很强，属于最好产业；青海第三产业基础很好、竞争力较强，属于较好产业；宁夏第三产业为原有基础较好，但发展速度减慢的较好产业，四省（区）第三产业产业结构优势和竞争优势均波动上升，但期末新疆、宁夏具有竞争力优势，青海、甘肃不具竞争力优势。四省（区）第二产业均属原有基础差，但发展很快的较好产业。四省（区）三次产业结构合理程度在期初均呈"三二一"序列，但10余年来，第一产业波动上升，第二产业从2010—2011年开始大幅下降，至2016—2017年均已呈"三一二"序列，第二产业结构最不合理，甘肃降幅明显，期末降至负值，其他三省（区）总体波动上升。四省（区）第一产业为基础差，但发展很快的一般产业，产业结构合理程度期末较期初有所改善，改善幅度由高到低依次为新疆、甘肃、宁夏、青海；竞争优势上略有波动，新疆、甘肃竞争力优势大、波动也相对大，但基本上具竞争优势（见表3-3）。

表 3-3　基于 DSSM 的西北民族地区四省（区）三次产业结构与竞争力评价

级别	省（区）	产业类别	产业发展趋势
最好产业	新疆	第三产业	产业结构较好，优势上升，竞争力优势上升，增长型
	甘肃	第三产业	产业结构较好，优势上升，竞争力优势上升，增长型
较好产业	青海	第三产业	产业结构较好，优势上升，竞争力优势上升，增长型
	宁夏	第三产业	产业结构较好，优势上升，竞争力优势上升，增长型
	青海	第二产业	产业结构不合理，结构优势渐无，竞争力优势升高，增长型
	宁夏	第二产业	产业结构不合理，结构优势渐无，竞争力优势升高，增长型
	甘肃	第二产业	产业结构不合理，结构优势渐无，竞争力优势渐无，增长型
	新疆	第二产业	产业结构不合理，结构优势渐无，竞争力优势升高，增长型
一般产业	新疆	第一产业	产业结构非常不合理，较期初有改善，竞争力优势降低，衰退型
	甘肃	第一产业	产业结构非常不合理，较期初有改善，竞争力优势升高，衰退型
	宁夏	第一产业	产业结构非常不合理，较期初有改善，竞争力优势降低，衰退型
	青海	第一产业	产业结构非常不合理，较期初有改善，竞争力优势升高，衰退型

2. 基于区位熵模型的西北民族地区三次产业竞争力分析

2006—2017 年，西北民族地区四省（区）三次产业区位熵中 1 以上的有新疆、甘肃、青海第一产业和青海、宁夏、新疆第二产业，第三产业区位熵均低于1，说明除宁夏以外三省（区）的第一产业和青海、宁夏、新疆第二产业在全国具优势，其中新疆第一产业区位熵达1.80，优势最强；四省（区）第三产业均具劣势（见图3-11）。

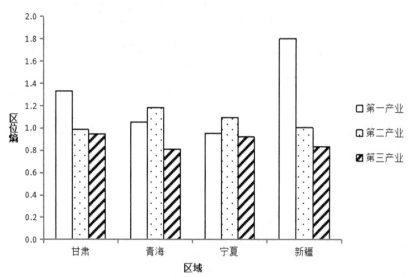

图3-11　西北民族地区四省（区）三次产业区位熵2006—2017年平均值

注：1.产业贡献率指各产业增加值增量与GDP增量之比。三次产业贡献率较高，说明新增加的产值中某产业的增加值占比较高。2.本数据来源为中国统计年鉴2018版，甘肃、青海、宁夏、新疆省级统计年鉴2018版。

从2006—2017年四省（区）三次产业区位熵动态变化图（见图3-12）中可知，期内四省（区）平均优势最高的第一产业中除宁夏波动下降外，其他三省（区）均波动上升，新疆增幅最大，青海次之。第二产业呈现前期"崛起"，后期"衰落"趋势，但与期初相比，期末甘肃、新疆略降，青海、宁夏略升，宁夏增幅大于青海。第三产业与第二产业相反，先降后升，期末甘肃、新疆略升，青海、宁夏略降，期末四省（区）中甘肃最高，为1.043，略具优势，新疆最低，为 0.8853，不具产业优势。

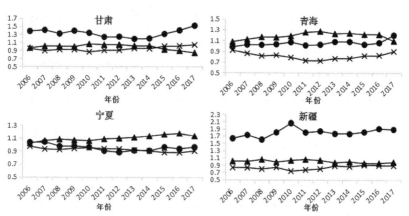

图 3-12　西北民族地区四省（区）三次产业区位熵2006—2017年动态变化

总之，从 2006—2017 年平均区位熵来看，新疆、甘肃、青海第一产业和青海、宁夏、新疆第二产业居优势地位，各省（区）第三产业均具劣势。从动态变化趋势来看，第一产业中除宁夏外的其他省（区）优势越来越大，新疆最大；第二产业均先升后降，期末较期初甘肃、新疆略降，青海、宁夏略升；第三产业与第二产业发展趋势相反，先降后升，期末与期初比，甘肃、新疆略升，青海、宁夏略降；期末甘肃最高，新疆最低。

3. 基于 DSSM—区位熵模型的西北民族地区三次产业优势评价

（1）2007—2017 年平均值来看

本书以 N、P、D、LQ 等四个变量作为特色优势产业的选择基准，N、P、D、LQ 采用 2006—2017 年年变化平均值。由于各变量的单位不同，需要先进行归一化处理，然后用熵值法计算出这四个指标的权重和各个产业的综合得分及排序。动态变化 N、P、D 采用 2006—2017 年年变化值，LQ 采用当年值，其他过程相同。

表3-4　采用熵值法确定的2006—2017年N、P、D和LQ的权重

权重	N	P	D	LQ
甘肃	0.2618	0.2584	0.2613	0.2185
青海	0.2758	0.2716	0.2121	0.2405
宁夏	0.2625	0.2601	0.2122	0.2652
新疆	0.2562	0.2577	0.2586	0.2275

表3-5　2006—2017年西北民族地区四省（区）各产业部分综合得分及排序

排序	产业	甘肃	青海	宁夏	新疆
1	第二产业	0.709523311	0.859933483	0.878732807	0.734725711
2	第三产业	0.643338105	0.448987837	0.419320203	0.597650637
3	第一产业	0.218476923	0.044509194	0.215921036	0.227470386

从各指标权重（表3-4）得知，除宁夏区位熵所占权重最大，且与份额偏离分量所占权重相差不多以外，甘肃、青海份额偏离分量所占权重最大，新疆竞争力偏离份额最大，说明西北民族地区进行特色优势产业评价时，份额因素对甘肃、青海所产生的影响最大，竞争力因素对新疆所产生的影响最大，区位熵因素对宁夏所产生的影响最大。

从产业的综合得分及排序（表3-5）得知，2006—2017年，四省（区）第二产业、第三产业、第一产业排名均为第一、二、三名，说明第二产业在国计民生中重要的支撑作用与强大的产业优势、竞争力。

（2）从2007—2017年际动态变化来看

从2007—2017年三次产业在各省综合排序动态变化（图3-13）来看，青海第二产业、第三产业、第一产业在2007—2017年十余

年来排名均为第一、二、三名，其他三省大部分年份也与青海三次产业排序相同，偶有少数年份有变。

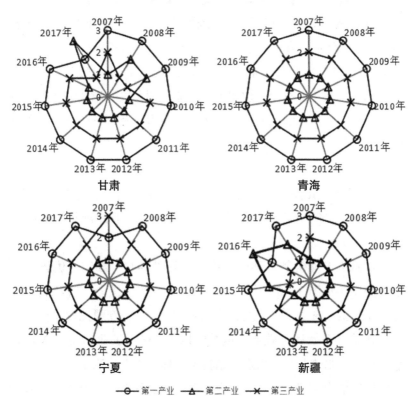

图 3-13　2007—2017 年西北民族地区四省（区）三次产业综合得分排序

　　分省来说，期末与期初相比，甘肃第一产业、第三产业地位上升，由期初的第三、二位升至第二、一位，第二产业降幅较大，由期初的第一位降至末位；宁夏第一产业由期初的第二位降至末位，第二产业无变化，第三产业由期初的第三位升至第二位；新疆第一产业无变化，第二产业由期初的第一位降至第二位，第三产业由期初的第二位升至第一位。

总之,西北民族地区进行特色优势产业评价时,份额因素对甘肃、青海所产生的影响最大,竞争力因素对新疆所产生的影响最大,区位熵因素对宁夏所产生的影响最大。2007—2017年,四省(区)第一产业、第二产业、第三产业排名均为第三、一、二位,在2006—2017年十余年来动态排名大部分年份亦为第三、一、二位,偶有少数年份有变,说明第一产业在西北民族地区国计民生中重要的支撑作用与强大的产业优势、竞争力以及第三产业后来居上的生机。

(二)西北民族地区八大产业发展评价与特色优势产业筛选

1.基于DSSM模型的四省(区)间八大产业评价与特色优势产业筛选

从八大产业份额—部门优势图(见图3-14)和结构优势—竞争优势图(见图3-15)中可以看出,具有产业优势、增长快的较好产业包括四省(区)工业、建筑业、金融业,新疆批发零售业和交通运输、仓储和邮政业,但其中四省(区)工业和新疆交通运输、仓储和邮政业竞争力强、结构不合理,甘肃建筑业、新疆批发和零售业结构合理,但发展速度减慢、地位下降。属于增长但不具有产业优势的一般产业包括四省(区)农林牧渔业、住宿和餐饮业、房地产业,甘肃、青海、宁夏的批发和零售业、交通运输、仓储和邮政业,其中四省(区)农林牧渔业虽有较强的竞争力,但仍未能抵消结构不合理带来的负贡献,甘肃、青海、宁夏的批发和零售业虽结构合理,但仍未能抵消竞争力差带来的负贡献,四省(区)住宿和餐饮业、房地产业与甘肃、青海、宁夏交通运输、仓储和邮政业结构不合理、竞争力差导致不具有产业优势。

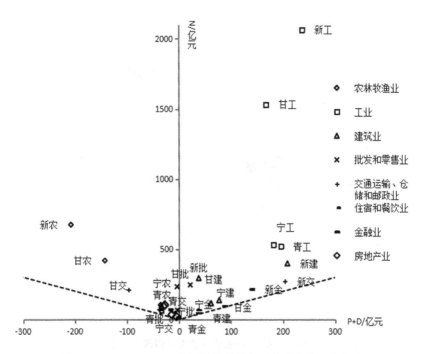

图 3-14　2006—2017 年西北民族地区四省（区）八大产业
增长份额—部门优势图

注：以省名第一个字加产业名称第一个字代表某省某个产业，如以"甘农"代表甘肃农林牧渔业，另因住宿和餐饮业、房地产业均在原点附近，显示过于密集故未能标出，下图同。

　　从八大产业结构偏离分量和竞争力偏离分量动态变化来看，2006—2017 年四省（区）八大产业结构偏离分量变化趋势相同、但竞争偏离分量变化趋势各不相同（见图 3-16 至图 3-19），结构偏离分量变化中，农林牧渔业、交通运输、仓储和邮政业、住宿和餐饮业波动上升，工业、建筑业、批发和零售业、金融业、房地产业波动下降。

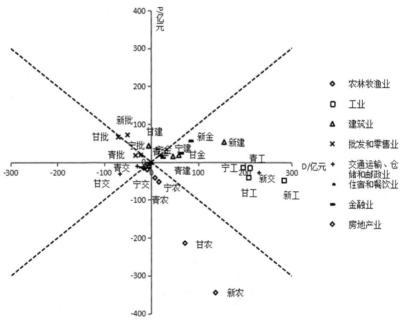

**图 3-15　2006—2017 年西北民族地区四省（区）八大产业
结构优势—竞争优势图**

　　在上升的产业中，农林牧渔业期内结构均不合理，但期末较期初有所改善，且期末具竞争力优势；交通运输、仓储和邮政业、住宿和餐饮业产业结构逐渐合理，交通运输、仓储和邮政业期末仅新疆具竞争力优势，住宿和餐饮业期内四省（区）均不具竞争力优势。

　　在下降的产业中，工业、建筑业、金融业结构优势渐无，批发和零售业、房地产业维持结构优势。工业竞争力甘肃、青海波动下降，宁夏、新疆波动上升；建筑业竞争力青海、宁夏、新疆波动上升，甘肃波动下降；批发和零售业竞争力宁夏、新疆波动上升，甘肃、青海波动下降，金融业竞争力四省（区）均波动下降；房地产业竞争力优势甘肃、青海、宁夏波动上升，新疆波动下降。

期末，产业结构方面，四省（区）有优势的产业优势从大到小依次均为交通运输、仓储和邮政业、批发和零售业、住宿和餐饮业、房地产业；四省（区）期末结构不合理的产业有农林牧渔业、工业、建筑业、金融业，不合理程度从大到小依次分别为甘肃：工业、农林牧渔业、建筑业、金融业；青海、宁夏：建筑业、工业、农林牧渔业、金融业；新疆：农林牧渔业、建筑业、工业、金融业。

产业竞争力方面，甘肃期末有优势的产业优势从大到小为农林牧渔业、金融业，无竞争力优势的产业竞争力由大到小为住宿和餐饮业、交通运输、仓储和邮政业、房地产业、批发和零售业、建筑业、工业。青海期末有竞争力优势的产业优势从大到小为建筑业、工业、农林牧渔业、批发和零售业，无竞争力优势的产业竞争力由大到小为交通运输、仓储和邮政业、住宿和餐饮业、房地产业、金融业。青海期末有竞争力优势的产业优势从大到小为建筑业、工业、金融业、农林牧渔业，无竞争力优势的产业竞争力由大到小为住宿和餐饮业、房地产业、交通运输、仓储和邮政业、批发和零售业。宁夏期末有竞争力优势的产业优势从大到小为工业、金融业、批发和零售业、农林牧渔业，无竞争力优势的产业竞争力由大到小为住宿和餐饮业、建筑业、房地产业、交通运输、仓储和邮政业。新疆期末有竞争力优势的产业优势从大到小为交通运输、仓储和邮政业、批发和零售业金融业、建筑业、农林牧渔业，无竞争力优势的产业竞争力由大到小为住宿和餐饮业、房地产业、工业。

总之，西北民族地区农林牧渔业产业结构有所改善，且期末具竞争力优势；交通运输、仓储和邮政业、住宿和餐饮业产业结构逐渐合理，交通运输、仓储和邮政业期末仅新疆具竞争力优势，住宿和餐饮业期内四省（区）均不具竞争力优势。工业、建筑业、金融业结构优势渐无，批发和零售业、房地产业维持结构优势。期末，工业青海、宁夏有竞争力优势，甘肃、新疆无竞争力优势；建筑业青海、新疆有竞争力优势，甘肃、宁夏无竞争力优势；批发和零售业宁夏、新疆有竞争力优势，甘肃、青海无竞争力优势；四省（区）金融业均具竞争力优势，房地产业均无竞争力优势。

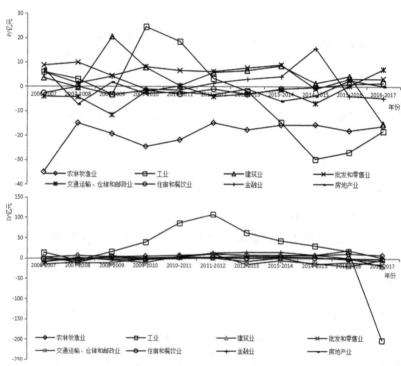

图 3-16　2006—2017 年甘肃八大产业结构偏离分量 P（上）
与竞争偏离分量 D（下）动态变化

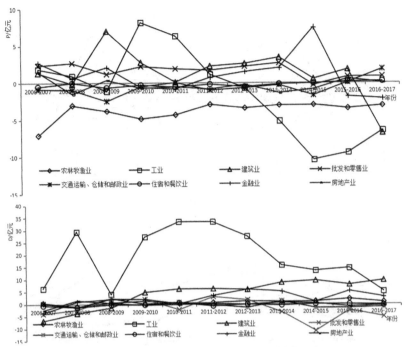

**图 3-17　2006—2017 年青海八大产业结构偏离分量 P（上）
与竞争偏离分量 D（下）动态变化**

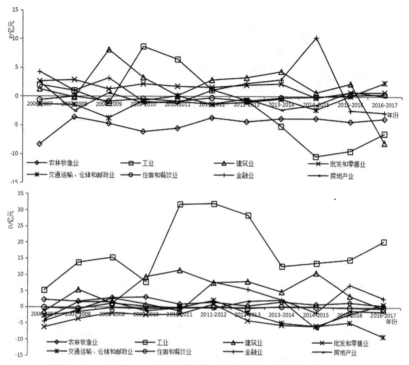

图 3-18 2006—2017 年宁夏八大产业结构偏离分量 P（上）
与竞争偏离分量 D（下）动态变化

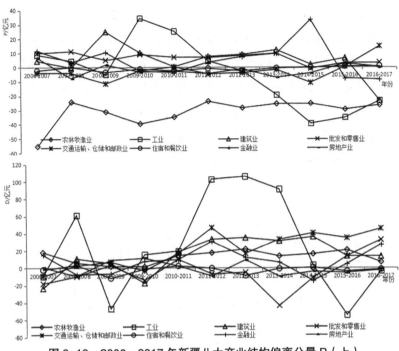

图 3-19　2006—2017 年新疆八大产业结构偏离分量 P（上）
与竞争偏离分量 D（下）动态变化

2. 基于区位熵模型的四省（区）间八大产业评价与筛选

从 2006—2017 年四省（区）八大产业区位熵平均值（见图 3.20）来看，西北民族地区四省（区）八大产业在全国具产业优势的有 14 个，其中前 5 位中最高的是宁夏建筑业（1.75），之后依次为新疆农林牧渔业（1.66）、青海建筑业（1.62）、甘肃农林牧渔业（1.36）、新疆建筑业（1.28）。分省来看，14 个产业按优势大小排名，甘肃有 4 个，依次是农林牧渔业，建筑业，交通运输、仓储和邮政业及住宿和餐饮业；青海有 2 个，依次是建筑业、工业；宁夏有 5 个，依次是建筑业，交通运输、仓储和邮政业，金融业，工业，农林牧渔业；新疆有 3 个，依次是农林牧渔业，建筑业，交通运输、仓储和邮政业。四省（区）建筑业在全国均具优势；农林牧渔业，交通运输、仓储和邮政业除青海处劣势外，其他三省都具优势；甘肃、新疆工业不具优势，青海、宁夏工业略有优势；甘肃住宿和餐饮业略具优势，其他三省（区）不具优势；金融业宁夏略具优势，其他三省（区）不具优势；四省（区）批发和零售业、房地产业区位熵均低于 1，在全国处于劣势。

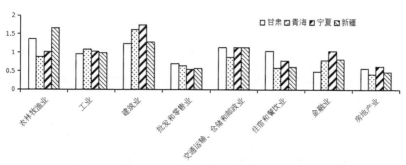

图 3-20 西北民族地区四省（区）八大产业区位熵 2006—2017 年平均值

从 2006—2017 年四省（区）八大产业区位熵动态变化图（见图 3-21）可知，在 12 年里，宁夏建筑业优势波动性增长，至 2016 年增至最高值 1.93，增长明显；新疆农林牧渔业、建筑业、甘肃农林牧渔业亦呈波动性增长趋势，增幅较小；青海建筑业先降后增，但期末还未恢复至期初值。与期初相比，期末甘肃金融业、农林牧渔业、工业，青海工业、金融业，宁夏建筑业、工业，新疆交通运输、仓储和邮政业、金融业、建筑业、农林牧渔业共 11 个产业区位熵不同幅度增长，其中新疆交通运输、仓储和邮政业增幅最大，达 0.538，甘肃工业增幅最小，仅 0.047。期末较期初区位熵降低的产业中，宁夏交通运输、仓储和邮政业降幅最大，为 0.57，宁夏金融业降幅最小，仅 0.007。

总之，从四省（区）八大产业 2006—2017 年区位熵平均值和动态变化看，四省（区）建筑业在全国均具优势，批发和零售业、房地产业均处劣势。在 12 年里，宁夏建筑业优势增长明显；新疆农林牧渔业、建筑业、甘肃农林牧渔业增幅较小；青海建筑业优势下降。

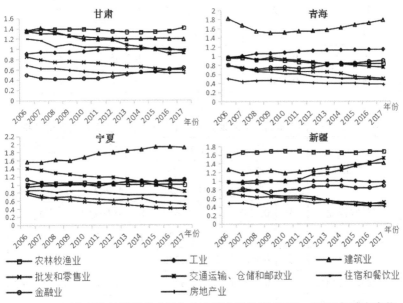

图 3-21 西北民族地区四省（区）八大产业区位熵 2006—2017 年动态变化

3. 基于"DSSM—区位熵"模型的西北民族地区八大产业评价与特色优势产业筛选

（1）从 2006—2017 年平均值来看

本书以 N、P、D、LQ 等四个变量作为特色优势产业的选择基准，N、P、D 采用 2006—2017 年年变化累计值，LQ 采用 2006—

2017 年年变化平均值。由于各变量的单位不同，需要先进行归一化处理，然后用熵值法计算出这四个指标的权重（见表 3-6）和各个产业的综合得分及排序（见表 3-7）。动态变化 N、P、D 采用 2006—2017 年年变化值，LQ 采用当年值，其他过程相同。

表 3-6　N、P、D 和 LQ 熵值法确定的权重

权重	N	P	D	LQ
甘肃	0.2226	0.2693	0.2492	0.2589
青海	0.2273	0.2713	0.2405	0.2609
宁夏	0.2285	0.2655	0.2385	0.2674
新疆	0.2292	0.2669	0.2528	0.2511

表 3-7　2006—2017 年西北民族地区四省（区）各产业部分综合得分及排序

产业	甘肃		青海		宁夏		新疆	
	排序	综合得分	排序	综合得分	排序	综合得分	排序	综合得分
农林牧渔业	3	0.4393	8	0.1614	8	0.1949	4	0.4634
工业	1	0.7817	1	0.7399	1	0.7216	1	0.7815
建筑业	2	0.5606	2	0.6340	2	0.6823	2	0.6186
批发和零售业	7	0.3521	4	0.3427	5	0.2823	6	0.3062
交通运输、仓储和邮政业	5	0.3874	5	0.2944	4	0.3166	3	0.5842
住宿和餐饮业	4	0.411	6	0.2300	6	0.2721	7	0.259
金融业	6	0.3536	3	0.3882	3	0.4536	5	0.4513
房地产业	8	0.2635	7	0.1972	7	0.229	8	0.2454

从表 3-6 中可以看出，除宁夏区位熵所占权重最大以外，且与

结构偏离份额所占权重相差不多，其他三省（区）均为结构偏离份额所占权重最大，说明西北民族地区进行特色优势产业选择时，产业结构因素所产生的影响最大，也说明产业结构是否合理是产业是否有优势的根本。

从表3-7中可以看出，2006—2017年，四省（区）工业、建筑业排名均为第一、第二，房地产业均处最后二位，说明工业、建筑业在国计民生中重要的支撑作用与强大的产业优势、竞争力以及房地产业的产业特性与劣势。青海、宁夏产业排序十分类似，金融业紧跟工业、建筑业，排序第三，批发和零售业，交通运输、仓储和邮政业，住宿和餐饮业处于中间地位，房地产业、农林牧渔业均不具优势，均分别处第七、八位。甘肃、新疆略有相同，农林牧渔业排名均靠前，在甘肃第三，在新疆第四；房地产业均处末位；交通运输、仓储和邮政业在甘肃居中，位列第五，但在新疆比较靠前，位列第三；住宿和餐饮业在甘肃位列第四，处于中间位置，而在新疆则处于第七位，比较靠后；批发和零售业、金融业在甘肃、新疆均处于中间和靠后的位置。

（2）从2006—2017年际动态变化来看

从2006—2017年八大产业在四省（区）综合排序动态变化（表3-8）来看，青海、宁夏工业、建筑业排序比较稳定，11年间均保持在前二的位置，且建筑业都从2014年开始稳定超过工业位居第一，略有不同的是宁夏于2017年建筑业又回落至第二，工业仍上升至第一，而青海2017年仍保持建筑业第一，工业第二的顺序。甘肃、新疆工业、建筑业相对不稳定，且地位下滑幅度较大，甘肃工业、建筑业2017年分别下滑至第八、第五位，新疆工业2016年下滑至第八位，建筑业2017年下滑至第六位。期末与期初相比，甘肃、青海与宁夏、新疆农林牧渔业变化趋势完全相反，甘肃、青海从 2007 年的第五、八位上升到 2017 年的第三、五位，尤其青海上升明显，而宁夏、新疆由 2007 年的第五、二位下降到 2017 年的第七、五位。批发和零售业青海下降四位至末位，其他三省（区）排序均上升，甘肃、宁夏上升二位，新疆上升六位，跃居第二。交通运输、仓储和邮政业四省（区）均略有变化。住宿和餐饮业甘肃排序较高，且期末升至第二位，而其他三省（区）期末处于中后位 5—7 位，金融业甘肃、宁夏、青海较稳定，且地位略有上升，2017 年分别升至第七、三、四位，新疆波动频繁，期末与期初相比地位无变动。期内房地产业在四省（区）基本都处于末位，期末与期初相比，仅甘肃略有上升至第六位，青海仍居第七位，宁夏、新疆则降至末位。

分省来说，期末与期初相比，甘肃工业、建筑业地位下降，分别由期初的第一、二位降至第八、五位，降幅较大，其他产业地位均上升，期末排序依次为交通运输、仓储和邮政业，住宿和餐饮业，农林牧渔业，批发和零售业，建筑业，房地产业，金融业，工业。

青海交通运输、仓储和邮政业地位无变化，工业、批发和零售业地位下降，由期初的第一、四位降至第二、八位，农林牧渔业、建筑业、金融业地位由期初的第八、二、五位升至第五、一、四位，住宿和餐饮业、房地产业地位无变化，期末排序依次为建筑业，工业，交通运输、仓储和邮政业，金融业，农林牧渔业，住宿和餐饮业，房地产业，批发和零售业。

宁夏农林牧渔业，交通运输、仓储和邮政业，房地产业由期初的第五、三、七位略降至第七、四、八位，批发和零售业、住宿和餐饮业、金融业由期初的第八、六、四位升至第六、五、三位，工业、建筑业地位无变化，期末排序依次为工业，建筑业，金融业，交通运输、仓储和邮政业，住宿和餐饮业，批发和零售业，农林牧渔业，房地产业。

新疆农林牧渔业、工业、建筑业、住宿和餐饮业、房地产业由期初的第二、一、四、六、七位降至第五、四、六、七、八位，批发和零售业，交通运输、仓储和邮政业由期初的第八、五位大幅上升至第二、一位，金融业地位无变化，期末排序依次为交通运输、仓储和邮政业，批发和零售业，金融业，工业，农林牧渔业，建筑业，住宿和餐饮业，房地产业。

表3-8 2007—2017年西北民族地区四省（区）三次产业综合得分排序

省份	产业类别	2007	2008	2009	2010	2011	2012	2013	2014	2015	2016	2017
甘肃	农林牧渔业	5	2	3	3	4	6	3	3	3	3	3
	工业	1	1	1	1	1	1	1	1	1	2	8
	建筑业	2	4	2	2	2	2	2	2	2	1	5
	批发和零售业	6	6	4	6	5	4	4	4	8	7	4
	交通运输、仓储和邮政业	3	3	6	4	3	3	6	6	6	8	1
	住宿和餐饮业	4	5	5	5	6	5	5	5	5	4	2
	金融业	8	8	7	8	8	7	7	7	4	5	7
	房地产业	7	7	8	7	7	8	8	8	7	6	6
青海	农林牧渔业	8	7	6	6	6	7	8	6	4	5	5
	工业	1	1	1	1	1	1	1	2	2	2	2
	建筑业	2	2	2	2	2	2	2	1	1	1	1
	批发和零售业	4	3	4	3	4	3	4	5	8	6	8
	交通运输、仓储和邮政业	3	5	5	4	3	5	5	4	5	4	3
	住宿和餐饮业	6	6	8	7	7	6	6	7	6	7	6
	金融业	5	4	3	5	5	4	3	3	3	3	4
	房地产业	7	8	7	8	8	8	7	8	7	8	7

续表

省份	产业类别	2007	2008	2009	2010	2011	2012	2013	2014	2015	2016	2017
宁夏	农林牧渔业	5	7	5	5	7	7	5	5	4	5	7
	工业	1	1	1	1	1	1	1	2	2	2	1
	建筑业	2	2	2	2	2	2	2	1	1	1	2
	批发和零售业	8	5	8	7	5	5	8	8	7	8	6
	交通运输、仓储和邮政业	3	4	4	3	3	4	3	4	6	6	4
	住宿和餐饮业	6	6	7	6	6	6	6	6	5	4	5
	金融业	4	3	3	4	4	3	4	3	3	3	3
	房地产业	7	8	6	8	8	8	7	7	8	7	8
新疆	农林牧渔业	2	3	2	2	3	5	5	5	3	3	5
	工业	1	1	6	1	1	1	1	1	4	8	4
	建筑业	4	2	1	6	2	2	2	2	1	2	6
	批发和零售业	8	4	4	8	5	6	6	6	8	4	2
	交通运输、仓储和邮政业	5	5	3	5	4	3	4	3	2	1	1
	住宿和餐饮业	6	6	8	7	7	7	8	7	6	7	7
	金融业	3	7	5	3	6	4	3	4	5	5	3
	房地产业	7	8	7	4	8	8	7	8	7	6	8

三、西北民族地区特色优势产业检验与验证

（一）数据来源与研究方法

1.数据来源

选择甘肃、青海、宁夏、新疆 2000—2019 年 GDP、第一产业、第二产业、第三产业、农林牧渔业、工业、建筑业、批发和零售业、交通运输、仓储和邮政业、住宿和餐饮业、金融业、房地产业的增加值现价数据，为了具有可比性，通过相应产业增加值指数换算为以 2000 年为基数的可比价数据，现价与指数数据来源于 2001—2020 年《甘肃统计年鉴》《青海统计年鉴》《宁夏统计年鉴》《新疆统计年鉴》《中国第三产业统计年鉴》与国家统计局网站。为了消除数据中存在的异方差，分别将上述可比价数据取对数，依次记为 lngdp、lnyichan、lnerchan、lnsanchan、lnnonglinmuyu、lngongye、lnjianzhuye、lnjiaocangyou、lnpiling、lnzhucan、lnjinrong、lnfangdichan。

2.研究方法

用时间序列数据分析的前提是历史数据可以为未来数据的预测做出参考，如果时间序列非平稳，那么说明未来数据和历史数据存在很大的差异，无法用历史数据去预测未来的情况。但大多数时间序列是非平稳的，因此，为保证数据的真实可靠性，需对使用的数据先进行平稳性检验。当其通过平稳性检验，而又非零阶单整的时候，还需要进行协整检验，以检查两个或者多个研究变量之间是否存在长期稳定的均衡关系。在协整的情况下，我们可以进一步研究这种长期均衡关系是什么样的因果关系，即 Granger 因果检验。

（1）平稳性检验

ADF 检验是平稳性检验最常用的方法，其原理是查找序列中是否存在单位根，若存在，说明序列不平稳，反之则平稳（于景飞和刘季玉，2020）。对非平稳序列可进行差分后再做单位根检验（类承曜和魏开朗，2018）。研究方法为对三个模型（模型1包含趋势项和常数项，模型2包含有常数项但不包括趋势不变项，模型3趋势项与常数项均无）分析检验，如果任何一个模型的 ADF 值大于临界值，即可认为该序列无单位根，是一个平稳的序列（王谋，2018）。

（2）协整检验

协整检验的具体步骤是，先对要检验的两个变量建立回归方程，看回归方程的系数是否显著，若显著则提取残差，并对残差进行平稳性检验即 ADF 单位根检验，若残差平稳则说明检验的两个变量之间存在协整关系，否则不存在协整关系（于景飞和刘季玉，2020）。

（3）Granger 因果关系检验

如果检查变量 X 是否为 Y 的原因，需检查 Y 的当前值在多大程度上可以用 Y 的过去值解释，然后检查是否加入 X 的滞后值可以提高解释的程度，如果 X 的滞后值的解释有助于提高 Y 的解释程度，认为变量 X 是 Y 的格兰杰原因（Clive W J Granger，1969）。假设 X 不是 Y 的格兰杰原因为原假设。如果 F 检验结论拒绝原假设，则 X 是 Y 的格兰杰原因；否则，不是。原假设 F 统计量对应的概率越小，格兰杰因果关系越强。同理亦可判断两者之间是否存在双向影响与是否不存在影响。

（二）结果分析

采用专业计量经济学软件 Eviews 9.0 对 2000—2019 年甘肃、

青海、宁夏、新疆地区生产总值、三次产业和八大产业的增加值的变化值即 lngdp、lnyichan、lnerchan、lnsanchan、lnnonglinmuyu、lngongye、lnjianzhuye、lnjiaocangyou、lnpiling、lnzhucan、lnjinrong、lnfangdichan 进行平稳性检验、lngdp 与其他序列之间协整检验、Granger 因果检验，结果如下。

1. 平稳性检验和协整检验结果分析

甘肃地区生产总值、三次产业和八大产业序列均通过二阶差分平稳性检验，且信度水平均为99%，非常显著（表3-9）。lngdp 与其他变量均是二阶单整，因此可进行 lngdp 与其他变量之间的协整检验，分别以 lngdp 为因变量，lnyichan、lnerchan、lnsanchan、lnnonglinmuyu、lngongye、lnjianzhuye、lnpiling、lnjiaocangyou、lnzhucan、lnjinrong、lnfangdichan 为自变量，做自变量和因变量的回归函数，结果表明除 lngdp 与 lnfangdichan 的回归函数方程系数为5%水平下显著外，其他方程系数均为1%水平下显著，对残差 ADF 检验结果表明，所有残差均为1%或5%水平下平稳（表3-10），说 lngdp 和 lnyichan、lnerchan、lnsanchan、lnnonglinmuyu、lngongye、lnjianzhuye、lnpiling、lnjiaocangyou、lnzhucan、lnjinrong、lnfangdichan 有协整关系。青海、宁夏、新疆的以上数据也通过了平稳性检验和协整检验（表3-11—表3-16）。

表3-9　甘肃 GDP、三次产业与八大产业增加值序列的 ADF 检验结果

变量	ADF 值	1%临界值	5%临界值	10%临界值	P 值	检验形式	是否平稳
D（lngdp, 2）	−4.615290	−2.708094	−1.962813	−1.606129	0.0001	0，0，0	是***
D（lnyichan, 2）	−7.825217	−2.708094	−1.962813	−1.606129	0.0000	0，0，0	是***
D（lnerchan, 2）	−5.019605	−2.708094	−1.962813	−1.606129	0.0001	0，0，0	是***
D（lnsanchan, 2）	−5.013333	−2.708094	−1.962813	−1.606129	0.0001	0，0，0	是***
D（lnnonglinmuyu, 2）	−4.760768	−2.728252	−1.966270	−1.605026	0.0001	0，0，2	是***
D（lngongye, 2）	−4.858117	−2.708094	−1.962813	−1.606129	0.0001	0，0，0	是***
D（lnjianzhuye, 2）	−6.215162	−2.708094	−1.962813	−1.606129	0.0000	0，0，0	是***
D（lnjiaocanyou, 2）	−5.474929	−2.708094	−1.962813	−1.606129	0.0000	0，0，0	是***
D（lnpiling, 2）	−7.457124	−2.708094	−1.962813	−1.606129	0.0000	0，0，0	是***
D（lnzhucan, 2）	−6.822579	−2.708094	−1.962813	−1.606129	0.0000	0，0，0	是***
D（lnjinrong, 2）	−4.127266	−2.740613	−1.968430	−1.604392	0.0005	0，0，3	是***
D（lnfangdichan, 2）	−7.255010	−2.708094	−1.962813	−1.606129	0.0000	0，0，0	是***

注：D（lngdp, 2），为 lngdp 的二阶差分形式，检验形式（0，0，0）表示无常数项、无趋势项，滞后阶数为 0，其他以此类推，***、**、* 分别表示回归系数在 1%、5% 和 10% 的显著性水平下显著。

表3-10 甘肃GDP与三次产业、八大产业的协整检验结果

自变量	自变量与因变量 lngdp 的回归方程		差分阶数	回归方程残差 ADF 检验		
	P值	是否显著		P值	检验形式	是否平稳
lnyichan	0.0000	是***	1	0.0013	-, 0, 0	是***
lnerchan	0.0000	是***	1	0.0204	0, 0, 0	是**
lnsanchan	0.0000	是***	1	0.0158	0, 0, 0	是**
lnnonglinmuyu	0.0000	是***	2	0.0000	0, 0, 0	是***
lngongye	0.0000	是***	2	0.0001	0, 0, 0	是***
lnjianzhuye	0.0000	是***	1	0.0007	0, 0, 0	是***
lnjiaocanyou	0.0000	是***	0	0.0049	0, 0, 1	是***
lnpiling	0.0000	是***	1	0.0015	0, 0, 0	是***
lnzhucan	0.0000	是***	0	0.0313	0, 0, 0	是**
lnjinrong	0.0000	是***	0	0.0000	0, 0, 3	是***
lnfangdichan	0.0119	是**	0	0.0242	0, 0, 0	是**

注：检验形式（0，0，0）表示无常数项、无趋势项、滞后阶数为0，其他以此类推，***、**、* 分别表示回归系数在1%、5%和10%的显著性水平下显著。

表 3-11 青海 GDP、三次产业与八大产业增加值序列的 ADF 检验结果

变量	ADF值	1%临界值	5%临界值	10%临界值	P值	检验形式	是否平稳
D (lngdp, 2)	−5.129021	−2.708094	−1.962813	−1.606129	0.0000	0, 0, 0	是***
D (lnyichan, 2)	−6.251112	−2.708094	−1.962813	−1.606129	0.0000	0, 0, 0	是***
D (lnerchan, 2)	−5.600304	−2.708094	−1.962813	−1.606129	0.0000	0, 0, 0	是***
D (lnsanchan, 2)	−5.838800	−4.800080	−3.791172	−3.342253	0.0020	c, 吨, 3	是***
D (lnmonglinmuyu, 2)	−6.280610	−2.708094	−1.962813	−1.606129	0.0000	0, 0, 0	是***
D (lngongye, 2)	−5.703056	−2.708094	−1.962813	−1.606129	0.0000	0, 0, 0	是***
D (lnjianzhuye, 2)	−3.037861	−2.708094	−1.962813	−1.606129	0.0047	0, 0, 0	是***
D (lnjiaocanyou, 2)	−4.320629	−2.728252	−1.966270	−1.605026	0.0003	0, 0, 2	是***
D (lnpiling, 2)	−5.824128	−2.708094	−1.962813	−1.606129	0.0000	0, 0, 0	是***
D (lnzhucan, 2)	−4.635003	−2.728252	−1.966270	−1.605026	0.0002	0, 0, 2	是***
D (lnjinrong, 2)	−3.864980	−3.886751	−3.052169	−2.666593	0.0104	c, 0, 0	是**
D (lnfangdichan, 2)	−3.326046	−2.728252	−1.966270	−1.605026	0.0027	0, 0, 2	是***

注：D (lngdp, 2)，为 lngdp 的二阶差分形式，检验形式 (c, 吨, 0) 表示有常数项、有趋势项、滞后阶数为 0，其他以此类推。***、**、* 分别表示在 1%、5% 和 10% 的显著性水平下显著。

表 3-12　青海 GDP 与三次产业、八大产业的协整检验检验结果

自变量	自变量与因变量 lngdp 的回归方程		回归方程残差 ADF 检验			
	P 值	是否显著	差分阶数	P 值	检验形式	是否平稳
lnyichan	0.0000	是***	2	0.0000	0，0，0	是***
lnerchan	0.0000	是***	2	0.0001	0，0，0	是***
lnsanchan	0.0000	是***	1	0.0115	0，0，0	是**
lnnonglinmuyu	0.0000	是***	2	0.0000	0，0，0	是***
lngongye	0.0000	是***	1	0.0249	0，0，0	是**
lnjianzhuye	0.0000	是***	0	0.0026	0，0，1	是***
lnjiaocanyou	0.0000	是***	0	0.0000	0，0，4	是***
lnpiling	0.0000	是***	1	0.0023	0，0，0	是***
lnzhucan	0.0000	是***	1	0.0129	0，0，0	是**
lnjinrong	0.0000	是***	0	0.0410	0，0，1	是**
lnfangdichan	0.0000	是**	0	0.0015	0，0，1	是***

注：检验形式（0，0，0）表示无常数项、无趋势项，滞后阶数为 0，其他以此类推，***、**、* 分别表示回归系数在 1%、5% 和 10% 的显著性水平下显著。

表 3-13　宁夏 GDP、三次产业与八大产业增加值序列的 ADF 检验结果

变量	ADF 值	1% 临界值	5% 临界值	10% 临界值	P 值	检验形式	是否平稳
D（lngdp，2）	-4.589168	-4.616209	-3.710482	-3.297799	0.0105	c，吨，0	是 **
D（lnyichan，2）	-5.234360	-4.616209	-3.710482	-3.297799	0.0033	c，吨，0	是 ***
D（lnerchan，2）	-3.902861	-4.616209	-3.710482	-3.297799	0.0358	c，吨，0	是 **
D（lnsanchan，2）	-5.974930	-4.616209	-3.710482	-3.297799	0.0009	c，吨，0	是 ***
D（lnnonglinmuyu，2）	-3.043739	-2.717511	-1.964418	-1.605603	0.0048	0，0，1	是 ***
D（lngongye，2）	-3.879350	-2.708094	-1.962813	-1.606129	0.0007	0，0，0	是 ***
D（lnjianzhuye，2）	-6.764928	-2.708094	-1.962813	-1.606129	0.0000	0，0，0	是 ***
D（lnjiaocanyou，2）	-5.147903	-2.708094	-1.962813	-1.606129	0.0000	0，0，0	是 ***
D（lnpiling，2）	-7.830414	-4.616209	-3.710482	-3.297799	0.0000	c，吨，0	是 ***
D（lnzhucan，2）	-8.572418	-4.886426	-3.828975	-3.362984	0.0001	c，吨，4	是 ***
D（lnjinrong，2）	-7.830414	-4.616209	-3.710482	-3.297799	0.0000	c，吨，0	是 ***
D（lnfangdichan，2）	-8.572418	-4.886426	-3.828975	-3.362984	0.0001	c，吨，4	是 ***

注：D（lngdp，2），为 lngdp 的二阶差分形式，检验形式（c，吨，0）表示有常数项、有趋势项，滞后阶数为 0，其他以此类推，***、**、* 分别表示回归系数在 1%、5% 和 10% 的显著性水平下显著。

表3-14 宁夏GDP与三次产业、八大产业的协整检验结果

自变量	自变量与因变量lngdp的回归方程		回归方程残差ADF检验			
	P值	是否显著	差分阶数	P值	检验形式	是否平稳
lnyichan	0.0000	是***	0	0.0001	c，吨，2	是***
lnerchan	0.0000	是****	0	0.0281	0，0，2	是**
lnsanchan	0.0000	是***	0	0.0496	0，0，1	是**
lnmonglinmuyu	0.0000	是***	0	0.0000	c，吨，2	是***
lngongye	0.0000	是***	2	0.0000	0，0，0	是***
lnjianzhuye	0.0000	是***	1	0.0305	0，0，1	是**
lnjiaocanyou	0.0000	是***	1	0.0201	c，吨，0	是**
lnpiling	0.0000	是***	0	0.0011	c，吨，0	是***
lnzhucan	0.0000	是***	0	0.0001	0，0，0	是***
lnjinrong	0.0000	是***	0	0.0011	c，吨，0	是***
lnfangdichan	0.0000	是**	0	0.0001	0，0，0	是***

注：检验形式（c，吨，0）表示有常数项、有趋势项、滞后阶数为0，其他以此类推，***、**、* 分别表示回归系数在1%、5%和10%的显著性水平下显著。

表 3-15　新疆 GDP、三次产业与八大产业增加值序列的 ADF 检验结果

变量	ADF 值	1% 临界值	5% 临界值	10% 临界值	P 值	检验形式	是否平稳
D (lngdp, 2)	-4.171583	-2.708094	-1.962813	-1.606126	0.0003	0, 0, 0	是***
D (lnyichan, 2)	-3.646813	-2.708094	-1.962813	-1.606129	0.0011	0, 0, 0	是***
D (lnerchan, 2)	-4.772336	-2.708094	-1.962813	-1.606129	0.0001	0, 0, 0	是***
D (lnsanchan, 2)	-5.813336	-2.728252	-1.966270	-1.605026	0.0000	0, 0, 2	是***
D (lnnonglinmuyu, 2)	-4.631155	-2.708094	-1.962813	-1.606129	0.0001	0, 0, 0	是***
D (lngongye, 2)	-5.511970	-2.708094	-1.962813	-1.606129	0.0000	0, 0, 0	是***
D (lnjianzhuye, 2)	-4.636288	-2.708094	-1.962813	-1.606129	0.0001	0, 0, 0	是***
D (lnjiaocanyou, 2)	-7.965740	-2.708094	-1.962813	-1.606129	0.0000	0, 0, 0	是***
D (lnpiling, 2)	-4.336632	-2.728252	-1.966270	-1.605026	0.0003	0, 0, 2	是***
D (lnzhucan, 2)	-4.795274	-2.728252	-1.966270	-1.605026	0.0001	0, 0, 2	是***
D (lnjinrong, 2)	-6.546916	-2.708094	-1.962813	-1.606129	0.0000	0, 0, 0	是***
D (lnfangdichan, 2)	-4.816934	-2.728252	-1.966270	-1.605026	0.0001	0, 0, 2	是***

注：D (lngdp, 2)，为 lngdp 的二阶差分形式，检验形式 (0, 0, 0) 表示无常数项、无趋势项、滞后阶数为 0，其他以此类推，***、**、* 分别表示回归系数在 1%、5% 和 10% 的显著性水平下显著。

表3-16 新疆 GDP 与三次产业、八大产业的协整检验结果

自变量	自变量与因变量 lngdp 的回归方程		差分阶数	回归方程残差 ADF 检验		
	P 值	是否显著		P 值	检验形式	是否平稳
lnyichan	0.0000	是***	0	0.0121	0，0，1	是**
lnerchan	0.0000	是***	1	0.0339	0，0，0	是**
lnsanchan	0.0000	是***	1	0.0009	0，0，0	是***
lnmonglinmuyu	0.0000	是***	0	0.0305	0，0，0	是**
lngongye	0.0000	是***	2	0.0000	0，0，3	是***
lnjianzhuye	0.0000	是***	1	0.0269	0，0，0	是**
lnjiaocanyou	0.0000	是***	2	0.0000	0，0，1	是***
lnpiling	0.0000	是***	0	0.0024	0，0，0	是***
lnzhucan	0.0000	是***	1	0.0002	0，0，1	是***
lnjinrong	0.0000	是***	0	0.0105	0，0，0	是**
lnfangdichan	0.0000	是**	1	0.0000	0，0，0	是***

注：检验形式（0，0，0）表示无常数项、无趋势项、滞后阶数为0，其他以此类推，***、**、*分别表示回归系数在1%、5%和10%的显著性水平下显著。

2. Granger 因果关系检验结果分析

（1）甘肃

在滞后 1 年情况下，5% 显著水平下，GDP 分别与第二产业、第三产业、工业、住宿与餐饮业互为对方的格兰杰原因，即 GDP 与第二产业、第三产业、工业、住宿与餐饮业互相推动对方的发展（见表 3-17）。

在滞后 1 年情况下，5% 显著水平下，农林牧渔业，建筑业，交通运输、仓储和邮政业，批发与零售业是 GDP 增长的格兰杰原因，但 GDP 的增长不能推动农林牧渔业，建筑业，交通运输、仓储和邮政业，批发与零售业的增长。

5% 显著水平下，第一产业、金融业、房地产业不是 GDP 增长的格兰杰原因，但 GDP 的增长推动着第一产业、金融业、房地产业的发展，滞后期依次为 6、1、2 年。

（2）青海

在滞后 1 年情况下，5% 显著水平下，GDP 分别与第二产业、金融业互为对方的格兰杰原因，即 GDP 与第二产业、金融业互相推动对方的发展（见表 3-17）。

在滞后 1 年情况下，5% 显著水平下，农林牧渔业、工业、建筑业是 GDP 增长的格兰杰原因，但 GDP 的增长不能推动农林牧渔业、工业、建筑业的增长。

5% 显著水平下，第一产业，第三产业，交通运输、仓储和邮政业，批发与零售业，住宿和餐饮业，房地产业不是 GDP 增长的格兰杰原因，但 GDP 的增长推动着第一产业，第三产业，交通运输、仓储和邮政业，批发和零售业，住宿和餐饮业，房地产业的发展，滞后期依次为 2、1、1、6、6、1 年。

（3）宁夏

在滞后 1 年情况下，5% 显著水平下，GDP 分别与第二产业、第三产业、工业、批发零售业、金融业互为对方的格兰杰原因，即 GDP 与第二产业、第三产业、工业、批发和零售业、金融业互相推动对方的发展（见表 3-17）。

在滞后 1 年情况下，5% 显著水平下，交通运输、仓储和邮政业是 GDP 增长的格兰杰原因，但 GDP 的增长不能推动交通运输、仓储和邮政业的增长。

5% 显著水平下，第一产业、农林牧渔业、建筑业、住宿和餐饮业、房地产业不是 GDP 增长的格兰杰原因，但 GDP 的增长推动着第一产业、农林牧渔业、建筑业、住宿和餐饮业、房地产业的发展，滞后期除建筑业为 4 年外，其他均为 1 年。

（4）新疆

在滞后 1 年情况下，5% 显著水平下，GDP 与建筑业互为对方的格兰杰因，即 GDP 与建筑业互相推动对方的发展（见表 3-17）。

在 5% 显著水平下，农林牧渔业，工业，交通运输、仓储和邮政业，批发和零售业，住宿和餐饮业，房地产业是 GDP 增长的格兰杰原因，但 GDP 的增长不能推动农林牧渔业，工业，交通运输、仓储和邮政业，批发和零售业，住宿和餐饮业，房地产业的增长，滞后期除农林牧渔业为 3 年外，其他均为 1 年。

在滞后 1 年情况下，5% 显著水平，第三产业不是 GDP 增长的格兰杰原因，但 GDP 的增长推动着第三产业的发展。

GDP 分别与第一产业、第二产业、金融业互不为对方的格兰杰原因，即 GDP 与第一产业、第二产业、金融业互相不能影响对方的发展趋势。

表 3-17 甘肃、宁夏、青海、新疆 GDP 与三次产业、八大产业的格兰杰因果关系检验结果

变量	原假设	甘肃 滞后期	甘肃 P值	甘肃 是否接受原假设	青海 滞后期	青海 P值	青海 是否接受原假设	宁夏 滞后期	宁夏 P值	宁夏 是否接受原假设	新疆 滞后期	新疆 P值	新疆 是否接受原假设
lngdp & lnyichan	lnyichan ≠> lngdp	6	0.8039	接受	2	0.0816	接受	2	0.0823	接受	2	0.8311	接受
	lngdp ≠> lnyichan	6	0.0103	拒绝	2	0.0176	拒绝	2	0.0103	拒绝	2	0.0758	接受
lngdp & lnerchan	lnerchan ≠> lngdp	1	0.0083	拒绝	1	0.0012	拒绝	1	0.0005	拒绝	2	0.7498	接受
	lngdp ≠> lnerchan	1	0.0486	拒绝	1	0.0293	接受	1	6.E-05	拒绝	2	0.2289	接受
lngdp & lnsanchan	lnsanchan ≠> lngdp	1	0.0356	拒绝	1	0.0761	拒绝	1	0.0003	拒绝	1	0.2381	接受
	lngdp ≠> lnsanchan	1	0.0011	拒绝	1	0.0116	拒绝	1	0.0002	拒绝	1	0.0328	拒绝
lngdp & lnmonglinmuyu	lnmonglinmuyu ≠> lngdp	1	0.0473	拒绝	1	0.0001	接受	2	0.0859	接受	3	0.0301	接受
	lngdp ≠> lnmonglinmuyu	1	0.0742	接受	1	0.1585	拒绝	2	0.0091	拒绝	3	0.1936	接受
lngdp & lngongye	lngongye ≠> lngdp	1	0.0014	拒绝	1	4.E-05	接受	1	4.E-05	拒绝	1	0.0104	拒绝
	lngdp ≠> lngongye	1	0.0183	拒绝	1	0.0639	拒绝	1	0.0133	拒绝	1	0.0819	接受
lngdp & lnjianzhuye	lnjianzhuy ≠> lngdp	1	0.0221	拒绝	1	0.0041	接受	4	0.2489	接受	1	0.0222	拒绝
	lngdp ≠> lnjianzhuye	1	0.0551	接受	1	0.0653	接受	4	0.0006	拒绝	1	0.0251	拒绝
lngdp & lnjiaocangyou	lnjiaocangyou ≠> lngdp	1	0.0002	拒绝	1	0.7067	拒绝	1	0.0011	拒绝	1	0.0010	拒绝
	lngdp ≠> lnjiaocangyou	1	0.4818	接受	1	0.0014	接受	1	0.0755	接受	1	0.8357	接受

续表

变量	原假设	甘肃			青海			宁夏			新疆		
		滞后期	P值	是否接受原假设	滞后期	P值	是否接受原假设	滞后期	P值	是否接受原假设	滞后期	P值	是否接受原假设
lngdp & lnpiling	lnpiling ≠ lngdp	1	0.0006	拒绝	6	0.8322	接受	1	0.0008	拒绝	1	0.0056	拒绝
	lngdp ≠ lnpiling	1	0.1905	接受	6	0.0445	拒绝	1	2.E-06	拒绝	1	0.2281	接受
lngdp & lnzhucan	lnzhucan ≠ lngdp	1	0.0068	拒绝	6	0.5559	接受	1	0.2212	接受	1	0.0426	拒绝
	lngdp ≠ lnzhucan	1	0.0297	拒绝	6	0.0084	拒绝	1	0.0016	拒绝	1	0.3354	接受
lngdp & lnjinrong	lnjinrong ≠ lngdp	1	0.1063	接受	1	0.0039	拒绝	1	0.0008	拒绝	2	0.5766	接受
	lngdp ≠ lnjinrong	1	0.0020	拒绝	1	0.0002	拒绝	1	2.E-06	拒绝	2	0.0598	接受
lngdp & lnfangdichan	lnfangdichan ≠ lngdp	2	0.5262	接受	1	0.7565	接受	1	0.2212	接受	1	0.0002	拒绝
	lngdp ≠ lnfangdichan	2	0.0011	拒绝	1	0.0397	拒绝	1	0.0016	拒绝	1	0.1459	接受

注：lnyichan lngdp 表示第一产业不是 GDP 的格兰杰原因，其他以此类推。

第三节 西北民族地区产业发展评价 与特色优势产业筛选结论

1. 西北民族地区在我国属大农业地区，内部产业结构均为"二三一"，四省（区）（除甘肃）产业结构与贡献率亦为"二三一"格局。但第二产业主导优势、贡献率均已呈下降趋势；第三产业占比均上升，贡献率各省不同；第一产业占比均波动下降，贡献率各省不同。

2. 西北民族地区三次产业综合排序长期呈"二三一"态势。西北民族地区（除青海三次产业格局无变化外）第三产业地位上升，第二产业地位不变或下降，第一产业不同省份地位变化不同。

3. 进行西北民族地区特色优势产业选择时，产业结构因素所产生的影响最大，说明产业结构是否合理是产业是否有优势的根本。

4. 2006—2017 年西北民族地区八大产业结构偏离分量变化趋势相同，但竞争偏离分量变化趋势各不相同，期末有结构优势的主要为第三产业，有竞争力优势的主要为第一产业。

5. 2006—2017 年西北民族地区八大产业中，宁夏建筑业、新疆农林牧渔业、青海建筑业、甘肃农林牧渔业、新疆建筑业产业区位熵优势最高；在 12 年里，宁夏建筑业优势增长明显；新疆农林牧渔业、建筑业、甘肃农林牧渔业增幅较小；青海建筑业下降。

6. 从三次产业的八大主要产业 2007—2017 年平均情况来看，西北民族地区工业、建筑业优势显著，房地产业劣势明显。除工业、建筑业以外，甘肃、新疆特色优势产业以农林牧渔业为主，青

103

海、宁夏特色优势产业以金融业为主。青海、宁夏批发和零售业、交通运输、仓储和邮政业、住宿和餐饮业处于中间地位，房地产业、农林牧渔业不具优势。交通运输、仓储和邮政业在甘肃居中，在新疆较靠前；住宿和餐饮业在甘肃处中间位置，在新疆较靠后；批发和零售业、金融业在甘肃、新疆均处于中间和靠后的位置。

7. 从八大产业优势动态变化来看，工业、建筑业青海、宁夏优势维持，甘肃、新疆优势不再，农林牧渔业甘肃优势上升，新疆优势下降，金融业宁夏、青海优势略有上升。房地产业在四省（区）一直处于劣势。批发和零售业青海下降明显，其他三省（区）地位上升，尤新疆明显，跃居第二。交通运输、仓储和邮政业四省（区）均略有变化。住宿和餐饮业甘肃升至第二位，而其他三省期末处于中后位。金融业甘肃、宁夏、青海地位略有上升，新疆波动频繁，但期末与期初相比地位无变动。

8. 格兰杰因果检验结果表明，三次产业中，甘肃、青海、宁夏的第二产业通过双向格兰杰因果检验，是三省（区）GDP 增长的格兰杰原因，三省（区）GDP 也反向推动其第二产业的发展，但新疆第二产业未通过格兰杰因果检验，不是新疆 GDP 增长的格兰杰原因，新疆 GDP 亦不能推动第二产业的发展。八大产业中，甘肃、青海、新疆工业、建筑业与宁夏工业通过格兰杰因果检验，是四省（区）GDP 增长的格兰杰原因，宁夏建筑业未通过格兰杰因果检验，不是宁夏 GDP 增长的格兰杰原因，但宁夏 GDP 推动着宁夏建筑业的发展；甘肃、新疆农林牧渔业通过格兰杰因果检验，是二省（区）GDP 增长的格兰杰原因，青海、宁夏金融业通过格兰杰因果检验，是二省（区）GDP 增长的格兰杰原因。以上结果证明，甘肃、青海、新疆三省（区）的工业、建筑业与宁夏工业，甘肃、新疆农林牧渔业，青海、宁夏金融业是各省（区）特色优势产业。

第四章 甘肃产业结构与特色优势产业发展现状、问题和对策

第一节 甘肃产业结构发展现状

一、工业主导型转向服务业主导型

甘肃地域广阔，各地区经济社会状况差异显著，发展极不平衡，2018 年 GDP 总值 8246.1 亿元，同比增长 6.3%，增速比上年提高 2.7%，居全国第二十三位，扭转了上一年垫底的被动局面。其中，第一产业增加值 921.3 亿元，增长 5.0%；第二产业增加值 2794.7 亿元，增长 3.8%；第三产业增加值 4530.1 亿元，增长 8.4%，甘肃三次产业结构比为 13.17：33.89：54.94（见图 4-2）。甘肃省第一产业发展一直较为稳定，通过农业供给侧结构性改革和精准脱贫计划的出台实施，从 2014 年后第一产业出现稳中有升的趋势。第二产业在甘肃长期属于支柱产业，因为甘肃拥有丰富的石油、天然气、有色金属、稀有金属等矿产资源，是我国重要的能源、原材料工业基地，是新中国成立后国家重点投资建设的工业体系区域之一，在 2006—2014 年处于持续增加的态势，但从 2015 年开始产值

有所下降，且降幅较大，这是由于近几年甘肃加快传统重化工业和制造业的高新化、智能化、清洁化、绿色化改造，培育低碳环保新业态新产业，淘汰了大量低产能、高污染行业和企业，致使第二产业产值有一定比例的下降，但仍高于第一产业。第三产业的发展水平是衡量现代经济发达程度的重要标志，从2006年到2017年，甘肃省的第三产业一直处于快速增长的态势。2013年"一带一路"倡议的提出实现甘肃省对外开放新跨越发展，结合供给侧结构性改革，到2014年甘肃省第三产业比重达到44%，10年来首次超过第二产业。2017年甘肃抓住"丝绸之路经济带"的发展机遇，确定"建设大项目、打造大景区、构建大旅游、形成大品牌、促进大发展"的旅游产业发展思路，大力发展第三产业，截至2018年，第三产业产值为4530.1亿元，占全省生产总值的54.94%，是三产中增速最快的一大产业，甘肃省已从原来的工业主导型向服务主导型转变（见图4-1）。

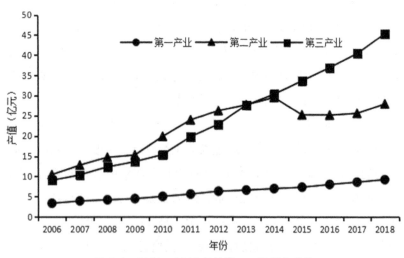

图4-1　2006—2018年甘肃一二三产业产值

二、第一、第三产业占比高于全国平均水平

从甘肃省与全国三次产业占比来看，甘肃省第一产业、第三产业在全国占有一定优势，但第二产业低于全国平均水平。甘肃第一、三产业占比比全国分别高 3.98、2.78 个百分点，第二产业占比比全国低 6.76 个百分点（见图 4-2），甘肃三次产业在全国三次产业的比重分别为 1.42%、0.76%、0.96%。甘肃产业结构调整成效明显，第一、三产业发展加快，尤其是"牛羊菜果薯药"、制种业以及旅游业等特色优势产业的发展，成为甘肃省经济转型升级过程中的佼佼者。

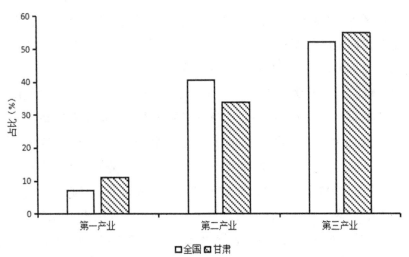

图 4-2　2018 年全国与甘肃省三次产业比重比较

第二节 甘肃特色优势产业发展现状

一、河西走廊民族地区特色优势产业发展现状

河西走廊位于甘肃西北部祁连山以北，乌鞘岭以西，新疆边界以东，长近 1000 千米，宽数千米至近 200 千米不等，是甘肃省重要的粮食生产基地和全国重要的制种基地。本书将河西走廊民族区范围圈定在走廊西端的阿克塞哈萨克族自治县和肃北蒙古族自治县，东端的天祝藏族自治县，中间的张掖市肃南裕固族自治县。民族地区所在区域地理位置和自然气候都相对恶劣。2018 年底，河西走廊民族地区总面积 10.81 万平方千米，占全省总面积的 25.48%，总人口 24.03 万人，仅占全省总人口的 1.01%。

虽然河西走廊种植业发达，且具有十分重要的地位，但民族地区的第一产业和第二产业相比没有明显的优势，而且从 2006 年开始至 2012 年持续下滑，至 2012 年区位熵已经小于 1.0。同期第二产业一直在稳步增长，2012 年已经大于 1.5，优势明显大于第一产业，但从 2013 年开始随着结构调整力度加快，第二产业区位熵优势逐渐下降，2018 年，河西走廊第二产业已不具优势。第三产业与第一产业向来关系密切，相辅相成，2011—2016 年河西民族地区第一产业的不稳定在一定程度上影响了第三产业的继续发展，2012 年第三产业的优势已经小于 0.5，比 2006 年少了近一半。2013 年开始国家相继出台一系列多予、少取、放活和工业反哺农业、城市支持农业农村的重大政策，这些政策使得河西走廊农业生产得到很

大发展，实现了历史性跨越，迎来了又一个黄金期，从 2013 年到 2018 年，第一产业和第三产业同时都得到恢复和发展，尤其是第一产业发展很快，2018 年第一产业区位熵高达 2.61（见图 4-3）。

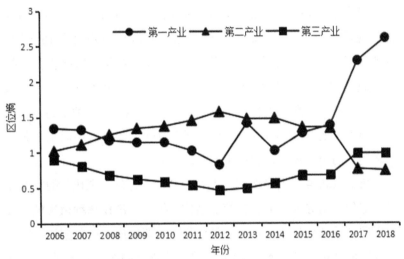

图 4-3　2006—2018 年河西走廊民族地区三次产业区位熵

（一）农业推进缓慢稳定，畜牧业发展持续增长

长期以来，受自然、气候以及民族传统的影响，河西走廊的肃南裕固族自治县、肃北蒙古族自治县和阿克塞哈萨克族自治县的种植业以粮食种植为主，发展缓慢，不具优势。随着《十二五、十三五民族地区经济和社会发展规划》中"大力发展绿色农牧业，确保农业基础地位；着力发展特色优势产业，推动产业转型升级"要求的提出，河西民族地区开始大力调整内部产业结构，发展特色种植业。

肃南裕固族自治县逐年发展高原夏菜、中药材、林下经济、脱毒马铃薯种植和油料作物等特色种植，截至 2018 年，全县高原夏菜种植面积达到 553.33 公顷、中药材达 186.67 公顷、油料作物面积达 86.67 公顷，耕地种草达 3933.33 公顷。

阿克塞哈萨克族自治县农业生产由"以农补牧"逐步向高效、特色现代农业转变，2009 年，阿克塞蔬菜种植面积仅有 10 公顷。近几年通过戈壁高效农业的不断发展，特色农业种植面积稳步扩大，截至 2018 年，阿克塞种植各类农作物面积共 640 公顷，实施的农田牧草业提质工程使粮经草比例达 24∶34∶42，种植高原夏菜 6 类 23 个，改造日光温室 25 座，彻底改变了本地长期以来蔬菜靠外调用的历史，填补了农业生产空白。

肃北蒙古族自治县按照"生态、高效、特色、现代"的牧农业发展定位，引导农民调整种植业结构，扩大经济作物种植规模，大力发展精品特色优质果蔬、油料作物，逐渐形成"以养带种、以种带养"的种植特色，到 2018 年全县农作物播种面积 1340 公顷，其中马铃薯 60 公顷，玉米 50 公顷，其他作物如油料 200 公顷，高原夏菜 20 公顷，初步形成具有高原特色的区域优势特色农产品结构。

在河西走廊四个民族地区中，天祝藏族自治县是绝对的农业大县，2018 年第一产业总产值达 16.28 亿元，其中农业产值 8.37 亿元，人均农业产值 4673.37 元，远高于河西走廊其他三个民族地区，2017 年天祝县农业产值占河西走廊民族地区农业产值的比重最高，达 80% 以上。天祝县以前以种植油菜籽、青稞、马铃薯等传统作物为主，之后是当归、党参等中药材，近年来，天祝县通过调整产业结构，构建"设施农牧业＋特色林果业"主体生产模式，同时培育壮大"牛羊鸡马菜菌藜药"八大产业，全县特色农作物种植面积达到 4.14 万公顷，其中藜麦种植面积 7733.3 公顷，占全国藜麦种植

面积的 1/3，种植户 1.1 万户，成功申创"中国高原藜麦之都"的称
号；栽培各类食用菌 2500 万袋，畦栽 30 万平方米，年产量达 1 万
吨，产值 1.2 亿元，获得"中国高原食用菌之乡""中国高原夏菜之
乡"等称号。天祝县通过创新现代特色农业发展模式，走出了一条
具有天祝特色的现代丝路寒旱农业发展的道路（见图 4-4）。

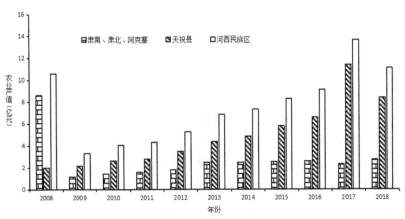

图 4-4 2008—2018 年河西走廊民族地区内部农业产值比较

河西走廊是甘肃省草地畜牧业的主产区之一，可利用草场面积
558.44 万公顷，区域内草地资源丰富，草原类型多样，无公害无污
染，加之气候凉爽干燥、疫病隔绝等天然地理优势，养殖的畜种生
长期短、疫病少、成活率高，牛羊屠宰肉的净肉率较高，肉质细腻
厚实，检测药残和农残含量远低于国家标准，在市场上深受欢迎。
肃南、肃北和阿克塞是传统的牧业县，天祝虽是农业县，但养殖传
统一直保持至今，目前养殖的特色畜种有天祝白牦牛、高山细毛
羊、肃南牦牛、张掖肉牛和山丹马。

天祝白牦牛是甘肃省唯一一个进入国际市场的地理标志产品

的畜种，属于牦牛品种中十分珍稀的地方类种群，被农业农村部确定为重点保护禽畜资源品种，2018 年养殖量达到 6.8 万头。肃南牦牛是青藏牦牛的一个地方类群，通过多年改良培育出的适应高寒山区、抗逆性较强的地方高原畜种，是肃南县第二主导畜种，多为裕固、藏族牧民的主要驮力和肉源，2018 年养殖量为 5.9 万头。阿克塞哈萨克族自治县天然草场面积达 98.64 千公顷，占全县总面积的 29.5%，人均大型牲畜饲养量 26 头，农牧民人均纯收入的 82% 来自于畜牧业。张掖肉牛是河西走廊民族地区肉牛养殖的主导品种，主要种群是西门达尔牛和本地黄牛杂交后形成的具有稳定特性的肉牛品种。

河西走廊民族地区肉羊养殖品种较为多样，其中高山细毛羊为地方类群，是肃南县第一主导畜种，全国农产品地理标志，养殖量 81.2 万只。其他肉羊养殖品种与非民族地区相似，有国外引入品种无角陶赛特、波德代、萨福克、特克塞尔、杜泊羊，地方品种有蒙古羊、小尾寒羊以及杂交改良羊等。2018 年河西民族地区肉羊存栏、出栏量分别为 159.28 万只、135.55 万只（见表 4-1），其中除羊出栏数肃南县最多以外，天祝的大牲畜、牛、羊、猪的存栏数、出栏数均为第一。近几年，民族地区肉羊养殖从单纯数量型转变为数量质量并举，饲养方式由传统散养向设施精养转变，已基本形成肉羊产业区"一乡一业"的产业布局，良种羊覆盖率达 85% 以上，高于全省平均水平，2018 年河西走廊民族聚居区所在武威市、张掖市、酒泉市在肉羊养殖量上位列全省前三名（见图 4-5）。

表 4-1 2018 年河西走廊民族地区牲畜饲养量（单位：万只、万头）

	大牲畜存栏数	牛存栏数	羊存栏数	猪存栏数	大牲畜出栏数	牛出栏数	羊出栏数	猪出栏数
天祝	11.81	10.90	69.06	4.26	5.90	5.76	44.56	3.62
肃南	6.33	5.90	55.36	0.08	2.46	2.32	69.59	0.29
肃北	2.51	1.22	23.31	0.14	0.93	0.54	11.02	0.21
阿克塞	0.54	0.07	11.55	0	0.16	0.02	10.38	0
合计	21.19	18.09	159.28	4.48	9.45	8.64	135.55	4.12

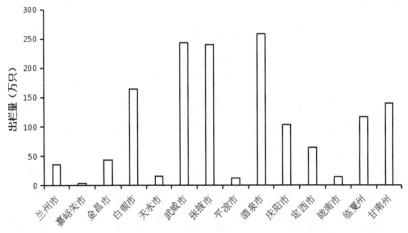

图 4-5 2018 年甘肃 14 个市 / 州肉羊出栏量
注：数据来源于《2019 甘肃省发展年鉴》

（二）第二产业依然是支柱性产业

河西走廊民族地区的工业产业在经历 2011 至 2013 年高增长后，虽然从 2014 年开始比重有所下降，但仍旧是河西走廊民族地区的支柱性产业。肃南矿产资源丰富，已探明的钨矿储藏量在全国单个矿产储藏量中排名前五。肃北人口较少，一直坚持工业强县战略，目前已形成黄金、铁矿、原煤、水电为四大支柱的地方工业体系，城镇化率 60.8%，人均 GDP 排名全省前三位，肃北、阿克塞两县工业经济实力较强。

（三）旅游资源丰富，第三产业发展日趋成熟

河西走廊地区旅游资源丰富，大漠、冰川、草原、雪山、丹霞地貌散布走廊各处，各具特色，不论是自然形式存在的旅游资源，还是历史遗存或文化环境形式的旅游资源都有较多数量的分布，且具有较高质量。随着"一带一路"倡议的提出，河西走廊旅游业遇到了前所未有的机遇，吸引了越来越多的游客。以张掖市为例，肃南裕固族自治县位于张掖市南部，是甘肃省特色少数民族。近年来，张掖市政府重点发展裕固族民俗度假区，以常态化、职业化、品牌化方式将传统的民族赛马会打造成了省内外有影响的草原盛会和文化旅游节，充分展示裕固族民族历史文化和传统习俗。借助民族地区的文化旅游，张掖市 2018 年游客接待量达到 3178 万人次，实现旅游综合收入 210.7 亿元，分别增长 22.2% 和 34%，带动第三产业实现增加值 227.77 亿元，占全市 GDP 比重达 55.87%，以民族文化旅游为引领的第三产业已成为推动民族地区经济社会转型发展最活跃、最有利的因素。再比如天祝藏族自治县，县内小区域内气候复杂多变，境内具有生态自然景观和以藏土民俗风情和藏传佛教文化为代表的人文景观，2018 年全县接待国内外游客 1513.8 万人次、增长 27.77%，实现旅游总收入 84.4 亿元、增长 33.26%，三次产业结构为 25.7 : 28.1 : 46.2，第三产业成为支柱性产业。2018 年，河西地区接待游客 1.9 亿人次，旅游收入超过 1200 亿元，同比增长 22% 以上，完成旅游投资增长 20% 以上，旅游就业人数达到 58 万人。

二、黄土高原回族聚居区特色优势产业发展现状

甘肃省黄土高原民族地区的回族人口主要集中在兰州、临夏州、张家川、平凉等地。甘肃省的回族人口为125.86万人，仅次于宁夏回族自治区，居全国第二，占全国回族总人口的13.26%，占全省少数民族总人口的59.1%。本书甘肃黄土高原民族地区指临夏回族自治州和张家川回族自治县，其中临夏回族自治州回族和东乡族的民族人口占全州人口的60.3%。张家川回族自治县位于天水市东南部，总人口29.23万人，回族人口占总人口的69.40%，是全国回族人口占比最高的民族自治县。从2006—2018年三次产业区位熵来看，第一、二产业均不具产业优势，第三产业略具产业优势且优势有所增长（见图4-6）。

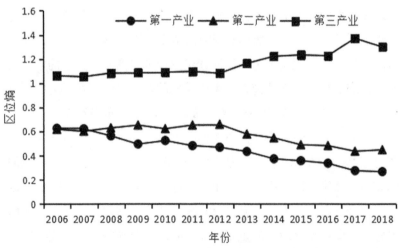

图4-6 2006—2018年黄土高原回族聚居区三产区位熵

（一）以商贸业为主的第三产业优势增长明显

由表 4-6 可见，黄土高原回族聚居区第一产业发展较为薄弱，区位熵越来越低，在 2017 年开始已经低于 0.3，这是由于黄土高原回族聚居区地势复杂，气候干旱，发展种植业先天不足。以临夏州为例，2018 年全州总产值为 255.35 亿元，其中第三产业产值 173.35 亿元，占全州 GDP 的 63.19%。全州一、二、三产的比重由 2010 年的 22.6：29.7：47.7 调整为 2018 年的 12.8：19.3：67.9，第三产业的比例增加 20.2%。临夏州人多地少，地势复杂，2018 年农村人口 131.72 万人，人均耕地面积 0.084 公顷，第一产业发展局限性较大，不具有发展优势。

2004 年临夏州委提出"三民"发展思路，即"打民族牌、走民营路、谋富民策"的发展策略，利用民族特色和传统商业优势，结合第一产业中的特色种植业为中心的商贸流通，同时发展劳务输出和以民俗性文化产业为支撑的旅游业。第三产业区位优势一直处于逐年上升的阶段，区位熵远高于河西走廊民族区第三产业，到 2016 年高出近一倍，说明黄土高原回族民族地区以商贸业为主的第三产业的传统优势地位无法撼动。由于结构的转型升级，对环境的要求日益提高，第二产业区位熵逐渐降低，2015 年甚至降到 0.5 以下。

张家川县第三产业的优势也远高于第一、二产业，2018 年，生产总值 28.93 亿元，第三产业产值 19.86 亿元，占全县生产总值的 68.65%，张家川民族餐饮业从业人员达 5.1 万人，年创收 10 亿元以上，占全县农民人均可支配收入的 58% 以上。张家川皮毛加工业历史悠久，曾经是该地区的主要产业，有闻名全国的龙山镇皮毛集散市场，虽然近年来产业逐渐向南方地区转移，但作为全国皮毛主要原料生产地，皮毛产业仍然是张家川的地方特色产业，并带动其他相关产业的联动发展，对张家川地方经济具有极其重要的影响。

（二）民族特色工业发展迅速

2011 年，临夏州出台《甘肃省人民政府关于支持临夏回族自治州经济社会跨越式发展的若干意见》，其中指出临夏州目前正处于加快发展的关键阶段，大力推行"农牧稳州、工业强州、商旅活州、科教兴州、生态立州"的发展战略。特别是积极培育壮大以食品生产和民族用品加工业为主的特色支柱产业，工业产业发展已经初步构筑起了以临夏经济开发区为主的食品生产和民族用品加工业聚集区，以永靖经济开发区为主的装备制造基础件加工聚集区，以广河经济开发区为主的皮革加工聚集区，以和政县为主的建材、饮品加工聚集区。培育和形成了以食品、民族用品、皮革、装备制造基础件、建材、酒类饮品、旅游文化工艺品为主的地方特色产业。截至 2018 年，全州已形成电力、建材、轻纺、机械、化工、食品、冶金、民族特需用品和畜产品加工为主的工业结构，已有规模性工业企业 1095 户，从业人员 5.2 万人，销售收入过亿元的企业 11 户，年工业产值达到 25.87 亿元。

（三）旅游资源和民族特色产业融合越发紧密

临夏州民族特色优势明显，具有浓郁的伊斯兰文化特色，民风浓郁、景色秀美，旅游业已经成为临夏州支柱性产业。临夏是甘肃省内古文化发掘最多的地区之一，有马家窑文化、半山文化、齐家文化等旅游文化资源。2018 年，临夏州全年接待旅游总人数 2098.61 万人次，比上年增加 23.99%；旅游综合收入 96.39 亿元，增长 24.67%。张家川的旅游资源较丰富，自然资源和文化遗址较多，由于开发较迟，所以遗址保存相对完好，如五龙山云凤寺遗址、马家塬战国古墓遗址、秦亭遗址等，也有中国伊斯兰教哲赫忍耶门宦最大的陵园和独特、典雅、古朴的民族风格建筑。2018年，张家川第三产业收入达19.86亿元，占当地GDP的64.7%，其中住宿餐饮收入达到4500万元。

三、甘南藏族自治州特色优势产业发展现状

甘南藏族自治州位于甘肃省西南部，甘、青、川三省的交会地，地处青藏高原东北边缘，全州面积4.5万平方千米，耕地面积6.68万公顷，天然草场272.33万公顷，其中藏族人口41.12万人，占全省总人口的55.8%。下辖合作市、夏河县、碌曲县、玛曲县、临潭县、卓尼县、迭部县和舟曲县。甘南州第一产业区位熵优势明显，从2006年开始一直大于2.0，优势远大于第一、第二产业。虽然2009—2014年第一产业有所下滑，但幅度较小，没有出现大起大落的情况，随着国家对农业重视程度的不断增加，对农业投入力度越来越大，到2014年，第一产业又开始缓慢增长。受民族传统和地理位置影响，甘南州第二产业不具产业优势。2006—2018年，二产区位熵一直小于1.0，在0.48—0.6之间波动，说明第二产业在甘南州发展缓慢，处于劣势地位。甘南州资源环境优越，气候多样，旅游资源开发较早，且具有明显的民族特色，因此第三产业区位熵一直稳定增长，长期大于1.1，浮动较小，2013—2015年第三产业优势连续增长，且增速较快，虽然2016年下降了0.03，但总体态势较好（见图4-7）。

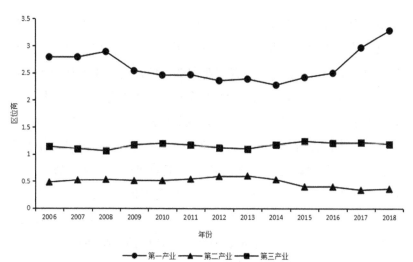

图 4-7 2006—2018 年甘南地区三次产业区位熵

（一）以牦牛、藏羊为主的畜牧业保持传统优势，占全省领先地位

甘南州畜牧业历史悠久、优势相对明显。拥有高山草甸草场 272.27 万公顷，占甘南州总面积的 70.28%；草地可利用面积 256.53 万公顷，占草场面积的 94.22%，是全国五大牧区之一，也是全国十大林区之一，林地面积占全省林地总面积的 30%。甘南州天然草地中载畜能力较高、耐牧性较强的草场，理论载畜量 621 万个羊单位，草质鲜嫩，富有营养，适口性好，各类草地平均产鲜草 505.05 千克 / 公顷。玛曲县是一个纯畜牧县，境内拥有"亚洲第一优质牧场"，可利用草场面积 85.87 万公顷，占玛曲全县面积的 84.3%。甘南州的特色畜种资源为牦牛、甘南藏羊、蕨麻猪和河曲马，并被纳入农业部《全国地域特色农产品普查备案名录》，品种特色突出，其中甘南藏羊被认定为国家地理标志保护产品。

甘南州委、州政府一直高度重视畜牧产业发展，2008 年通过

119

实施"农牧互补"战略，确定把牦牛、藏羊为主的高原特色生态畜牧产业，培育成全州的战略性主导产业，畜牧业有了长足进步。2013年提出了"168"现代农牧业发展行动计划，凭借甘南州广阔的天然草场、优良的高原畜种和洁净的环境条件等特色和优势，打造一个国家级高原特色生态草原畜牧业可持续发展示范区。通过各类补贴方式，提高藏族群众的养殖积极性，同时，积极培育壮大龙头企业，充分发挥龙头企业的辐射和带动作用，推动畜牧业科学养殖水平的提高和生产方式的转变，提高养殖、加工能力，冷藏、保鲜和销售，实现了良好的经济效益和社会效益。2008—2018年，甘南州牧业产值一直占全州农林牧渔总产值的60%左右，2017年甚至超过70%。2008年，牧业产值是农业产值的1.43倍，随后一直处于增长状态，到2018年，牧业产值已经是农业产值的3.55倍（见图4-8）。由此可见，甘南州牧业在甘南州优势明显。

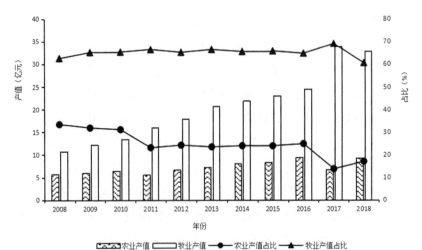

图4-8　2008—2018年甘南州农、牧业产值及其占农林牧渔业总产值的比重
注：数据来源于《2009—2019甘南州统计年鉴》

2018 年甘南州牛存栏量 140.02 万头，甘肃民族地区牛合计存栏量 194.14 万头，甘南州占甘肃民族地区牛存栏总量的 72.12%；肉羊养殖量 340.12 万只，占民族地区肉羊养殖的 37.94%（见表 4-2）。无论是从民族地区还是从全省整体来看，甘南州在肉牛、肉羊养殖上都占有绝对优势，现代化畜牧业产业化格局已经逐步形成。

表 4-2　2018 年甘肃各民族地区牛羊养殖量及其比重（单位：万只、万头）

	牛存栏		牛出栏		羊存栏		羊出栏	
	数量	比重(%)	数量	比重(%)	数量	比重(%)	数量	比重(%)
河西走廊民族地区	18.09	9.32	8.64	10.36	159.28	31.81	135.55	34.24
黄土高原回族聚居区	36.03	18.56	15.02	18.02	141.33	28.23	120.24	30.37
甘南州	140.02	72.12	59.70	71.62	200.05	39.96	140.07	35.38

（二）青稞、藏药等特色种植业具有较强优势

甘南州地处高原地区，气候变化大，生态环境脆弱，平均海拔在 3000 米左右，近 40% 的耕地分布在海拔 2800 米以上地区，高寒阴湿，积温不足，各种自然灾害频繁发生，十年九灾，粮食产量低而不稳，发展一般种植业困难重重，在新中国成立初期，甘南州粮食平均单产只有 681 千克 / 公顷。

近年来，甘南州因地制宜，根据优势农作物向优势区域集中的原则，重点发展青稞、藏药、油料、高原夏菜四大特色农作物，其中以青稞种植面积最大。青稞因早熟、耐寒、抗逆性强的特点，成

为适宜甘南州高海拔地区种植的优势作物，是藏族群众不可替代的主要粮食，主要分布在除玛曲以外的合作、夏河、卓尼、临潭、迭部、舟曲、碌曲等县市，常年播种面积 1.53 万公顷，占作物播种面积的 28%，是甘南州第一大粮食作物。藏中药材作为甘南州的一大特色种植业，是甘肃藏药的重要产区，植物类藏药材资源已经考证整理出 88 科 625 种，占全国野生藏中药材种质资源的 30%，2018 年藏药材种植面积 1.77 万公顷，占全省中药材种植面积的5.51%，占甘南州农作物播种面积的 18.78%。根据 2017 年甘南州人民政府制定出台的《甘南州藏中药发展实施方案》，2020 年末藏中药材种植面积达到 2.33 万公顷。

同时，油料作物和高原夏菜作为甘南州的高原特色种植业在近些年被大力推广，2010 年杂交油菜种植面积就达到过 1.44 万公顷，2018 年，油料作物在甘南州种植比重仅低于藏中药材，占全州农作物比重的 15.17%，高于全省其他地区。虽然从 2009—2018 年油料作物种植面积有一定数量的减少，但波动不大，面积始终没有低于 1 万公顷，并且种植更趋于集中化、规范化。随着甘南州牧民定居工程的实施，少数民族群众饮食结构朝合理与健康的方向发展，对新鲜蔬菜的需求逐年增加，设施农业向蔬菜育苗和种植、菌类等方面发展，种植结构不断优化，生产时间由传统的一季种植向多季生产转变，蔬菜产业成为甘南州重点扶持的八大产业之一。2018 年全州蔬菜种植面积达到 990 公顷，产量 1.86 万吨，比上一年增加 0.09 万吨，但距离蔬菜年消费量 5.40 万吨还有相当大差距，因此，未来甘南州高原设施农业发展空间依然很大。目前甘南州基本形成了以临潭、卓尼和舟曲为主的藏中药材和杂交油菜优势主产区，并成为当归、党参、黄芪等优质大宗药材的主产区；以合作、夏河、碌曲为主的传统青稞优势主产区；在舟曲、卓尼、迭部以经济林果、林下种植养殖和山野珍品开发利用为主的林下经济特色经济林果优势生产区；以一江两河流域为主的设施蔬菜生产点，高原特色种植业得到长足发展。

（三）文化旅游资源大开发、大发展

甘南藏族自治州是距离大陆最近的"青藏之窗"。境内的266.67万公顷天然草原是亚洲质量最好的自然牧场，更完整的是当地依旧保留着相对完善的游牧民族文化、佛教文化、民间习俗文化和红色长征文化，是中国藏族聚居区社会经济文化的缩影。加之甘南州地理位置优越，地处长江支流和黄河干流的过渡地带，受位置和气候条件影响，形成大草原、深山峡谷、绿树森林、小岛湖泊、江河溪流、湿地、高山雪峰、黄河石林等各种自然景观，具有丰富的生态多样性。加之黄河在甘南州形成了433千米的"天下第一湾"，被誉为"黄河蓄水池"，是黄河上游最为重要的水源补给处。甘南州地处藏族和汉族的文化融合地区和农牧业交汇区，形成了特殊的旅游优势，州内的非物质文化遗产在全省首屈一指，有8项列入国家级，38项列入省级。以拉卜楞寺为代表的100多座寺庙的宗教文化和历史文物，反映了藏传佛教的文化传承水平，另外还有莲花山、桑科草原、甘加草原、尕海候鸟保护区等天然生态旅游景观60余处。不同时期的法会、宗教活动及民俗节日为代表的人文景观构成了甘南州民族民间文化艺术的独特气质，处处显露出甘南州的民族文化特色。

2005年，甘南州政府将旅游业确定为州内五大优势资源之一，旅游业的地位得到了确立，逐渐成为全州的支柱产业。2008年，党中央、国务院出台一系列支持其经济社会发展的政策文件和财政支持办法。旅游交通区位不断改善，开通航线 4 条，随着西安、成都、拉萨、银川等省会城市客源市场的拓展，州内 7 县 1 市交通网络已经形成。已开发利用的旅游资源达 50 多处，现有国家级旅游景区 27 处，其中国家 4A 级景点 6 处、3A 级 10 处、2A 级 11 处。2011 年全州又大力实施"生态立州、旅游兴州、文化撑州、产业富州、稳定安州"五大战略，以建设"生态甘南、旅游甘南、文化甘南、多元甘南、幸福甘南"为奋斗目标，不断加大投入，编制完成了《甘南州生态旅游发展规划》等 19 个规划，投入大量资金，完善了旅游景区的基础设施和服务设施条件。第三产业产值从 2009 年开始快速增加，2010—2013 年增速放缓，从 2014 年开始增速又大幅提升，2009 年开始，超过一、二产业产值之和（见图 4-9）。2018 年全州第三产业产值达到 96.30 亿元，是第二产业产值的 4.27 倍，其中旅游综合收入 57.04 亿元，接待国内外游客 1217.2 万人次，比上年增长 13.6%，全州通过发展旅游业直接从业人数 1.73 万人以上，带动了民族地区少数民族的增收致富。2016 年，甘南州入选"最美中国榜"，并荣获"区域旅游示范目的地推广"称号，扎尕那被评为"中国乡村旅游模范村"，通过成功举行多种国内外不同领域的文化活动，甘南州的知名度和影响力得到大幅度提升。

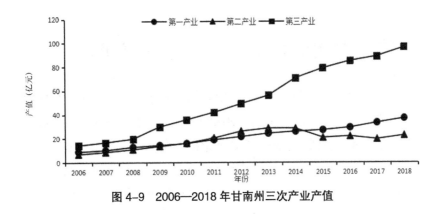

图 4-9 2006—2018 年甘南州三次产业产值

第三节 甘肃特色优势产业发展存在的问题

一、发展特色优势产业意识不强，发展受限

特色产业作为地区品牌，既是一种标识，也是无形资产，在带动地方经济发展的同时也能增加少数民族同胞的收入。但目前在甘肃民族地区，大多数的少数民族群众对本地的特色产业内生驱动不足，不认为本地区发展的产业是特色的，而仅仅是出于多年的传统或者是习惯，商品化意识有待增强，对特色产业重视程度不够，结果导致大多数特色产业发展缓慢，产业化程度不高，加之生产方式比较粗放，生产能力和产品品质不稳定，商品市场竞争力优势不强，产业链条短，产业融合度低，致使生产效率还不能完全适应现代农业发展的要求。

二、对政府过度依赖，"等、靠、要"思想较重

甘肃少数民族群众教育观念较非民族地区相比淡薄，教育的相对落后已成为制约少数民族地区经济社会发展的最大障碍。群众科技文化素质较低，思想观念比较落后，主动致富意愿不强，积极性、主动性不高。近年来，国家高度重视民族工作和民族地区扶贫攻坚，特别关注民族地区经济发展，各种优惠政策不断倾斜，在扶贫中过度依赖政府帮扶政策，"等、靠、要"的想法滋生，进取心较弱。有的少数民族群众自身完全具备劳动能力，依然希望政府包办式供养，自我脱贫的内生动力不足。另外，在少数民族地区普遍存在产业发展项目单一、项目同质化的现象，对特色产品的市场销路存在影响，削弱了民众发展特色优势产业的积极性。

三、少数民族从业者文化水平普遍不高

提高当地少数民族从业者文化水平是使得少数民族地区摆脱贫穷和落后的一个重要手段，可以促进西北民族地区的经济发展和社会进步。甘肃的少数民族贫困地区在经济发展和社会进展方面长期处于落后状态，其中一个很关键的原因是少数民族地区的从业者整体文化素养水平不高，专业的劳动技能缺乏，难以和先进地区的经济和市场发展接轨，逐渐落后于发达地区。少数民族地区经济发展和市场经济发展严重受阻，由于受教育程度和劳动技能不高，大部分少数民族地区的劳动力只能从事农业生产以及对技能要求不高的第三产业，第二、三产业中的高技术行业从业者较少，不能适应现代社会对劳动力越来越高的文化水平、专业技术能力的需求，进而

无法带动当地特色优势产业的快速发展。

第四节 甘肃特色优势产业发展对策

一、提高民族地区群众共同体意识

在党的十九大报告中，习近平总书记指出要"全面贯彻党的民族政策，深化民族团结进步教育，铸牢中华民族共同体意识，加强各民族交往交流交融，促进各民族像石榴籽一样紧紧抱在一起，共同团结奋斗、共同繁荣发展"。中华民族共同体意识是国家统一之基、民族团结之本、精神力量之魂，要把各族人民对美好生活的向往作为奋斗目标，确保少数民族和民族地区同全国一道实现现代化，没有民族地区的现代化，就没有全国的现代化。甘肃是一个多民族长期共存的省份，让改革发展成果更多、更公平地惠及各族人民，不断增强各族人民的获得感、幸福感、安全感是民族地区经济的重中之重，通过强化少数民族地区乡村振兴战略、脱贫攻坚政策落实，调动各方积极性，解决好各族群众最关心、最直接、最现实的生产生活问题，让中华民族共同体意识和凝聚力不断增强，各民族和睦相处、和衷共济、和谐发展，这对于促进民族地区经济社会发展，对全省经济发展具有十分重要的意义。

二、科学合理调整民族地区的特色产业结构

甘肃民族地区分布区域不同，自然资源禀赋各异，特色农业发

展各有亮点，发展空间较为广阔。因地制宜发展特色农业，既能让老百姓增收致富，活跃农村经济，又能合理布局现代农业规模与形式，更好地将地域优势、资源优势转化为经济优势。

（一）第一产业重点发展特色农牧业

大力推进农牧业结构调整，优化品种和品质结构，有条件地实行"一县一品、多乡一品"，引导种养业良种工作的重心从一般品种向特色品种拓展，由高产向优质、高效、特色转变。以甘南州为例，青稞作为甘南州特有的传统谷物资源，因其独特的营养成分和保健功能而获得广泛关注；藏药因其效果快、药力强、天然无污染的特色深受欢迎。再比如河西走廊民族地区的肉牛养殖，现已建立了以西门塔尔为主的高代杂种基础母牛群，形成了遗传性能稳定、环境适应性强、产肉性能好的具有地方特色的肉牛新类群；以临夏州为主的"东乡贡羊"市场知名度和接纳程度都比较高，是中部民族地区特色畜牧业一张亮丽的名片。

（二）有主次分区域发展第二产业

一直以来，第二产业是河西走廊民族地区的主导产业，重点在肃南、肃北民族区域，这些工业主要依靠当地的资源发展，在当地现有资源的存储上，充分利用当地的优势资源，发展优势产业，发展西北民族地区的经济。然而，在少数民族地区发展中，那些需要依靠高科技和新技术的产业，在当下的发展中却处于劣势地位，严重影响到少数民族地区的产业结构向高级化调整，因此，在甘肃民族地区大力发展相对优势产业的时候，也应该对劣势产业进行改造升级，注重优势产业的转型，提高劳动力素质，实现第二产业的合理化和高级化。

（三）集中全局之力重点发展第三产业

依托民族文化特色，打造独特的旅游文化为民族地区注入了新的活力，打开了新的通道，在给民族地区带来巨大收益的同时，积极推动着民族地区基础设施建设的快速发展，通过增加就业提高少数民族同胞的经济收入，这是在深居内陆的民族地区发展旅游产业的最关键因素。但同时民族地区旅游产业发展模式应该注重旅游产业发展的生态属性，使旅游产业得以良性发展，不至于造成环境的破坏，从而不影响其他产业的发展，这样才能实现甘肃民族地区产业结构优化升级的过程高速有效。

三、转变生产和发展方式，着力推进产业提质增效

转变民族地区传统生产发展方式，推进特色产业提质增效，不能单纯依靠大量资金、物质投入，更不能增加资源消耗，而是要依靠科技可持续发展，通过发展生态节约型和环境友好型社会，发展富民特色产业，实现特色农业从分散经营向专业化、规模化、产业化转变，增加少数民族地区同胞收入，这才是民族地区未来的发展方向。

四、加强民族地区人才培养，创新科技和服务体系

民族地区要培养科技型人才，首先要树立人才理念，进一步深化人才是第一资源的理念，形成尊重人才、重视人才发展的良好社会氛围。第一，多渠道引进优秀人才，增加人才总量，大力支持返乡技术型人才；尽可能培养和选用本地、本民族人才，打破地区界

限和民族界限，充分发挥他们的聪明才智。第二，制定和完善农业科技人才继续教育规划，坚持"学用一致、按需施教"的原则，采用"请进来、走出去"的方式，拓宽科技人员的视野，提高技术人员的学习积极性，加快专业知识的更新速度。第三，优化人才队伍结构，加快骨干人才力量培养，高度重视发挥高水平科技带头人和年轻优秀科技人力资源的作用。

第五章　青海产业结构与特色优势产业发展现状、问题和对策

第一节　青海省产业结构发展现状

一、第三产业成为主导优势产业

2006 年青海省 GDP 为 648.5 亿元，2018 年为 2865.23 亿元，增长了 3.42 倍；其中，第一产业由 2006 年的 67.55 亿元增长到 2018 年的 268.1 亿元，增长了 2.97 倍，第二产业由 2006 年的 331.91 亿元增长到 2018 年的 1247.06 亿元，增长了 2.76 倍，第三产业由 2006 年的 249.04 亿元增长到 2018 年的 1350.07 亿元，增长了 4.42 倍，第三产业的增长速度明显高于第一、二产业。青海省三次产业结构由 2006 年的 10.42∶51.18∶38.40 调整到 2018 年的 9.36∶43.52∶47.12，第三产业 GDP 超过了第二产业的 GDP，成为引领青海发展的龙头产业。三次产业 GDP 变化表明青海省的产业结构由原来的"二三一"结构转向了"三二一"，实现了在发展中经济增长的动能转换。

从 2006—2018 年青海三次产业的产值比重变化趋势看（见图 5-1），青海省第一产业产值比重呈下降趋势，由 2006 年 10.42%

下降到 2018 年的 9.36%，2016 年下降到最低点 8.60%，此后几年略有上升；总体趋势第一产业比重呈持续下降的趋势，且对于 GDP 增长速度的拉动作用愈来愈小，2018 年第一产业经济贡献率仅为 5.18%，充分表明第一产业对全省经济增长的贡献越来越低；但第一产业的基础地位仍然稳固，由于关乎粮食安全和城乡居民对农产品需求日益增加等因素，在相当一段时间，第一产业将保持比较稳定的发展水平。

第二产业是青海省的基础产业和支柱产业，2006—2018 年产值比重变化趋势（见图 5-1）呈现出倒"V"型发展趋势。2006—2011 年占 GDP 比重由 51.18% 增长到 58.38%，达到顶点，而从 2012—2018 年则持续下降，2018 年降至 43.52%，降幅达 25.45%。青海省第二产业比重虽步入逐步降低的趋势，但第二产业依然是青海省的支柱产业，2018 年第二产业贡献率达到 54.82%，对经济增长有明显拉动作用。第二产业中重工业占比非常高，且呈现出很强的资源依赖性，如有色金属采选、有色金属冶炼及压延加工、石油和天然气开采、电力等产业，轻重工业比例失调，第二产业的持续发展受到严重制约。当前，青海省积极利用供给侧结构性改革的契机，协调重工业与轻工业协调发展的关系，主要围绕生物医药、盐湖化工、锂电和特色轻工等行业，促进产业升级，推动经济均衡发展。

第三产业在 2006—2018 年发展势头迅猛，仅在 2006 到 2011 年间有小幅度的回落，但 2012 年开始反弹，直至 2018 年占比达到 47.12%。13 年中第一产业和第二产业下降的比重主要被第三产业所分享，第三产业对于 GDP 增长速度的拉动作用与日俱增，第三产业比重在 2017 年首次超过第二产业的比重，且 2018 年第三产业贡献率达到了 40.00%。第三产业发展水平是经济结构优化的重要标志，目前，青海省与全国同步进入工业化中后期阶段，第三产业的新业态、新模式不断涌现对当地经济增长和转型升级起到了促进作用。

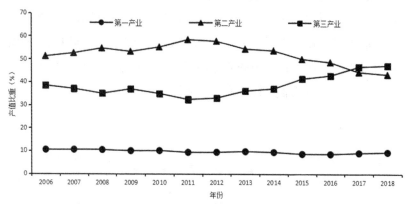

图 5-1　2006—2018 年青海省三次产业产值占比趋势
数据来源：2007—2019 年《青海省统计年鉴》

二、第三产业成为劳动力巨大蓄水池

从 2006—2018 年青海省三次产业的就业人数比重趋势（见图 5-2）看，青海省第一产业的就业人数比重逐年下降，呈现明显的挤出效应。2006 年就业比重为 47.3%，到 2018 年下降至 33.4%，降幅达 13.9%，由于劳动效率、生产效率、土地产出率的提高，第一产业中剩余劳动力势必向第二、三产业转移。青海省工业体现出很强的资源依赖性的重工业，属于资本、密集型产业，天然排斥劳动力，因此第二产业吸纳新增就业人数能力较弱，2006 年第二产业的就业人数比重为 19.2%，2018 年增长到 21.1%，呈稳定并略有上升的特点。青海省第一产业的就业人数主要转移至第三产业就业，第三产业就业人数比重呈大幅增长态势，由 2006 年的 33.5% 增至 2018 年的 45.5%，增速明显，具有明显的集聚效应，带动就业效果凸显。青海三次产业就业人数比重由 2006 年的 47.3∶19.2∶33.5 转变为 2018 年的 33.4∶21.1∶45.5，表明第三产业已成为吸纳就业人数最大的产业，与第一、二产业比较明显不同。究其原因，旅游业、现代服务业、新兴服务业等第三产业全面发展，极大地促进了第一、二产业的就业人数向第三产业转移。

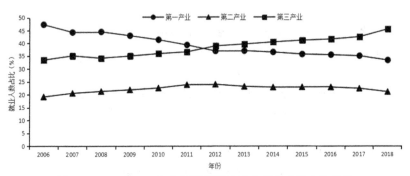

图 5-2　2006—2018 年青海省三次产业就业人数占比趋势

数据来源：2007—2019 年《青海省统计年鉴》

三、第一、二产业在全国占优势

从青海省与全国三次产业占比来看，青海省第一产业、第二产业在全国占有一定优势，但第三产业发展不足，第一、二产业占比比全国分别高出 2.16、2.82 个百分点，第三产业占比比全国低 5.08 个百分点（见图 5-3）。因此，青海省的产业结构调整还有潜力可挖，继续从供给侧结构性改革入手，优化工业内部结构，提高产值效益比；充分发挥青海资源优势，优先发展旅游业，打通旅游业与周边附属及上下游产业脉络，全力打造全域旅游体系，实现第三产业突破性发展。

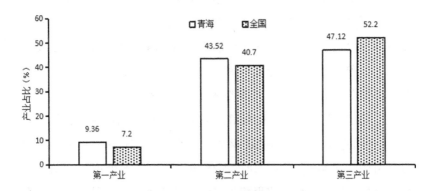

图5-3 2018年全国与青海省三次产业比重比较
数据来源：2019年《全国统计年鉴》《青海省统计年鉴》

第二节 青海特色优势产业发展现状

一、青海各市（州）三次产业发展现状

青海省8个市（州）资源禀赋条件和环境、地域不同，造就了各市州产业结构差异明显，各具特色。

（一）第一产业主要分布在西南部三江源地区的玉树州，特色优势产业为高原畜牧业和种植业

第一产业作为青海省传统基础产业，总体呈现不平衡状态，区

域差异明显，形成以西宁市为中心的东部综合经济区、以海西州为中心的西部柴达木盆地资源开发经济区、中部环青海湖农牧业经济区和三江源地区四大经济区。其中，西宁市、海西州作为青海省产业发展龙头区域，第一产业比重低，西宁市第一产业比重从2006年的4.40%下降到2018年的3.58%，海西州第一产业比重由2016年的2.85%上升到2018年的5.38%，西宁市和海西州主要以二、三次产业为主，产业结构调整都是从第一产业析出，为二、三次产业提供劳动力、原材料等资本要素。海东市作为青海省的"粮仓"，其历来就是农业基础最好、发展潜力最大的区域，其贡献了全省一半的粮食作物。中部环青海湖农牧业经济区和三江源地区包括玉树州、果洛州、黄南州、海南州、海北州5个市州，第一产业占比高，作为少数民族聚集地区，地广人稀，产业结构以高原畜牧业和种植业为主，由于地理位置和资源条件的限制，产业分散度较高，集中度较低，产业结构调整的能力不足，造成第一产业比重依然偏高，比如2006年玉树州的占比最高，达到61.78%，依次是果洛州34.87%、黄南州29.20%、海南州28.60%、海北州23.48%，经过十多年的经济发展以及产业内部结构的调整，加之二、三产业的兴起，到2018年第一产业占比情况出现了不同程度的下降，但占比依然较高，2018年第一产业占比从高到低依次是玉树州、海北州、黄南州、海南州、果洛州、海东市、海西州、西宁市，其中玉树州占比为57.1%（见图5-4）。

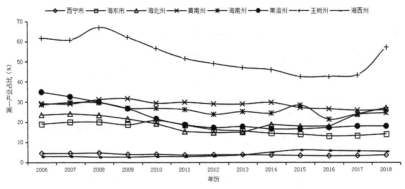

图 5-4 2006—2018 年青海省各市（州）第一产业占比

（二）第二产业主要以海西州为中心，特色优势产业为资源开发型工业

第二产业历来是青海省支柱产业，随着经济结构调整的不断深化，承接东、中部地区梯度转移产业成为青海省产业结构调整的主要途径之一，加之青海省本身具有资源禀赋优势和产业优势凸显，工业布局集中，形成以西宁市为增长中心的东部综合经济区、以海西州为增长中心的西部柴达木盆地资源开发工业经济区。

海西州是青海省工业发展的核心区域，2006 年，第二产业占比为 76.35%，2018 年下降到 68.31%，下降 8.04 个百分点（见图 5-5）。海西州依托柴达木盆地矿产资源具有储量大、品位高、类型全、分布集中、资源组合好等优势，打造资源型循环经济发展示范区，加快培育特色工业、优势产业和高新技术产业，形成以盐湖化工为核心，融合油气化工、金属冶金、煤化工、特色生物、新材料、新能源加快发展的七大工业产业体系，成为青海省工业中"明星"地区。

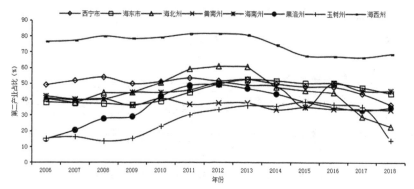

图 5-5　2006—2018 年青海省各市（州）第二产业占比

西宁、海西两市（州）第二产业占全省经济总量的比重超60%，利用省会城市和兰西城市群节点城市群的辐射带动作用，做强做精金属冶炼及延伸加工、特色化工、装备制造三大支柱产业，培育壮大新能源、新材料、新型建材和节能环保高新技术产业，推动产业转型升级，大力推行新型工业化，成为引领青海工业发展的领头羊。

青海的高原农牧业占比较高，第二产业发展基础较为薄弱，主要从事自然资源采掘业及上下游关联产业的重工业为主，与少数民族地区的主导产业发展关联性不强，对当地经济带动能力不强，因其产业特性无法吸纳众多的剩余劳动力；轻工业发展不够充分，主要围绕农牧业进行初级加工，加工方式简陋、生产水平较低，对当地农牧民的收入带动较小，导致青海省少数民族地区的工业发展缓慢。

（三）第三产业广泛增长，以西宁市为中心，特色优势产业为旅游业

第三产业已经逐渐成为青海省的优势产业，并将成为引领青海发展的基础性产业、复合型产业，第三产业的年均增速都在10%以上，并开始由传统服务业逐步向新兴服务业转型。传统服务业如交通运输、仓储及邮政业，批发、零售贸易业产值比重均呈下降之势，而现代服务业中的旅游业、金融业、房地产业、信息技术产业、科学技术研究等占比呈迅速增长之势，而两者差距从2006年的1.46倍扩大到2018年的2.78倍。从青海省各市（州）第三产业13年的数据分析，各市州的第三产业都有不同程度的发展，且特点明显。第一，西宁市第三产业发展迅猛，2006年第三产业占比为46.65%，到2018年占比为60.04%，占比首次突破60%，对经济增长的贡献率达50.3%，西宁市的传统服务业发展基础较好，现代服务业不断壮大，主要以旅游业为主的产业增长迅速，带动西宁市第三产业发展。第二，增长幅度较大市（州），海北州等4个少数民族自治州，第三产业成为引领经济发展的新引擎，2006—2018年海北州、黄南州、玉树州、海西州分别增长了14.23、10.78、6.02、5.35个百分点（见图5-6），增长幅度较大，主要是近年来青海促进少数民族地区发展，重点以发展旅游业为主，带动与之相关的住宿业、交通运输业、酒店餐饮业的发展，已成为少数民族地区经济增长的"火车头"。第三，保持稳定市（州），主要是海东市、海南州、果洛州三个市州，第三产业的占比变化幅度不大，维持发展。

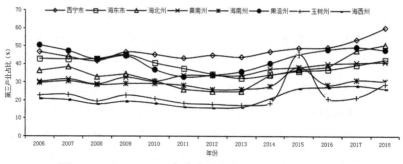

图 5-6　2006—2018 年青海省各市（州）第三产业占比

二、青海各市（州）特色优势产业分析

（一）研究方法

1.区位熵

区位熵又称为地方专门化率或区域规模优势指数，由哈·盖特（P.Hagge）首先提出并运用于区位分析中，反映的是某一行业的比较优势和竞争力；在经济学研究中应用广泛，它通常被用来衡量产业的聚集程度、专业化程度，评价区域经济要素的空间分布，从静态的角度反映产业集聚情况，并说明存在比较优势的产业（张明林、周荣华，2011）。本书选取产业增加值、产业销售收入等指标计算，分析青海省三次产业中具比较优势产业的分布。

若区位熵 LQ>1，则表明某产业在研究区域的集中化程度高于青海省平均水平，该产业在青海省产业发展中具有比较优势，数值越大，优势越明显。

若 LQ=1，则表明某产业在青海省产业发展中没有明显的优势或劣势。

若 LQ<1，则表明某产业处于劣势地位。

2. 产业集聚指数

产业集聚指数是分析一定区域内各个产业集聚状况的动态指标，能够衡量特定时间段内产业集聚的态势并借此推断未来一段时间内该区域各个产业集聚情况，可以测定特定时间段内某区域的产业集聚情形及其具比较优势的产业，据此判断出一段时间内该地区某产业集聚和分散的趋势（关爱萍等，2014）。

假定研究时间段为 $[0, t]$，X_{ij0} 和 X_{ijt} 分别表示 m 个地区中 j 地区 i 产业期初和期末的产值。产业集聚指数表示的是在研究时限内，产业 i 在 j 地区产值的平均增长速度 S_{ijt} 与产业 i 在青海省产值的平均增长速度 S_{it} 的比值。

$$S_{ijt} = \sqrt[t]{\frac{X_{jt}}{X_{j0}}} - 1 \qquad (5-1)$$

$$S_{it} = \sqrt[t]{\frac{\sum_{j=1}^{m} X_{ijt}}{\sum_{j=1}^{m} X_{ij0}}} - 1 \qquad (5-2)$$

在研究时限内，产业 i 在 j 地区的产业集聚指数为：

$$A_{ijt} = S_{ijt}/S_{it} \qquad (5-3)$$

$A_{ijt} \geq 1$，表明 j 地区 i 产业的平均增长速度快于全省的该产业的平均增长水平，说明该地区的这种产业在全省具有明显的比较优势，产业 i 有向 j 地区聚集的趋势。

当 $0 \leq A_{ijt} \leq 1$ 时，表明虽然 j 地区 i 产业仍然处于增长的趋势，但产业集聚的态势不明显。

当 $A_{ijt} < 0$ 时，说明产业 i 在 j 地区出现萎缩，产业呈现出扩散态势。

（二）数据来源及指标说明

本书采用 2006—2018 年青海省三次产业增加值、销售收入等数据来计算区位熵和产业集聚指数。产业分类依据《国民经济行业分类》（GB/T 4754–2011）对三大产业分类。其中，第一产业主要是农林牧渔业四个行业；第二产业是重工业、轻工业两大类；第三产业选取交通运输、仓储邮电通信业等 15 个行业。数据来源主要为 2007—2019 年《青海省统计年鉴》及青海省各市（州）统计年鉴、统计公报等。

（三）青海省特色优势产业区位熵和产业集聚系数筛选结果

本书按照区位熵和产业集聚指数两个指标对青海省优势产业进行界定，以区位熵 LQ ≥ 1 且集聚指数 A ≥ 1 作为特色优势产业的标准。

1. 第一产业

农业具有优势的市州为海东市和海西州，林业具有优势的市（州）为海南州和海西州，畜牧业具有优势的市（州）为海北州、黄南州和海南州，渔业具有优势的市（州）为海南州。

表 5-1　2006—2018 年青海省各市（州）第一产业区位熵均值

第一产业	西宁市	海东市	海北州	黄南州	海南州	果洛州	玉树州	海西州
农业（种植业）	1.14	1.39	0.70	0.52	0.73	0.37	0.61	1.13
林业	0.68	0.96	0.49	0.43	1.37	0.19	1.09	2.32
畜牧业	0.93	0.68	1.27	1.39	1.17	1.55	1.35	0.82

数据来源：2007—2019 年青海省统计年鉴。

表 5-2　2006—2018 年青海省第一产业集聚指数

第一产业	西宁市	海东市	海北州	黄南州	海南州	果洛州	玉树州	海西州
农业（种植业）	0.94	1.11	0.74	0.50	0.80	0.52	0.51	1.74
林业	1.17	0.73	1.61	1.85	1.07	0.96	0.39	1.21
畜牧业	1.03	0.88	1.20	1.04	1.14	0.58	0.86	1.17
渔业	0.00	0.90	0.00	0.00	1.12	0.00	0.00	0.36

数据来源：2007—2019 年青海省统计年鉴。

表 5-3　青海省第一产业各市（州）优势产业集聚分布表

第一产业	市州名称
农业（种植业）	海东市　海西州
林业	海南州　海西州
畜牧业	海北州　黄南州　海南州
渔业	海南州

（1）农业（种植业）

具备产业优势的市（州）为海东市和海西州，特色优势产业比较广泛，包括粮食作物、油料、蔬菜及食用菌等。从区位熵和产业集聚指数两个指标（见表 5-1—5-2）分析，海东市、海西州 2 个州区位熵大于1，且产业集聚指数大于1，表现为农业（种植业）在全省产业优势明显，且产业集聚的趋势超过全省的平均水平，成长性好。

海东市地处河湟谷地，农业基础好、立地条件好、灌溉设施齐全，自古就是青海省农业（种植业）优势地区，也是青海省农牧业发展最具潜力和最具活力的地区，面积仅占全省的1.8%，却占据了青海农业（种植业）半壁江山，地位举足轻重。2018年海东市粮食作物种植面积占青海省40.85%，产量占青海省50.88%；油料作物占35.13%，产量占39.93%；蔬菜及食用菌占43.93%；产量占43.90%，优势明显。

海西州是青海省农业生产重要基地，利用柴达木盆地地域优势和气候冷凉的自然资源禀赋，农业发展潜力很大，其土壤质地轻盈，成熟度低，传热透气性强，光照时间长，日温差大，非常有利于植物生产的干物质积累。农用地生产单位面积大，规模化开发的基础条件优越。2018年海西州农林牧渔业增加值33.83亿元，其中，农业增加值17.48亿元，占农林牧渔业增加值的51.67%。粮食、油料和蔬菜的产量、供给率不断增加，商品率稳步提高。

（2）林业

具备产业优势的市（州）为海西州、海南州，特色优势产业主要为枸杞产业。据统计，青海林地面积756.3万公顷，占青海省总面积的10.6%，其作为三北防护林的重要组成部分，是我国重要的绿色屏障。青海省充分利用资源优势，积极发展林业经济，《青海省林业发展"十三五"规划》提出围绕"东部沙棘、西部枸杞、南部藏茶、河湟杂果"的林产业发展思路，实施绿色产业富民行动。海西州依据《青海省林业发展"十三五"规划》的产业布局，重点发展枸杞产业，现有黑枸杞种植面积2833公顷，红枸杞提质增效面积 3840 公顷，综合产值达 60 亿元左右；并已通过欧盟等认证，年出口量稳定在 900 吨左右，创汇 1300 万美元左右，成为青海省农产品出口创汇的第一品牌；建成青藏高原首个名特优农产品价格指数（新华—柴达木枸杞价格指数）发布机制；"柴达木"枸杞入选中国农业品牌目录 2019 农产品区域公用品牌第 38 名，品牌价值达 87.67 亿元。海西州林业产业经济效益、生态效益、社会效益十分显著。

海南州围绕着生态的林业、依靠林业带来的经济效益双赢的目标，以农业和农村经济结构战略性调整为重点，全力推进枸杞、核桃等林产业发展；在共和县、兴海县、贵南县等地完成枸杞种植面积 1127 公顷；充分发挥黄河河谷地带优良的气候条件，在贵德县营造优良核桃经济林 333 公顷；大力发展独具特色的森林生态旅游业。

（3）畜牧业

具备产业优势的市州为海北州、黄南州和海南州，特色优势产业是以牛羊为主的高原畜牧业。青海省作为全国六大牧区之一，畜牧业是青海的特色支柱产业。从区位熵和产业集聚指数两个指标分析，海北州、黄南州、海南州三个州区位熵均值大于 1，且产业集聚指数大于 1，具备较强的产业优势，青海省各少数民族自治州地处青藏高原腹地，草场面积巨大，多以高山草甸为主，畜禽承载力较强，且当地少数民族世代以高原畜牧业为主，品类以高原适应性强的牛、羊为主。2018 年，依据青海省牲畜存出栏统计，海北、黄南、海南三个州大牲畜存栏数占全省 33.05%，牛占全省 32.73%，马占全省 50.86%，绵羊占全省 63.96%，猪的占比只有 7.04%；同期海北、黄南、海南三个州大牲畜年出栏占全省 37.99%、羊占全省 61.00%；2018 年，青海省畜产品总产量为 36.53 万吨，海北、黄南、海南 3 个具备产业优势的州畜产品产量占全省总产量的 39.40%；其中，牛肉占全省的 39.64%、羊肉占 61.55%、奶类占 32.00%、羊毛占 58.17%、牛毛绒占 52.17%（见表 5-4—5-6）。

表 5-4　2018 年青海省各市（州）牲畜存栏占比（%）统计表

市（州）	大牲畜	牛	马	羊	绵羊	猪
西宁市	8.00	8.05	6.03	6.02	6.74	21.74
海东市	5.69	5.81	N/A	10.99	10.64	51.15
海北州	9.72	9.51	20.69	21.20	24.11	2.69
黄南州	10.84	10.64	20.69	8.26	9.23	0.26
海南州	12.49	12.58	9.48	29.20	30.62	4.09
果洛州	19.35	19.66	8.62	2.22	2.56	N/A
玉树州	34.76	35.27	17.24	3.73	3.77	N/A
海西州	4.40	3.89	17.24	21.20	18.55	5.37

数据来源：根据《青海省统计年鉴》（2019 年）计算所得。

表 5-5　2018 年青海省各市（州）畜牧业出栏数占比（%）统计表

市（州）	大牲畜	羊	猪	家禽
西宁市	12.91	9.18	22.42	25.54
海东市	6.23	10.35	60.02	52.57
海北州	11.51	23.65	3.86	2.66
黄南州	12.81	10.60	0.30	0.05
海南州	13.67	26.75	5.82	15.61
果洛州	11.24	2.33	N/A	N/A
玉树州	27.18	2.75	N/A	N/A
海西州	4.46	14.38	7.57	3.56

数据来源：根据《青海省统计年鉴》（2019 年）计算所得。

表 5-6　2018 年青海省各市（州）畜产品产量占比（%）统计表

市（州）	总产量	牛肉	羊肉	奶类	羊毛	牛毛绒
西宁市	14.78	14.26	8.77	35.79	6.72	1.19
海东市	22.31	7.06	10.14	10.66	14.61	0.78
海北州	13.97	11.99	24.01	10.45	22.87	13.77
黄南州	9.43	13.84	12.08	11.31	5.64	17.44
海南州	16.00	13.81	25.46	10.24	29.66	20.96
果洛州	4.65	10.62	2.29	7.28	1.46	26.40
玉树州	9.83	24.13	3.13	10.91	0.77	16.46
海西州	8.98	4.32	13.95	3.40	18.27	3.00

数据来源：根据《青海省统计年鉴》（2019 年）计算所得。

（4）渔业

只有海南州具备产业优势，其他 7 个市（州）均不具备产业优势，特色优势产业为鲑鳟鱼为主的冷水鱼养殖业。青海省主要以发展冷水鱼产业为主，特别是沿黄冷水鱼网箱养殖发展迅速，龙羊峡至苏只水库网箱养殖产业带基本形成，渔业经济呈现平稳较快发展态势。2010—2018 年，海南州养殖面积保持在 1.7 万公顷左右，但产量大幅度提高，由 2013 年 6000 吨增长到 2018 年 17116 吨，增长了 1.85 倍。当前，鲑鳟鱼养殖产量占到全国的 1/3，成为青海冷水鱼产业的一张名片。

2. 第二产业

第二产业是青海省的支柱产业，本书将青海省工业分为重工业和轻工业两大类进行分析，以便得出青海省第二产业的竞争优劣势以及未来的发展潜力。轻工业具有优势的市（州）为西宁市和海南州。重工业具有优势的市（州）为果洛州和海西州。

（1）轻工业

具备产业优势的市（州）为西宁市和海南州，特色优势产业为食用植物油、乳制品、饮料及酒、棉纱、手工及机制地毯（毛毯）、制帽、中成药等产业，是青海省传统特色优势产业，也是国民经济的支柱产业和重要的民生产业。青海地处青藏高原腹地，品质上乘、资源独特的资源为发展轻工业提供了得天独厚的优势，青海省充分挖掘生物医药、农畜产品加工、高原特色生物资源开发、食品制造、特色纺织、民族工艺品以及旅游产品等特色优势产业，不少产品在中国乃至世界独具优势。2006—2017年，轻工业占全省规模以上工业的比重由5.12%提高到14.24%，比重提高了9.12个百分点。西宁市是青海省轻工业发展的核心区域，西宁市规模以上轻工业企业个数占全省的71.24%，以西宁市为中心向外辐射，主要集中在食用植物油、乳制品、饮料及酒、棉纱、手工及机制地毯（毛毯）、制帽、中成药等行业。2018年，西宁市在食用植物油、乳制品加工、饮料及酒等产业，占比分别为42.50%、88.37%、53.70%。棉纱产业分布在海南州，形成了以青海银河纺织集团公司为龙头的棉纱产业链条，带动当地棉纱产业发展。其他市（州）轻工业发展水平较低，三江源区域无规模以上轻工业企业。另如价值链较长的通用设备、通信设备、计算机及其他电子设备制造业等行业产业发展基础较差，集中度较弱。

（2）重工业

具备产业优势的市（州）为果洛州和海西州，特色优势产业主要为资源密集型产业中的黑色金属矿采选业、有色金属矿采选业、钾肥等及其上下游等关联产业。这与青海省得天独厚的自然禀赋所形成的产业垂直化分工是密不可分的。海西州地处柴达木盆地，自20世纪50年代起，国家就着手进行开发，全州现已探明储量的矿产有57种，矿产地281处，矿产资源的潜在经济价值约15万亿元，占全省矿产资源潜在经济价值总量的 90.78%；主要矿产有石油、天然气、原盐、煤、钾等，其中原盐、钾、镁、锂、锶、石棉、芒硝等矿藏储量居全国首位，溴、硼等储量居第二位，目前海西州利用资源优势已建立了比较完善的重工业产业体系，2006—2018 年海西州的工业产值占全省的 2/3，在青海省重工业中海西州极具产业优势。

果洛州矿产资源种类较齐全，截至 2015 年底，全州已发现各类矿产 31 种，占全省已发现矿种 145 种的 21.38%；编入《青海省矿产资源储量简表》的矿种有 11 种，占全省上表矿种 96 种的 11.46%。果洛州具有资源储量和开发优势的矿产主要是铜矿，其中德尔尼铜钴矿的矿藏种类十分富集，已探明矿石量 4600 多万吨，潜在工业价值 300 亿元。

表 5-7 2006—2017 年青海省各市（州）第二产业区位熵均值

市（州）名称	区位熵均值	市（州）名称	区位熵均值
西宁市	1.15	海南州	1.75
轻工业均值	1.34	轻工业均值	2.66
重工业均值	0.97	重工业均值	0.85
海东市	1.33	果洛州	1.61
轻工业均值	1.78	轻工业均值	2.19
重工业均值	0.89	重工业均值	1.03
海北州	1.01	玉树州	2.82
轻工业均值	1.02	轻工业均值	4.91
重工业均值	1.01	重工业均值	0.73
黄南州	2.47	海西州	0.61
轻工业均值	3.99	轻工业均值	0.11
重工业均值	0.95	重工业均值	1.11

数据来源：根据《青海省统计年鉴》（2007—2018 年）计算所得。

表 5-8　2006—2017 年第二产业集聚指数

第二产业	西宁市	海东市	海北州	黄南州	海南州	果洛州	玉树州	海西州
轻工业	1.13	0.71	0.49	0.00	1.06	0.70	0.22	1.42
重工业	1.02	1.70	0.54	0.12	1.84	3.80	0.35	0.76

数据来源：根据《青海省统计年鉴》（2007—2018 年）计算所得。

表 5-9　青海省第二产业各市州优势产业集聚分布表

第二产业	市州名称
轻工业	西宁市　海南州
重工业	果洛州　海西州

3. 第三产业

按照统计部门口径，第三产业划分为流通和服务两大部门。流通部门包括批发和零售业，交通运输、仓储和邮政业，住宿和餐饮业。服务部门包括信息传输、软件和信息技术服务业、金融业、房地产业、租赁和商务服务业，从而可以提高当地的科学技术应用水平和居民的素质品质的服务的部门，包括科学技术的研究和实践应用技术服务业、水利、环境和公共管理设施服务业、居民服务、修理和其他服务业、教育、卫生和社会工作、文化、体育和娱乐业、公共管理、社会保障和社会组织业等。利用区位熵和产业集聚指数两个指标的计算结果见表 5-10—5-13。

（1）流通部门

批发和零售业是商品流通的重要环节，是决定经济运行速度、质量和效益的引导性力量，是我国市场化程度最高、竞争最为激烈的行业之一。批发和零售业具备产业优势的只有西宁市，其他市州均不具优势。西宁市作为青海省会城市，是全省政治、经济、文化、教育、科技、交通和商贸中心。就青海当前经济发展水平而言，批发和零售业受到经济发展的影响较为明显，天然具有吸引力和集聚产业要素的能力，活跃度较高，每增加 1 个百分点，带动其他产业随之增加 0.0634 个百分点。大力扶持与发展青海省的批发和零售业，促进青海流通领域的基础设施、管理、信息等的现代化，变西宁一枝独秀为多点开花的格局，进一步扩大批发和零售业对于青海经济发展的导向作用。

交通运输、仓储和邮政业具备产业优势的为西宁市、海西州；西宁是全省交通枢纽核心，又是青藏高原交通枢纽，交通运输业的发展会影响国内旅游人数以及第三产业总产值，并且交通运输里程每增加 1%，就会分别引起旅游人数 4.7% 的增长，以及第三产业总产值 5.3% 的增长（叶骏骅，2013）；西宁市、海西州是全国航空、铁路、公路交通节点城市，交通发达的区位优势使西宁和海西州交易成本低，效率高，并进一步推动当地经济的发展。

住宿和餐饮业保持着快速增长势头，一直是第三产业中的亮点，具备产业优势的为海北州、黄南州、果洛州。

西宁市、海北州、黄南州集中了青海众多的世界级、国家级旅游资源，旅游业具有明显的产业竞争优势。西宁市作为全省的中心城市，旅游集聚能力较强，对全省的旅游产业发展具有聚集和扩散效应；海北州、海南州地处青海湖周围，依托青海湖景区以及其他自然景观，每年吸引大量国内外游客；青海以"大美青海"品牌进行宣传旅游业，加之青海具有独特的旅游资源和人文底蕴，使得青海旅游业呈现一枝独秀。

（2）生产和生活服务部门

生产和生活服务部门包括信息传输、软件和信息技术服务业、金融业、房地产业、租赁和商务服务业。利用区位熵和产业集聚指数两个指标的计算结果（见表 5-10—5-11）得知，信息传输、软件和信息技术服务业中具备产业优势的只有西宁市；租赁和商务服务业在西宁市、果洛州具有明显的产业竞争优势，而其他市州处于劣势。

（3）提高科学文化水平和居民素质服务的部门

该部门包括科学研究和技术服务业，水利、环境和公共设施管理业，居民服务、修理和其他服务业，教育，卫生和社会工作，文化、体育和娱乐业，公共管理、社会保障和社会组织业等。利用区位熵和产业集聚指数两个指标的计算结果（见表 5-10—5-12）得知，西宁市在卫生和社会工作具备产业竞争优势；海东在水利、环境和公共设施管理方面具备优势；卫生和社会工作方面西宁市、海南州、果洛州具备优势；其余产业均无优势。

表5-10 2006—2018年青海各市（州）第三产业区位熵均值

第三产业	西宁市	海东市	海北州	黄南州	海南州	果洛州	玉树州	海西州
批发和零售业	1.49	0.67	0.45	0.34	0.40	0.41	0.48	0.30
交通运输、仓储和邮政业	1.04	1.36	0.63	0.21	0.66	0.74	0.45	1.45
住宿和餐饮业	0.86	1.35	1.11	1.26	1.25	1.13	0.79	0.59
信息传输、软件和信息技术服务业	1.57	0.86	0.51	0.55	0.55	1.33	0.64	0.63
旅游业	1.39	0.70	1.54	1.44	0.82	0.41	0.30	0.45
金融业	1.52	0.29	0.27	0.34	0.35	0.38	0.16	0.33
房地产业	1.24	0.89	0.59	0.57	0.71	0.62	0.18	0.37
租赁和商务服务业	1.40	0.19	0.49	0.19	0.19	1.26	0.83	0.60
科学研究和技术服务业	1.54	1.99	0.89	0.61	0.36	0.15	0.20	0.48
水利、环境和公共设施管理业	1.61	3.28	0.36	1.03	0.87	0.03	0.90	0.46
居民服务、修理和其他服务业	1.42	1.00	0.93	0.69	0.61	2.33	2.85	1.11
教育	1.28	2.22	1.32	1.26	1.55	1.36	0.65	0.33
卫生和社会工作	1.63	0.73	1.36	1.44	1.40	2.72	0.89	0.58
文化、体育和娱乐业	1.37	0.37	1.18	1.39	0.54	3.02	0.93	0.62
公共管理、社会保障和社会组织	0.88	1.47	2.11	2.62	1.22	1.75	1.14	0.53

数据来源：根据《青海省统计年鉴》（2007—2019年）计算所得。

表5-11 2006—2018年第三产业聚集指数

第三产业	西宁市	海东市	海北州	黄南州	海南州	果洛州	玉树州	海西州
批发和零售业	1.00	0.88	1.01	0.80	0.98	1.44	0.41	0.79
交通运输、仓储和邮政业	1.10	0.88	0.92	1.01	2.27	1.82	1.05	1.38
住宿和餐饮业	0.58	0.94	1.11	1.22	0.79	2.77	0.59	0.43
信息传输、软件和信息技术服务业	1.17	1.09	0.47	0.78	0.50	0.77	0.29	0.77
旅游业	1.07	1.19	1.37	1.02	1.67	0.27	1.43	1.53
金融业	0.85	2.01	1.17	1.02	1.51	2.41	0.36	0.57
房地产业	0.90	0.72	0.80	0.79	1.32	0.79	0.48	0.77
租赁和商务服务业	1.01	1.00	0.75	0.60	0.55	2.05	3.18	1.03
科学研究和技术服务业	0.91	0.89	0.80	0.87	0.77	0.00	2.92	0.76
水利、环境和公共设施管理业	0.93	1.04	0.52	0.78	0.87	0.00	4.05	0.78
居民服务、修理和其他服务业	0.83	0.47	0.73	0.47	0.41	1.21	1.82	0.77
教育	0.90	0.75	0.45	0.69	0.93	0.78	0.53	0.79
卫生和社会工作	1.02	0.71	0.80	0.68	1.21	1.26	1.28	0.97
文化、体育和娱乐业	1.62	1.06	1.44	0.82	0.94	2.14	1.76	1.43
公共管理、社会保障和社会组织	1.07	1.34	1.07	1.16	0.89	0.16	0.40	0.68

数据来源：根据《青海省统计年鉴》（2007—2019年）计算所得。

表 5-12 青海省第三产业各市（州）优势产业集聚的分布表

第三产业	市州名称
批发和零售业	西宁市
交通运输、仓储和邮政业	西宁市 海西州
住宿和餐饮业	海北州 黄南州 果洛州
信息传输、软件和信息技术服务业	西宁市
旅游业	西宁市 海北州 黄南州
金融业	N/A
房地产业	N/A
租赁和商务服务业	西宁市 果洛州
科学研究和技术服务业	N/A
水利、环境和公共设施管理业	海东市
居民服务、修理和其他服务业	N/A
教育	N/A
卫生和社会工作	西宁市 海南州 果洛州
文化、体育和娱乐业	西宁市 海北州 果洛州
公共管理、社会保障和社会组织	海东市 海北州 黄南州

第三节 青海特色优势产业发展存在的问题

一、农业内部结构失衡

从 2007—2019 年数据来看，青海省农业产值结构总体变化不大，但内部结构失衡。种植业产值占总产值的 40% 左右，且种植业比重呈现下降趋势；畜牧业的产值占总产值的比重在 55% 左右，而牧业比重逐渐上升；林业产业较小，比重在 1%—3% 之间；渔业产值比重最小，不足 1%（青海省统计年鉴，2008—2020 年）。

种植业主要分布在河湟地区和海西州，布局比较分散，且规模较小，产品主要满足省内城乡居民的消费，以初级农产品为主，产业链条短，产品增值难。另外，青海省地处西部，与农产品主消费区距离较远，造成生产成本和运输成本的上涨，优质不优价，难以打开销路；现代农业项目建设缺乏资金支持，先进的农业技术推广面积小，特色优势农产品的品牌影响力较弱，加之销售网络建设滞后，宣传推介力度不够，市场认可度较弱。

畜牧业产值占农业总产值的 55%，但畜牧业基础比较薄弱，仍然处于初级粗放型畜牧业阶段，畜牧养殖多以小规模分散饲养和中小规模养殖场饲养为主，经营与养殖方式比较粗放，饲养技术水平不高，防疫条件差、防疫措施落实难，制约着畜牧业综合生产能力的提高，造成产品质量低，商品率低。加之青海省主要牧区的草地退化严重，在全省的可利用草地中，退化草地面积所占比例已经超过 90%，严重缺乏饲料、草料加工技术，对畜牧经济的发展造成了影响，而且基础设施建设比较落后，自然灾害抵御能力比较低。

青海省人均林业面积仅为世界人均林业面积的 19.68%，林业资源总储备量仅占世界平均水平的 15.87%。林业产业中占比例较大的是林木粗加工产业，而对林木及其附属产品进行精细加工和深加工的第二、三产业开发不足，且由于青海省的林业经济主体仍然是大批规模小、效率低、实力弱的林业企业，导致青海的林业经济的生产效率低下，造成了严重的资源浪费，这对于我国的林业经济健康发展也产生了诸多不利影响。青海省与其他地区相比，其林业生产技术相对来说比较滞后、缺乏后劲；林业科技从研发到投入实际生产的周期过长等，制约了青海省林业经济的产能提升。

二、轻重工业比例失调

青海省整体工业发展水平低，产业结构重型化、产品结构初级化、产业关联低度化等，这些因素极大地制约着地区经济跨越式发展。2018 年重、轻工业比重为 85.76∶14.24，轻、重工业发展比例失调。青海省特色优势产业主要为以资源禀赋基础上发展的轻重工业，重工业在第二产业中占的比重非常大，并且呈现出很强的资源依赖性，如黑色金属矿采选业、有色金属矿采选业、钾肥等及其上下游等关联产业，且分布集中在海西州、果洛州，重工业当中低附加值、低技术含量的产业如采掘工业的比重较高，而高技术含量的加工工业比重过低。例如，青海省电解铝行业消耗了全省工业用电的 48%，却只创造 12% 工业增加值，而该行业的原料对外依存度为 100%（姚红义等，2015）。这就使产业的持续发展受到严重制约，就业关联效应很弱，进而影响区域经济整体水平的提高。

青海省特色轻工业仍然以劳动密集型和资源密集型产业作为主导，且围绕西宁市和海南州两个市（州）发展，并集中于农副产品、特色纺织、民族工艺品等品类。轻工业发展的产业集群层次低，聚集度较弱，规模相对偏小，整体实力不强；产品结构以低附加值初加工产品为主，较为单一，产业链条主要以产业链低端原始材料为主，开发投入严重不足。

三、第三产业发展滞后

青海省既是西部内陆省份又是我国民族八省区之一，既不沿海也不沿边，对外开放程度低，经济发展水平较落后，发展机遇较少。第三产业发展滞后，产业体系不完善，结构不合理已成为制约青海省第三产业发展的重要因素。其重要原因是青海省地域面积广阔，城市群分散，带动能力弱，企业市场化、组织化程度较低制约了第三产业的发展，规模效应不明显，缺乏有带动力和影响力的服务业品牌。此外，第三产业的发展主要以省会西宁市为中心，以批发和零售业、交通运输业等消费性服务业产品为主，且带动能力呈逐渐下降的趋势，因此对服务业的整体拉动不强。生产性服务业未得到充分挖掘，国内外服务业内部结构中，生产性服务比重较大，主要工业城市达50%以上，而青海省比重不到20%，是青海省第三产业结构的缺陷所在（戴鹏，2016）。青海省第三产业中的现代服务业发展明显滞后，如金融业、房地产业、信息技术业等发展缓慢，无明显优势。旅游业作为青海省第三产业的龙头，近年来发展迅速，并带动了上下游产业如交通运输业、餐饮住宿业的发展，但带动能力有限。科技教育以及基础公共服务存在天然的垄断性，进入门槛较高（王长松，2015），也主要集中在西宁市、海东等城市，服务覆盖面有限。

第四节　青海特色优势产业发展对策

一、第一产业

青海地处被誉为地球第三极无污染净土、世界四大无公害超净区之一的青藏高原，地域辽阔、地貌特征独特、气候环境多样、土壤类型丰富，独特的冷凉性气候，高寒、低温、强紫外线的环境，塑造出独具特色的农畜产品。农业作为青海省的基础性产业，拥有丰富的特色农业资源，是实现社会经济跨越式发展的重要基础和农牧民生活水平提高的主要来源，其特色优势就是农牧业与多民族生存发展及资源利用相结合特征。目前，青海省农业产业结构逐渐得到优化和升级，已进入特色产业成熟阶段。

1. 种植业

根据青海省各市（州）农业产业区位熵和产业集聚指数分析看，海东市和海西州发展种植业具备产业优势。"两河一盆"（黄河流域、湟水流域与柴达木盆地）所处地是海拔最低、气候最好、交通最便利，也是水资源、土地资源最丰富的地区，最适宜特色农业发展，因此，海东、海西两市（州）产业发展可立足其独特农业资源优势的发挥来生产绿色产品，利用无污染环境优势发展系列绿色保健的农产品加工业；并充分利用特有动植物资源，以促进种养业走向高产、优质、高效的新途径，带动特色生态农业形成和发展循环经济。

2. 畜牧业

青海是我国草原大省和多种农牧业产品的重要产区，是全国草地生态畜牧业试验区，畜牧业是其支柱产业和特色优势产业。2019年，农业农村部和青海省决定共同创建青海绿色有机农畜产品示范省。海北州、黄南州、海南州是青海省少数民族聚集区，也是青海省畜牧业特色优势区。因此，将高原特色畜牧业与牧草资源平衡结合起来，培育高原特色绿色有机农畜产品，在海北州、黄南州、海南州建立藏羊和牦牛生态、高效、集约化、标准化生产基地；借助农业农村部实施全国肉牛、肉羊遗传改良计划，利用大通牦牛、阿什旦牦牛新品种，建设青藏高原牦牛保种场，在环湖地区建立改良藏羊和牦牛种牛生产基地。提升绿色有机畜产品生产和加工能力，在优势区培育或扶持畜产品加工企业，引导企业适应市场结构变化和消费升级需求，创建特色优势品牌；加强冷链物流基础设施建设，加快提升冷链物流现代化水平。

3. 林业

林业在海西州、海南州具备产业发展优势，其地处柴达木盆地和共和盆地。应充分发挥枸杞对当地产业发展的辐射带动作用，未来将有机枸杞作为主攻方向。通过建设标准化基地、推广标准化种植技术、制定相应的技术标准等措施，积极建设现代农业园区等手段，促进资本、技术、人才的集聚，扶持和引导枸杞种植、加工企业汇聚，在现有加工基础上，积极向枸杞的精深加工进军，完善产业链条，增加附加值。

4. 渔业

渔业是青海省特色优势产业的"新兵"，现已成为海南州农业调结构、转方式的重要依托和朝阳产业，是将资源优势转变为经济优势的典范。利用海南州高原优越的生态环境和黄河洁净水域环境，开展鲑鳟鱼良种选育等技术研发，建立现代化鲑鳟鱼种苗繁育体系，扩大优良苗种繁育规模，提高苗种自给率和水产良种覆盖率，提升养殖规模。建立健全青海渔业的养殖标准体系，开展冷水鱼的深加工研究，着力推广应用全程冷链物流技术，扩大销售的覆盖范围，积极创建青海渔业品牌；支持养殖龙头企业加强水产品加工示范基地建设。

二、第二产业

青海省第二产业中重工业占据主导地位，产业发展路径呈现出很强的资源依赖性，在充分利用资源优势的情况下，目前构筑了石油天然气的开采业、水力发电业、有色金属业、盐化工业四大主导产业和冶金业、中藏药、畜产品加工和建材业四大优势产业。

1. 重工业

基于矿产资源禀赋和历史上重工业优先发展战略，青海省建立了以自然资源开发为依托的重工业体系，符合青海省的资源禀赋状况和比较优势原则。海西州、果洛州矿产资源丰裕，且具有类型全、品位高、组合好和产业关联度强的特点，为特色重工业发展创造了条件。应根据海西州、果洛州资源禀赋状况、区位条件、技术和经济发展水平以及生态环境承载能力，发挥核心地带的集聚效应，推动重工业向产业集聚区发展，形成产业集群生产基地和研发创新基地。利用盐湖资源、有色金属资源和石油天然气资源建设盐湖化工基地、有色金属加工基地和油气化工基地，积极构建柴达木生态工业园，打造特色工业走廊；并以青藏铁路为依托，借助沿线主要城市的辐射带动作用，以资源精深加工和智能制造为方向，通过引进先进的技术对传统资源型产业进行升级改造，推进产业链延伸和产业融合，优化产品结构和延长产业链形成从初级产品到最终产品的深加工以适应市场需求，实现传统产业升级。

2. 轻工业

轻工业作为提供生活消费品的工业部门，与人们的生活息息相关，并为国家社会经济运行具有重要的贡献。从区位熵和产业集聚指数两个指标分析结果看，西宁市、海南州在轻工业中具备产业优势。充分发挥资源优势，重点发展生物医药、生化制品、动植物种植利用产业和生态产品，构筑有鲜明地域优势和高原特色的生物产业体系。其中，西宁市利用区位优势，重点发展西宁地区中藏药、营养保健品、藏毯等产业为重点，进一步加快发展饮料和特色畜产品加工产业；海南州重点发展棉纱产业及畜产品加工业，另外海南州利用毗邻青海湖的优势,应积极发展民族用品、旅游纪念品等生态产业。同时,应注重强化品牌发展和竞争意识,加大"圣源""互助""三江源""可可西里"等品牌建设力度,形成品牌集群效应和品牌叠加放大效应,构建产业品牌体系,提升核心竞争力。

三、第三产业

青海省把第三产业发展作为经济转型升级的战略支点,应重点发挥西宁市龙头带动作用,形成辐射全省的格局,推动第三产业转型升级。抓住西部陆海新通道建设带来的机遇,强化西宁、格尔木综合枢纽功能,提升内通外联能力。贯彻青海省制定的"一个定位、两个方向、五三布局、十一大关系"发展思路,围绕以西宁为核心的旅游集散地,提升旅游业发展水平,完善旅游业的配套设施,扩展高标准旅游景区的功能,打造青海湖、塔尔寺、茶卡盐湖等特色景点为支点的民族特色文化旅游目的地,实现旅游业能够形成省内大循环、景区小循环的目的,建设具有高原特色的旅游产业。同时,以创建国家公园体系,创建国家级生态旅游示范省为目标,加强文化旅游产业与各产业的融合发展,扩大"大美青海"品牌。建设黄河、湟水河等生态文化旅游带。围绕青海旅游业新发展机遇,在完善配套设施方面,提升住宿餐饮业的发展水平,积极发展绿色饭店、主题饭店、客栈民宿、短租公寓、乡村旅游接待点等多业态的住宿设施。并鼓励结合旅游业发展的新要求,推动旅游餐饮业提档升级,满足游客多样化的需求,主要以发展预订平台、中央厨房、餐饮配送等措施,改变目前游客体验感差的现象,政府加大力度监管食品安全,建立旅游业餐饮标准体系,达到旅游业带动相关第三产业发展。

第六章　宁夏产业结构与特色优势产业发展现状、问题和对策

第一节　宁夏产业结构发展现状

一、第三产业超越一、二产业

2006—2018 年，宁夏 GDP、一二三产业产值持续增长，分别由 2006 年的 725.9、79.54、351.58、294.78 亿元增加到 2018 年的 3705.18、279.85、1650.26、1775.07 亿元，增长了 4.10、2.52、3.69、5.02 倍，三次产业中第三产业增幅最大（见图 6-1）。从三次产业占比来看，第三产业比重波动上升，第二产业和第一产业比重波动下降。2006—2016 年，第二产业始终占据主导地位，其比重大于第三产业和第一产业，第三产业比重始终大于第一产业。从 2017 年开始，第三产业赶超了第二产业。2018 年，三次产业结构由 2006 年的 10.95：49.51：39.84 调整为 7.6：44.5：47.9（见图 6-2），产业结构正向合理化方向发展，第三产业比重还将不断提高。

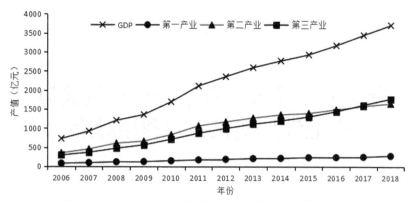

图 6-1　2006—2018 年宁夏 GDP 与三次产业产值（亿元）

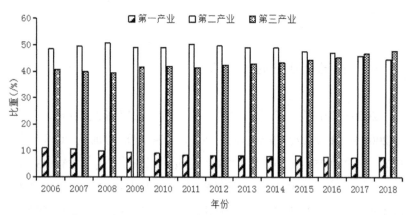

图 6-2　2006—2018 年宁夏三次产业结构比例变动趋势

二、服务业吸纳劳动力能力增强

2006—2018 年，宁夏三次产业就业人数变化趋势各不相同。第一产业呈"降升降"态势，与 2006 年相比，2018 年略有升高，但近年来呈下降趋势。第二产业的就业人数 13 年来为三次产业中最少，在经历了 2010 年的大幅下降之后，近年来基本稳定在 64 万左右。第三产业在前期 2006—2010 年的波动性增长之后，后期几乎呈线性增长态势，第三产业的蓬勃发展吸纳了大量的劳动力。总体来说，从 2017 年开始，宁夏三次产业劳动力结构从"一三二"转向"三一二"（见图 6-3）。

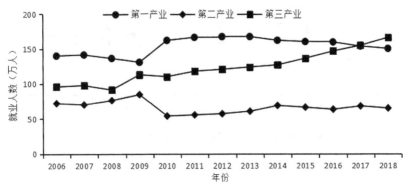

图 6-3　2006—2018 年宁夏三次产业就业人数（万人）

三、第二产业在全国略具优势而一、三产业发展不足

通过对宁夏三次产业区位熵的比较发现，2006—2018 年，第二产业区位熵均大于 1，除 2006 年以外，第二产业区位熵均为三次产业之首，但在 2006—2016 年波动性增长之后，2017 年开始呈下降趋势。第一产业区位熵在中期降低后，末期有所回升，和2006 年比，2018 年略有升高（见图 6-4）。第一产业近几年发展速度加快，特别是枸杞、滩羊、葡萄、硒砂瓜等特色优势产业发展迅速。第三产业期内区位熵呈波动性下降趋势，期内均小于 1，不具产业专业化优势。在全国来看，2018 年，宁夏第二、一产业略具

优势，第三产业专业化水平低，聚集效应差。

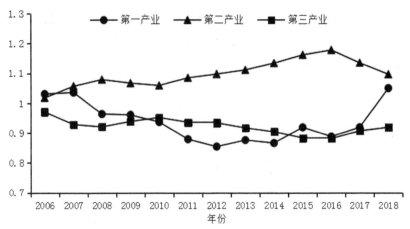

图6-4　2006—2018年宁夏三次产业区位熵变化

第二节　宁夏特色优势产业发展现状

一、宁夏特色优势产业筛选

本书从专业化水平、比较优势角度选取区位熵、集中系数、产值规模三个经济指标，分析宁夏各产业发展现状，并筛选出特色优势产业。使用宁夏、全国的各产业产值，宁夏、全国的人口数与GDP等相关数据计算各产业区位熵、集中系数、产值规模2006—2017年的平均值。数据来源于2007—2018年《宁夏统计年鉴》、2007—2018年《中国统计年鉴》。

（一）从区位熵来看

本处以宁夏各产业产值在全国该产业产值的比重与宁夏GDP占全国GDP的比重之比来计算区位熵。区位熵值在1以下不具优势，在1以上则具有优势，区位熵越大，说明产业化程度越高，产业聚集程度越高。测算结果（见表6-1）表明，2006—2018年，宁夏第一产业中农业和畜牧业具有专业化优势，区位熵分别为1.261、1.056。第二产业中有七个具有专业化优势的产业，产业优势从高到低依次为煤炭开采和洗选业（3.958），电力、热力的生产和供应业（2.307），石油加工、炼焦及核燃料加工业（2.297），有色金属冶炼及压延加工业（2.075），食品制造业（1.399），燃气生产和供应业（1.313），化学原料及化学制品制造业（1.068）（见表6-1）。

第三产业中有七个具有专业化优势的产业，产业优势从高到低依次为交通运输、仓储和邮政业（1.616），信息传输、计算机服务和软件业（1.324），公共管理和社会组织（1.197），水利、环境和公共设施管理业（1.180），金融业（1.142），居民服务和其他服务业（1.030），教育（1.008）。

（二）从集中系数来看

集中系数可在一定程度上表示某地区的专门化部门及其在全国或全地区按人均相对指标衡量所处的地位。本处以宁夏各产业人均产值在全国该产业人均产值的比重来计算。若某产业集中系数 >1，则说明该产业比较集中。在2006—2017年间，各产业集中系数平均值大于1的从高到低依次是：第一产业中的农业（1.068）；第二产业中的煤炭开采和洗选业（3.360），石油加工、炼焦及核燃料加工业（1.974），电力、热力的生产和供应业（1.969），有色金属冶

炼及压延加工业（1.738），食品制造业（1.193），燃气生产和供
应业（1.146）；第三产业中的交通运输、仓储和邮政业（1.380），
信息传输、计算机服务和软件业（1.124），公共管理和社会组织
（1.009），宁夏以上产业比较集中（见表6-1）。

（三）从产值规模来看

产值规模反映特色产业的规模优势。本处以宁夏各产业产值在
宁夏GDP中的比重来计算。2006—2018年，宁夏各产业中产值规
模位于前列的是：第一产业中的农业（0.105）；第二产业中的电力、
热力的生产和供应业（0.212），煤炭开采和洗选业（0.148），石油
加工、炼焦及核燃料加工业（0.142）、化学原料及化学制品制造业
（0.121）；第三产业中的交通运输、仓储和邮政业（0.076），金融
业（0.068）（见表6-1）。

表6-1　2006—2018年宁夏各产业区位熵、集中系数、产值规模值

产业类别	区位熵	集中系数	产值规模
第一产业：			
农业	1.261	1.068	0.105
林业	0.716	0.600	0.005
畜牧业	1.056	0.896	0.051
第二产业：			
煤炭开采和洗选业	3.958	3.360	0.148
石油和天然气开采业	0.056	0.311	0.011
非金属矿采选业	0.073	0.059	0.001
农副食品加工业	0.415	0.349	0.032
食品制造业	1.399	1.193	0.036

产业类别	区位熵	集中系数	产值规模
饮料制造业	0.67	0.562	0.014
烟草制品业	0.223	0.19	0.003
纺织业	0.994	0.846	0.062
纺织服装、服饰业	0.023	0.019	0.001
皮革、毛皮、羽毛及其制品和制鞋业	0.161	0.139	0.003
木材加工和木、竹、藤、棕、草制品业	0.073	0.064	0.001
家具制造业	0.124	0.108	0.001
造纸及纸制品业	0.795	0.655	0.019
印刷业和记录媒介的复制	0.242	0.206	0.002
石油加工、炼焦及核燃料加工业	2.297	1.974	0.142
化学原料及化学制品制造业	1.068	0.899	0.121
医药制造业	0.543	0.451	0.016
橡胶和塑料制品业	0.453	0.37	0.02
非金属矿物制品业	0.672	0.564	0.05
黑色金属冶炼及压延加工业	0.725	0.621	0.083
有色金属冶炼及压延加工业	2.075	1.738	0.138
金属制品业	0.265	0.245	0.015
通用设备制造业	0.312	0.257	0.022
专用设备制造业	0.386	0.323	0.019
交通运输设备制造业	0.008	0.007	0.0004
电器机械及器材制造业	0.191	0.183	0.019
仪器仪表及文化、办公用品机械制造业	0.347	0.294	0.005
电力、热力的生产和供应业	2.307	1.969	0.212
燃气生产和供应业	1.313	1.146	0.009
水的生产和供应业	0.86	0.741	0.002

产业类别	区位熵	集中系数	产值规模
第三产业：			
交通运输、仓储和邮政业	1.616	1.380	0.076
信息传输、计算机服务和软件业	1.324	1.124	0.031
批发和零售业	0.497	0.501	0.053
住宿业和餐饮业	0.959	0.816	0.018
金融业	1.142	0.967	0.068
房地产业	0.656	0.554	0.036
租赁和商务服务业	0.468	0.395	0.009
科学研究、技术服务和地质勘查业	0.595	0.497	0.009
水利、环境和公共设施管理业	1.180	0.999	0.006
居民服务和其他服务业	1.030	0.884	0.015
教育	1.008	0.85	0.031
卫生、社会保障和社会福利业	0.890	0.75	0.015
文化、体育和娱乐业	0.643	0.542	0.004
公共管理和社会组织	1.197	1.009	0.045

（四）特色优势产业的确定

将以上三个指标值进行平均，得到宁夏各产业综合评价值（见表6-2），进而筛选出宁夏三次产业中的特色优势产业。结果表明，宁夏第二产业是最具优势的产业，在宁夏各产业综合评价值排前十的产业中有6个属第二产业，且前4个均为第二产业。最有优势的产业为煤炭开采和洗选业，该产业综合评价值远超其他产业。其次为电力、热力的生产和供应业，石油加工、炼焦及核燃料加工业、有色金属冶炼及压延加工业分别位列第三、第四位。在第二产业之后，以交通运输、仓储和邮政业为首的第三产业优势明显，交通运输、仓储和邮政业位列第五，信息传输、计算机服务和软件业、公共管理和社会组织分别位列第七、第十。三次产业相比，第一产业优势最弱，其中农业、畜牧业、林业依次位列第九、十四、二十三。

表 6-2　2006—2018 年宁夏各产业综合评价值

排序	产业类别	综合评价值
1	煤炭开采和洗选业	2.489
2	电力、热力的生产和供应业	1.496
3	石油加工、炼焦及核燃料加工业	1.471
4	有色金属冶炼及压延加工业	1.317
5	交通运输、仓储和邮政业	1.024
6	食品制造业	0.876
7	信息传输、计算机服务和软件业	0.826
8	燃气生产和供应业	0.823
9	农业	0.811
10	公共管理和社会组织	0.75
11	水利、环境和公共设施管理业	0.728
12	金融业	0.726
13	化学原料及化学制品制造业	0.696
14	畜牧业	0.668
15	居民服务和其他服务业	0.643
16	纺织业	0.634
17	教育	0.63
18	住宿业和餐饮业	0.598

排序	产业类别	综合评价值
19	卫生、社会保障和社会福利业	0.552
20	水的生产和供应业	0.534
21	造纸及纸制品业	0.49
22	黑色金属冶炼及压延加工业	0.476
23	林业	0.44
24	非金属矿物制品业	0.429
25	饮料制造业	0.415
26	房地产业	0.415
27	文化、体育和娱乐业	0.396
28	科学研究、技术服务和地质勘查业	0.367
29	批发和零售业	0.35
30	医药制造业	0.337
31	租赁和商务服务业	0.291
32	橡胶和塑料制品业	0.281
33	农副食品加工业	0.265
34	专用设备制造业	0.243
35	仪器仪表及文化、办公用品机械制造业	0.215
36	通用设备制造业	0.197
37	金属制品业	0.175
38	印刷业和记录媒介的复制	0.15
39	烟草制品业	0.139
40	电器机械及器材制造业	0.131
41	石油和天然气开采业	0.126
42	皮革、毛皮、羽毛及其制品和制鞋业	0.101
43	家具制造业	0.078

排序	产业类别	综合评价值
44	木材加工和木、竹、藤、棕、草制品业	0.046
45	非金属矿采选业	0.044
46	纺织服装、服饰业	0.014
47	交通运输设备制造业	0.005

二、优势产业和特色经济竞争力分析

2018年，宁夏工业增加值1124.50亿元，比上年增长8.1%。规模以上工业增加值增长8.3%。在规模以上工业中，分轻、重工业看，轻工业下降12.0%，重工业增长11.4%。分经济类型看，国有控股企业增长11.1%，股份制企业增长7.3%，国有企业增长21.4%，外商及港澳台商投资企业下降3.8%，私营企业增长4.6%，非公有制工业增长5.5%。分门类看，采矿业增长7.1%，制造业增长5.6%，电力、热力、燃气及水的生产和供应业增长15.7%。工业体系逐步完善，逐步建立起一个以煤炭、电力、化工、冶金、机械、建材、食品和纺织工业为主体的具有地方特色的工业体系，工业化进程不断加快。推进了宁东能源化工基地建设，建成了一批煤制油项目，进一步发展钽、铌、铍等稀有金属功能材料和铝合金、镁合金及碳基材料及其加工产品，逐步建成全国重要的发酵制品生产基地，发展新能源、新材料和特色医药等产业。

2018年，宁夏第三产业增加值达到1775.07亿元，年均增速高于地区生产总值的1.2个百分点。第三产业增加值占地区生产总值的比重达到47.9%，对经济增长的贡献率为49.6%，成为推动经济增长的主动力。随着经济社会的进一步发展，工业化、城镇化进程加快，人民生活水平日益提高，金融、现代物流等第三产业提速升级，旅游业在国内外的知名度进一步提升。

2018年宁夏第一产业增加值达到279.85亿元，是2006年79.54亿元的3.5倍。2018年全区粮食总产量392.58万吨，比上年增长6.1%，实现连续15年丰收，创历史新高，人均粮食产量573千克，居全国前列。特色优势产业产值占农林牧渔业总产值比重达86.7%。宁夏大力发展特色优势农业，着力推动农业产业化经营，使特色优势农业粗具规模，农业产业化水平明显提高。枸杞、牛羊肉、奶业、马铃薯、优质粮食、瓜菜、淡水鱼、葡萄、红枣、优质牧草、农作物制种、苹果、道地中药材等13个特色优势产业粗具规模。

（一）煤炭工业发展优势突出

煤炭是宁夏的优势矿产资源，已探明储量316.5亿吨（不含预测储量），居全国第六位，人均占有量居全国第一位。全区含煤地层分布面积17000平方千米，占宁夏总面积的1/4。储量在10亿吨以上的大型矿区有5个，分布在汝箕沟、横山堡、碎石井、金家渠、萌城和韦州，1亿—20亿吨的中型矿区20个，小于1亿吨的小型矿区有21个。宁夏煤炭资源丰富、种类齐全、品质十分优良。在我国的不同种类的14种煤中，宁夏地区总共有11种，其中无烟煤、主焦煤和无黏结煤是宁夏的优势煤。在全国27个产煤省份中居20位。由于地处内陆深处，又处于富煤省份包围之中，因此，宁夏要立足于煤炭资源的深加工和转化，才能把资源优势转化为经济优势。

煤炭工业作为宁夏最重要的支柱产业之一，在保护生态的同时，合理开发煤炭资源，优化深加工和转化利用，把资源优势转化为经济优势是产业发展的重要目标。近年来，在国家宏观经济政策的支持下，煤炭工业通过降低产量和控制总量来调整主线、取缔关闭小煤矿等一系列工作，整体效益逐步回升，并通过产业关联效应带动了相关产业的发展，对经济发展有强大辐射和带动作用。目前已基本形成了勘探设计、煤炭生产、加工利用等协调发展的煤炭工业体系。电力、钢铁等煤炭消耗量大的行业的持续稳定发展，为煤炭开采和洗选业的发展注入动力。例如，宁东煤田储量丰富，宁夏已在这一地区规划了集煤炭开采、电力、煤化工为一体的特大型宁东能源化工基地，被列为国家13个亿吨级大型煤炭生产基地之一。从全国情况来看，火力发电是我国煤炭工业最大的下游应用市场，约占到我国煤炭消耗量的60%，将带动对煤炭需求的快速增长。

（二）电力工业发展前景良好

电力工业既是国民经济和社会发展的基础产业，又是宁夏工业的支柱产业。随着我国经济的发展，未来国民经济发展中对电力需求必然会更加强劲。宁夏煤、水（能）、油、气齐全，具有发展电力工业难得的组合资源优势，被国家确定为大型火电基地之一，经过多年的发展，宁夏电力工业得到了快速发展，已形成了以北部大武口电厂、石嘴山电厂、国电石嘴山发电公司和中部的大坝电厂、中宁电厂及青铜峡水电厂为中心的电力工业格局。宁夏电力工业具有良好的政策保障，区内、区外强劲的市场需求，又有充裕的资源作保证，"西电东送"将更加促进电力工业的发展，宁夏电力工业将有一个快速、强劲的发展过程。电力工业作为宁夏的优势产业，进行适度的超前发展，不仅是宁夏工业经济发展的重要保证，也是加强宁夏工业经济实力的直接动力。

近年来，宁夏积极发展风能发电、太阳能光伏发电等新能源发电。宁夏处于大风带，也是一个国家高能太阳辐射的区域，有丰富的资源，比如风能和太阳能，发挥潜力巨大的新能源产业，形成了太阳能光伏和配套设备制造完整的产业链，依托太阳能、风能产业资源优势，大力发展与新能源相适应的装备制造业和新材料产业，应将新能源产业培育成为宁夏的优势特色产业。

（三）特色农产品发展成效明显

宁夏有诸多优势特色农产品且都名声在外，大部分特色农产品发展历史较为长久，广为消费者所称道。宁夏素来有"枸杞之乡"的名号，枸杞已经成为宁夏的招牌农产品，同时宁夏盐池滩羊、灵武长枣、中卫硒砂瓜等特色农产品也享誉盛名，成为独具特色的地方品牌。在贺兰山东麓沿山一带建有众多葡萄酒庄，其种植的酿酒葡萄质量优良，所酿葡萄酒受到众多消费者青睐，也使得宁夏贺兰山东麓一带被称为中国的"波尔多"（陈昊，2019）。形成了以中宁县为发展中心、贺兰山东麓同步发展的枸杞产业带；引黄灌区中银川—吴忠为核心发展的奶牛产业带；盐池—灵武—同心等宁夏知名牛羊肉养殖地区的牛羊肉产业带；以中卫环香山地区为主体，向牛首山山麓周边辐射发展的百万亩硒砂瓜产业带；以西吉县为核心的马铃薯产业带；以中卫、银川、青铜峡为主体，宁夏境内全面推进的设施蔬菜产业带等具有地方特色的优势产业带。

宁夏枸杞久负盛名，被誉为"红宝"，是一个海内外出名的红色产业，种植、加工、流通及产品技术开发都居全国前列，宁夏枸杞产业已形成了以中宁为主体、以贺兰山东麓和清水河流域为两翼的"一体两翼"产业带。枸杞产业作为宁夏最具特色的产业之一，享有非常高的美誉。相比于全国而言，宁夏枸杞产业在品种优势、种植技术方面都处于领先地位。根据相关数据统计，2018年，宁夏枸杞种植面积约为 6.67 万公顷，占全国的 30%，枸杞干果总产量 18 万吨，年综合产值 150 亿元，加工转化率 25%。位居宁夏中宁、甘肃酒泉、青海都兰、新疆精河、内蒙古乌特拉前旗中国五大枸杞主产区之首。

宁夏葡萄播种面积约为 3.8 万公顷，总产量 20 万多吨。宁夏葡萄产业已形成贺兰山东麓产业带，逐步形成了区域化布局、规模化经营、专业化生产的发展格局。该区成为张裕、王朝、长城等国内外知名葡萄酒公司竞相"逐鹿"的优质原料基地，西夏王、御马贺兰等宁夏葡萄酒加工企业粗具规模，酿酒工艺达到国际先进水平，培育了西夏王、御马等自主品牌。作为宁夏"1+4"特色优势主导产业之一，截至目前，宁夏葡萄产业种植面积共计 3.8 万公顷，占全国葡萄种植面积的 1/4。

宁夏地区苹果产业布局主要集中在吴忠市的利通区以及青铜峡市和中宁县，总种植面积 4.2 万公顷，总产 50 万吨以上。苹果产业是宁夏传统的地方特色产业之一，宁夏地区生产的苹果酸度相对较高，非常适合榨出新鲜的果汁并进行加工保存。榨汁后的水果平均酸度在 3.0 以上，深切受到了欧美市场的广泛欢迎，已成为国际苹果汁加工企业的重要原料基地之一，形成了以荔潼区、青铜峡区、中宁区为主县（区）的产业带。

宁夏生产出的药材资源十分丰富，其悠久的自然条件、社会与生产的经济条件、中药生产的历史和现状，决定了以枸杞、甘草、银柴胡等为重点发展正品药材。真正的中药产业现已形成了独具特色的三大真正的中药种植区，即六盘山区、中部干旱风沙区和黄河灌区。在 2019 年之前，宁夏的中药种植的面积已经超过 12.67 万公顷，宁夏当地生产的中药产业总产值近 123 亿元。2019 年，宁夏药材种植面积 74.93 万公顷（不含枸杞、杏仁、桃仁），共种植药材 38 种。中药材总产量约 10 万吨，产值 15 亿元。区内有 12 个中药材产地，初加工和饮片加工能力 500 吨以上，年饮片加工能力 10000 吨以上，加工总产值约 5 亿元。

（四）旅游业知名度进一步提升

旅游业是发展潜力巨大的朝阳产业。2019 年，全区实现旅游总收入 340.03 亿元，旅游业对地区经济增长作用显著。旅游业资源消耗少，可持续性强，是全球公认的朝阳产业。加之宁夏旅游资源得天独厚，特色鲜明，市场潜力巨大，后发优势强劲，通过发展旅游业既可以推动第三产业的整体发展，又可以推动第一、二产业发展。以大银川旅游圈（大银川旅游圈包括以沙湖旅游区、西夏王陵旅游区、金水旅游区、青铜峡旅游区、镇北堡西部影城、贺兰山岩画等为一体的旅游地域为中心）打造旅游精品，完善配套服务体系，建成中国独具魅力的旅游区。依托特色旅游资源，深度开发塞上江南新天府、贺兰山历史文化、六盘山红色生态"三大板块"，建设阳光沙疗福地、塞上避暑宝地、民族风情家园等新兴景点，使宁夏初步成为独具西部魅力的旅游胜地，宁夏旅游业在国内外的知名度得到进一步提升，全区旅游产业规模日益扩大，入境旅游、国内旅游业务全面增长。

第三节　宁夏特色优势产业发展存在的问题

一、三次产业特色优势不明显

受地域规模和市场容量等因素所限，宁夏第一产业增长较慢，其内部结构有待进一步优化，在激烈的市场竞争中，特色优势不明显，效益较低，技术保障体系不足。产业结构有待进一步优化和升级。第二产业发展规模大，但发展实力较弱，发展不充分，就业吸纳率不高，耗能高、效益低、污染严重、研发投入不足，市场开发能力有限，产业利润空间和可持续性发展受限。第三产业发展相对滞后，内部结构层次低，发展基础薄弱，与社会发展和居民要求有较大差距。发展速度与全国或者其他地区相比，比较缓慢。

二、特色优势产业的可持续竞争力不强

随着经济的快速发展，与其他地区相比，要挤进发达地区的市场，门槛越来越高，成本越来越大，宁夏特色优势产业竞争能力大都较弱，市场占有能力不强，产业优势尚不突出，影响了特色优势产业壮大升级，产业"优"而无"势"、产品"特"而不"强"的现象比较普遍。产业基地的专业化程度小，还没有形成集约化、规模化生产的组织能力和经营能力，难以形成规模优势。

三、科技创新能力比较薄弱

宁夏经济加速化发展，但是经济发展粗放，耗能量大，以资源开采、原材料初加工产业为主，与发达地区相比，科技创新能力薄弱。三次产业均存在研发能力不足、技术含量低、创新能力差、科技投入资金不足、创新团队人才缺乏、高端人才匮乏、科研开发弱等问题，从而限制了特色优势产业链的延伸与高端化发展，必须引起高度重视。

第四节　宁夏特色优势产业发展对策

一、三次产业发展中突出优势与特色

充分应用现代科学技术，引导种植业完善现代化农业技术支持与相对应的服务体系，积极引进、培育和繁殖新的品种，推广优良品种，提高抗自然灾害能力，充分发挥当地的农业资源优势和技术支撑优势，建设各具特色的优势资源产品生产基地和产业带，并增加资金投入，提高当地的特色优势农产品生产的专业化、区域化、规模化、集约化水平，提高特色优势产业经济效益。第二产业发展既要突出产业特色，更要突出产业竞争力和效益。集中力量，重点突破。同时加快现代化服务业和生产性服务业的发展，使得服务业在经济社会发展中的支撑作用愈加凸显。服务业的快速发展可带动其他相关产业协同发展，是现代经济发展的主要方向，也是产业结构优化升级的主要内容。

二、进一步优化与升级产业结构

产业结构是一定历史条件与特定环境的产物，它总是随着国民经济的发展进程而不断演化的。世界各国产业结构的演变呈现出产业结构的重心明显按第一、二、三次产业的顺序转移的一般变动趋势。宁夏产业结构的演变基本上遵循三次产业的顺序转移规律。但是，目前宁夏第三产业与全国相比，专业化水平低，聚集效应差，第三产业发展还比较落后。宁夏第二产业发展较快，专业化、聚集程度高于全国，但是能源型工业形成的路径依赖使得第二产业转型困难，已表现为弊大于利。第一产业近几年发展速度加快，特别是特色优势产业发展迅速。今后需借助"一带一路"倡议和西部大开发战略契机，继续调结构、转方式，大力发展特色优势产业，促进宁夏经济更好更快地发展。如，依靠自然资源优势大力发展休闲旅游业、现代服务业、物流业等第三产业；转变能源型工业形成的路径依赖，促进第二产业转型、升级；通过结合国家和地方政策以及资源优势等加快现代化农业的发展，持续推进特色优势农业发展壮大，促进三产融合发展。

三、加强科技创新，提高特色优势产业竞争力

宁夏优势特色产业发展过程中，要尽量克服自身的不足，充分发挥自己的特色，培育有竞争优势的特色优势产业，对原有的优势特色产业提高科技含量，加大科技投入，组建科技创新团队，建设特色优势产业新优势，延长产业链，促进宁夏特色优势产业持续健康发展。同时加强市场开发力度，创建更多市场空间。

第七章　新疆产业结构与特色优势产业发展现状、问题和对策

第一节　新疆产业结构发展现状

一、第三产业长期平均增速最快

新疆三次产业结构不断变化。由"一二三"逐渐转为"二三一"再到"三二一"。20世纪90年代前，新疆第一产业占比明显高于第二、三产业，从1991年开始，三次产业占比变化明显，第一产业占比大幅下降，二、三产业占比不断上升，产业结构呈"二、三、一"态势。自1997年起，新疆第二产业增加值超过第一产业增加值，并在将近20年的时间里工业在全区的经济中一直处于主导地位。第二产业的产值比重在2008年达到最高，随即在次年逐年下降，经过一段时间的发展不断趋于稳定。2006—2015年，新疆的第三产业处于快速增长的态势，比重则不断呈现上升趋势。2000年的西部大开发、2013年"一带一路"倡议的提出，新疆逐步进入对外开放跨越发展阶段，结合供给侧结构性改革，到2015年新疆第三产业比重达到46%，首次超过第二产业。2018年，新疆GDP总值12199.08亿元，三次产业结构比为14∶40∶46，经济结构由"二三一"工业主导型

向"三二一"服务业主导型转变（见图7-1）。

从增速来看，新疆GDP增速较快，2018年为10.8%，同比略降，但仍位居全国经济增速前列省份。2006—2018年，第三产业长期平均增速最快，为14.97%，其次为第二产业、第一产业处末位。与2006年比，2018年第一产业增速上升5.55个百分点，第二、三产业增速分别下降11.61、2.16个百分点，第二产业波动最大，2009和2015年甚至处于负增长态势（见图7-2）。

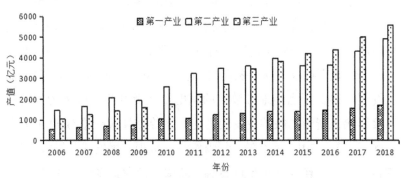

图7-1　2006—2018年新疆三次产业产值（亿元）
数据来源：2007—2019年《全国统计年鉴》《新疆统计年鉴》，下同。

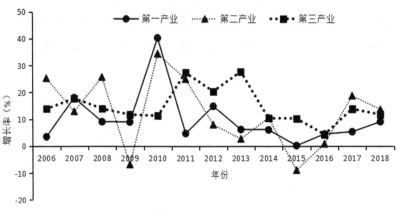

图7-2　2006—2018年新疆三次产业增长率（%）

二、第一产业优势明显而第三产业滞后

与全国三次结构比 7.2∶40.7∶52.2（见图 7-3）相比，2018 年，新疆第一产业比重几乎是全国第一产业的两倍，说明与全国平均水平相比较，新疆一产比二产和三产更有优势。第二产业基本与全国水平相当。第三产业起步较晚，发展相对滞后，尤其现代服务业发展中高新技术产业和高科技产业占比较少，制约了新疆经济发展方式的快速转变。近年来，旅游业已经成为很多地区拉动经济增长的重要产业之一。新疆丰富独特的旅游资源、浓郁的民族风情以及国家、当地政府在政策和重视程度上给予的支持，加速了新疆旅游业的发展，得益于当地地方政府的高度重视及其相关政策的扶持等因素影响，新疆的旅游业发展迅速，旅游总收入在总 GDP 中的占比逐年上升。2010 年以来，新疆旅游业呈现"爆发式"增长态势，游客增长幅度连续三年超过 20%。新疆旅游业占全区 GDP 比重从2012 年 7.72% 提高到 2018 年的 21.15%（见图 7-4）。因此，未来新疆应从供给侧结构性改革入手，优化工业内部结构，提高产值效益比；充分发挥新疆资源优势，优先发展旅游业，打通旅游业与周边附属及上下游产业脉络，全力打造全域旅游体系，实现第三产业突破性发展。

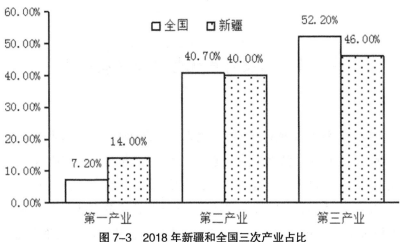

图 7-3 2018 年新疆和全国三次产业占比

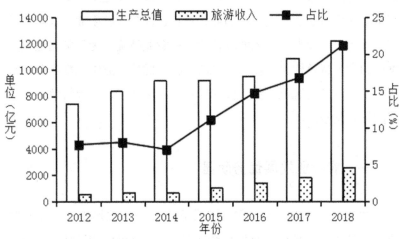

图 7-4 2012—2018 年新疆旅游收入、GDP 及其占比

第二节　新疆特色优势产业发展现状

区域经济的发展离不开特色优势产业的带动，特色优势产业的发展壮大是区域经济增长的关键点。为了快速推动现代产业体系的完善发展，提高产业质量和效益，必须充分发挥特色优势产业的主导作用，做大做强。新疆地域辽阔，矿产资源十分丰富，旅游资源也相对丰富，土地、电力、劳动力成本低，优势明显，竞争力强，资源转化潜力大。近年来，石油石化、煤炭及煤化工、电力，劳动密集型纺织服装业、电子产品业，具特色优势的林果业、农副产品加工等产业以及潜力巨大的绿色产业旅游业被确定为新疆当地重点发展的十大特色优势产业。可见新疆特色优势产业中三次产业均有所涉及，特殊的区位优势、资源优势和人文优势是新疆特色优势发展的核心竞争力。

一、农牧业发展优势明显

2006—2018 年，新疆第一产业在全国的区位熵中，农业和牧业长期处于优势地位，且区位熵逐步升高，专业化程度持续增高，聚集程度明显增强。2018 年，农业区位熵高达 3.05，牧业区位熵也升至 2.4，远远超过林业和渔业（见图 7-5）。产值占新疆 GDP 的比重方面，农业占 9.85%，牧业占 21.89%，林业和渔业仅占 1.72% 和 0.77%。可见，在新疆第一产业中，农业和牧业有相对明显的优势。农业和牧业是造福广大农民群体的最重要的民生产业，是新疆实现整个社会的稳定和长治久安的重要产业。随着援疆政策的实施，援疆技术人员将新思路、新理念、新举措引入新疆现代农牧业的发展中，部分特色优势产业甚至成为当地农民的致富产业，新疆农业持续快速、健康发展。

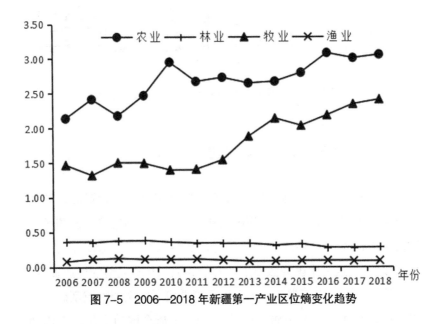

图 7-5　2006—2018 年新疆第一产业区位熵变化趋势

从新疆六大特色优势农产品产量来看，2006—2018 年，新疆粮食作物和蔬菜产量遥遥领先，其次为果用瓜、棉花、苜蓿，油料产量最低。且除苜蓿产量波动下降以外，其他农产品产量均波动性增长（见图 7-6），新疆特色优势农业发展前景广阔。

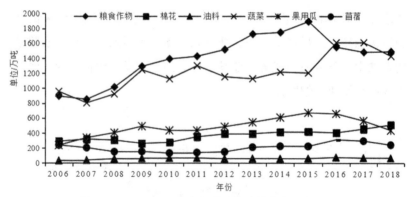

图 7-6　2006—2018 年新疆主要农作物产量变化图

二、石油和天然气优势突出

新疆很多不同种类的矿产资源，相对完整的各种资源，储量十分充实丰富，还有较高比例的富矿。目前，在新疆已经发现矿种约占全国已发现矿种的 85%，是全国少数几个矿种比较齐全的省（区）之一，这是中国为数不多的省份和地区相对完整的矿产资源。丰富的矿产资源为新疆工业的全面发展奠定了坚实的物质基础。探明矿产储量中，有 8 个居全国首位，63 个居全国前十位。人均拥有量是全国人均水平的 4 倍，新疆煤炭含硫量低、灰分低，富铁矿比例比全国平均水平高出 5 倍，并具有新疆和田玉、亚硝酸钠、皂石、水硝酸碱镁钒、蛋白质土等特色矿物。石油、天然气、煤炭等能源和矿产资源十分丰富。石油资源量约 300 亿吨，占全国陆上石油资源的 1/4。剩余石油储量居全国第三位，未使用石油储量居全国第一，主要分布在准噶尔、塔里木和吐哈油气沉积盆地。其中，塔里木盆地是中国最大的油气沉积盆地，估计石油资源 184 亿吨，其中石油资源 101 亿吨，天然气 8.3 万亿立方米。它是中国"西气东输"的起点。煤炭是新疆最具优势的矿产资源之一，估计总资源量约为 2.2 万亿吨，占全国的 40%，居全国首位，主要分布在准格尔地区、哈图—巴里坤地区、西天山地区和塔里木北部地区。

2006—2018 年，区位熵平均值在 1 以上的新疆第二产业有 7 个，从前到后依次为石油和天然气开采业，石油加工、炼焦及核燃料加工业，有色金属矿采选业，黑色金属矿采选业，电力、热力的生产和供应业，化学纤维制造业，燃气生产和供应业（见表 7-1）。其中以石油和天然气优势最为突出，区位熵高达 9.207，远超过其他产业；石油加工、炼焦及核燃料加工业位居第二，有色、黑色金属矿采选业位列第三、第四。且从此 7 类产业长期发展动态变化来看，石油和天然气开采业长期保持绝对优势（见图 7-7），石油已成为促进新疆及我国国民经济其他部门快速增长的优先发展对象，具有强大的发展潜力和空间。但新疆多数有色金属矿山企业生产规模小，布局分散，集约化程度低，初级原料加工多而精深加工产品少，技术含量低，延伸产品较少，市场争力弱等问题依然严峻。

表 7-1　2006—2018 年区位熵平均值"1"以上的产业

排名	行业	平均值
1	石油和天然气开采业	9.207
2	石油加工、炼焦及核燃料加工业	2.987
3	有色金属矿采选业	1.268
4	黑色金属矿采选业	1.140
5	电力、热力的生产和供应业	1.115
6	化学纤维制造业	1.092
7	燃气生产和供应业	1.070

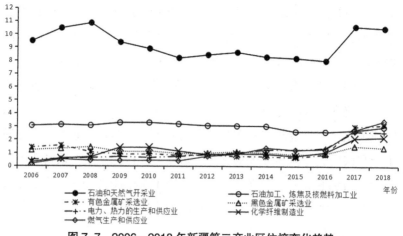

图 7-7　2006—2018 年新疆第二产业区位熵变化趋势

三、交通运输、仓储和邮政业、旅游业发展迅速

借助"丝绸之路经济带"核心区建设的有利时机，新疆第三产业中，旅游业、商贸物流业、金融业等现代服务业发展迅速，特色餐饮、家政服务、健康养老、文化体育、休闲娱乐等新业态不断涌现，各行业你追我赶、争相发展。新疆第三产业是现在及今后新疆产业结构优化调整，实现经济跨越式发展的主要引领和带动力量。2006—2018 年，新疆第三产业六大类主要行业区位熵中，其他产业，交通运输、仓储和邮政业，金融业波动上升，其中交通运输、仓储和邮政业增幅最大，对第三产业的蓬勃发展发挥了重要作用；批发和零售业、住宿和餐饮业、房地产业波动下降（见图 7-8）。

虽然与旅游业相关的产业区位熵优势增减不一，但作为一个产业集群，旅游业高质量快速发展。新疆旅游资源极其丰富，旅游资源类型多达 56 种，占全国的 83%，居全国首位，还拥有大量世界一流的旅游资源，并开发出徒步、越野、探险、登山、漂流、自驾、骑行、低空旅游等特色产品，新疆大旅游格局正在加速形成。新疆旅游业既发挥了对相关产业和领域拉动、融合作用，还为区域经济发展注入了新动力，形成"一业兴带百业旺"的发展趋势。2018、2019 年，新疆全年旅游人数同比增长均超过40%，增长趋势异常显著。自 2020 年以来，新冠疫情的爆发与反复对新疆旅游业产生了很大的影响，但新疆经济保持了稳定的发展趋势，未来，新疆旅游业所蕴藏的巨大潜力还将得到进一步激发与释放。

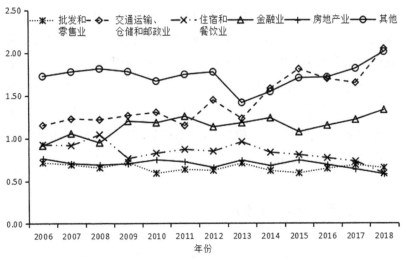

图 7-8　2006—2018 年新疆第三产业区位熵变化趋势

第三节　新疆特色优势产业发展存在的问题

一、创新能力不足

新疆特色优势产业创新能力不足问题较为突出。例如，在石化等传统产业中，从业态创新的角度来看，新疆的石油次级产品如化纤制品制造加工等还停留在初级阶段，并未创新性地开发出更多符合当下市场需求的相关产品，创新能力较弱。再如，在葡萄酒产业中，国外的一些大的葡萄酒产地如波尔多地区的酒庄已研发出新的酿造工艺和贮藏方法使葡萄酒口感更醇厚，葡萄酒口味更多样，而新疆的葡萄酒企业因种植技术比较薄弱、技术创新能力不足、专业技术人才匮乏等原因还停留在全国最大的葡萄原酒提供地的尴尬困境。另外，从旅游业来看，现有的管理松散、混乱，导致导游业务水平参差不齐，"黑导""假导"扰乱市场秩序，影响旅游体验，新的管理模式呼之欲出。

二、产业链比例失衡

新疆特色优势产业的产业链条还有待进一步完善。如棉花产业，作为棉纺织业等产业的上游产业，近年来得以快速发展，但由于上下游产业链比例不协调，棉花生产者数量大于棉花加工商，生产、加工、销售等上下游信息不对称，各环节衔接不畅，影响产业的快速可持续发展。旅游产业也存在同样问题。旅游产业涉及上下游众多产业，如交通运输业、餐饮业、酒店业等，三者应有效衔接，并结合当地的游客吞吐量，达到基本的供需平衡。然而事实是，旺季供不应求，产品、服务价格虚高，淡季供过于求，无人问津，产业链比例严重失衡，极大地阻碍了当地旅游业的发展。

三、知名自主品牌匮乏

新疆并不缺少特色的产品种类，但缺少拥有自主知识产权的当地产品。产区和企业的同质化非常严重，产品种类单一，尤其是缺少高端和特色产品，没有体现出产品的高品质。同时，经营主体对于自身产品宣传力度不够、营销模式过于单一、对市场定位的研究不足、产品档次普遍较低、产品在东部沿海发达城市认可度不够高、缺少知名度高的属地品牌，都是新疆特色优势产业在品牌打造和市场竞争力建设上所面临的问题。

四、政策扶持力度不足

新疆特色产业支持力度和所享受补贴资金额度较少，与高速发展的产业需求不配套。对龙头和上下游企业扶持范围不够广、内容不够多，对企业的优惠政策与近年来工业园区实施的优惠政策不能很好协同。同时，对特色农业的支持力度也较其他大宗农业有明显不足。

第四节　新疆特色优势产业发展对策

一、建立各产业间联动发展模式

各产业联动，是当下特色优势产业发展的合理有效的新模式，也是构建完善产业链条的重要途径。农旅联动产业在新疆发展迅猛，如吐鲁番的旅游葡萄产业，年接待量达一千万人次，已经很具规模，如果将这种模式在全疆推广，继续做到文旅、农旅深入化、精细化、普及化，其收益将十分可观。另外，种植业和精深加工业的联动也亟待加强。

二、树立品牌意识

新疆地大物博，具有丰富的各类优势资源，这也成就了新疆丰富的产业结构和多样的特色优势产业。但是，在当下竞争激烈的市场中，仅有产业是不够的，有自己优秀的本地品牌才能保证产业健康稳健地发展。2021 年初，以瑞典品牌 H&M 为首的数十个国外服装制造品牌"围剿"新疆棉，导致新疆棉产业一度受挫。当地的棉花质量与劳工制度都达标合法，但在日益险恶的国际市场竞争洪流中，只有树立强大的地方品牌，并提升品牌影响力，才是对自己产业的最有力保证。同样的道理适用于新疆旅游业，强大的品牌可以使自己拥有更好的市场声誉和知名度，从而开创更大的市场。

三、完善信息化建设

当今社会是信息社会，但市场信息不对称，初级生产者和下游的一系列产业链利益都会受到损害。完善信息化建设，与当前"互联网＋"的经营模式接轨，则会增加更多的受众和更强的购买力。现在最流行的快消文化和自媒体平台，如利用"抖音""快手"等传播平台进行直播带货，成为新兴发展起来的另一增长极。对这些信息渠道的高效利用，日益成为赢得市场的决定性因素。因此，完善信息化建设，加强网络宣传，是提升产业竞争力的重要举措。

第八章　西北民族地区特色优势
产业案例分析

为更深入地了解西北民族地区特色优势产业发展的现状，提出更具针对性的促进产业发展的对策建议，本章选择甘肃东乡县肉羊产业、青海旅游业、宁夏枸杞产业、新疆棉花产业四个西北民族地区特色优势产业，在详细的实地问卷调研，相关政府管理部门、产业市场交易平台、相关科研单位走访的基础上，进行了深入的案例分析，以期为读者描绘西北民族地区特色优势产业发展的鲜活实例，并提出相应的对策建议，促进特色优势产业快速健康发展。

第一节　甘肃东乡县肉羊产业现状
及其可持续发展影响因素分析

一、甘肃民族地区畜牧产业发展现状

由于甘肃民族地区大多位于自然资源和气候条件较差的区域，种植业基础条件相对薄弱，加之受民族习惯和传统的影响，畜牧业

比种植业更为发达，是全省主要畜牧业分布区，牧业产值一直高于农业产值。2008年民族地区的农业产值仅31.56亿元，占全省农业产值的6.27%，但同年的牧业产值占全省牧业产值的18.59%，2018年民族地区牧业产值增长到67.13亿元，已经占到全省牧业产值的21.05%，较2008年增长2.97倍（见图8-1）。

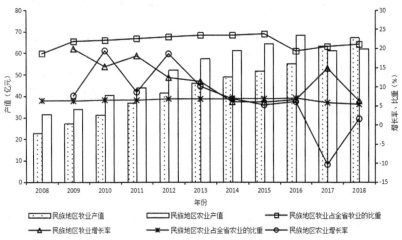

图 8-1 2008—2018 年甘肃民族地区农业和牧业产值比较
注：数据来源于《2009—2019甘肃发展年鉴》、《2009—2019年中国发展年鉴》、甘肃民族地区各州（县）统计公报。

2018年，甘肃民族地区肉牛存栏194.14万头、出栏83.36万头，分别占全省牛存栏、出栏的44.09%、41.30%；肉羊存栏量500.66万头，出栏395.86万头，分别占全省肉羊存栏、出栏的26.55%、27.06%。与2010年比，牛、羊出栏量与牛羊肉产量均大幅增加，可见民族地区在肉牛养殖上占有绝对优势，肉羊养殖也具有明显优势（见图8-2）。

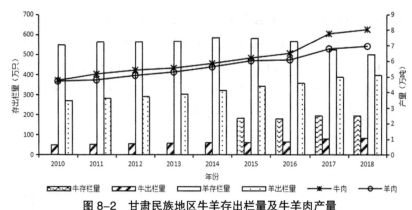

图 8-2 甘肃民族地区牛羊存出栏量及牛羊肉产量

注：数据来源于《20011—2019 甘肃省发展年鉴》、《2011—2019 年中国发展年鉴》、甘肃民族地区各州（县）统计公报，其中 2010—2014 年牛存栏量统计年鉴中数据缺失。

二、东乡县肉羊产业发展现状

以羊产业为主的牧业是东乡县的传统产业，也是最具优势的产业，曾是当地精准扶贫的富民产业之一。2018 年，东乡县肉羊饲养量达 134.04 万只，占临夏州肉羊饲养总量的 52.03%，已建成规模养殖场（合作社）418 个，培育规模养殖户 4520 户，常年异地育肥量 40 万—50 万只左右，年外销售肉羊约 70 万只。2019 年东乡县肉羊产值达 5.88 亿元，占全县农业增加值的 82.68%；人均实现肉羊产值 1972.49 元，占到 2019 年当地人均纯收入的 33.40%，从事畜牧养殖农户占总农户的 90% 以上，以肉羊养殖为主的牧业成为东乡县农民收入的重要来源。

为鼓励肉羊产业的发展，东乡县人民政府因势利导，从政策、法规等方面进行了标准化管理和品牌保护，于 2007 年成功注册"东乡手抓羊肉"品牌，并通过了无公害农产品产地认定，同时制定了《东乡县无公害农产品生产技术规程——东乡手抓羊肉成品羊》《东乡手抓羊肉》两个地方标准。2019年，东乡县政府深挖"炮地羊"的历史文化，打造出"东乡贡羊"区域公用品牌，积极申报地理标志产品商标注册，重视地理标志产品保护工作。目前"东乡手抓羊肉""东乡贡羊"两大品牌成功带动了全县肉羊产业的发展，并带动约9万人从事与肉羊产业链相关的职业。

（一）羊肉产量与人均羊肉占有量持续增加

东乡县是少数民族自治县，羊肉是百姓日常肉食品的主要来源。2009—2018年，东乡县羊肉产量和人均羊肉占有量均波动性增加，其中人均羊肉占有量从2009年的30.5千克，增加到2018年的46.56千克，是甘肃羊肉人均占有量的5.2倍，全国人均占有量3.54千克的13.15倍（见图8-3）。

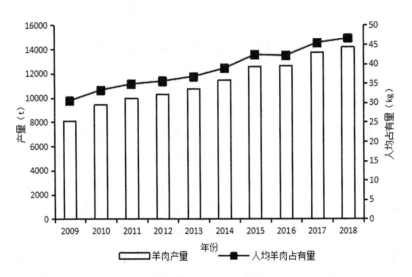

图8-3 2009—2018年东乡县羊肉产量和人均占有量

（二）带动畜牧业、农业服务业产值不断增加

东乡县是一个典型的山区县，加之受民族传统习惯影响，肉羊养殖业是传统产业。2013 年以后，甘肃通过开展产业扶贫，大力扶持东乡县发展肉羊产业，带动了东乡县牧业产值逐年增加。2018 年，东乡县牧业总产值达近 5 亿元。由于牧业产业链相对较长，涉及范围较广，牧业的持续发展直接影响到农业服务业产值的增长，农业服务业产值亦呈逐年增加趋势，尤其是 2018 年，同比增幅高达 203.29%（见图 8-4）。

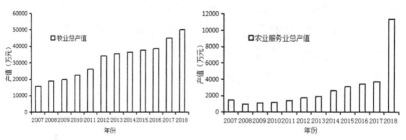

图 8-4　2007—2018 年东乡县牧业、农业服务业产值（万元）

（三）品牌效应不断增强

东乡县养羊历史悠久，产业基础较好，"东乡贡羊"品牌在全国已有一定知名度，2018 年全县肉羊饲养量达 121.42 万只，羊肉产量 1.42 万吨，占临夏州羊饲养总量的 48.68%、羊肉产量的 63.55%（见表 8-1），是甘肃省传统的养羊大县，在临夏州 8 个县（市）中都最具优势，且 2008—2019 年东乡县肉羊出栏量一直占临夏州一半以上（见图 8-5），目前仍保持着良好的发展势头，综合生产能力不断增强，成为东乡县农民脱贫致富、农业提质增效、农

村快速发展的支柱性产业。

表 8-1　2018 年临夏州各县（市）羊饲养量、羊肉产量（万只、吨）

县 / 市	羊存栏量	羊出栏量	羊肉产量
临夏市	3.21	3.16	632
临夏县	16.35	9.17	1835
康乐县	11.33	4.98	747
永靖县	11.12	8.99	1799
广河县	21.44	9.44	1415
和政县	8.68	5.39	1079
东乡县	50.35	71.07	14214
积石山县	9.77	4.04	645

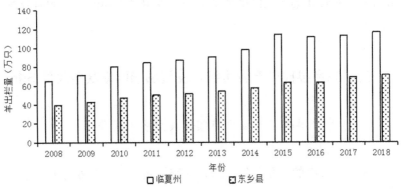

图 8-5　2008—2018 年东乡县、临夏州羊出栏量

注：数据来源于《甘肃发展年鉴》和《东乡族自治县社会和国民经济统计资料》。

（四）养殖方式不断向集约化、规模化转变

近年来，东乡县肉羊产业养殖方式逐步向规模化、产业化和标准化方式转变。一是养殖规模不断提高，养殖方式逐步由传统分散、粗放的饲养方式向集约化、规模化生产方式转变。2018年东乡县肉羊饲养量达121.42万只，从事肉羊养殖的农户占总全县农户的90%以上，已经形成标准完善的"企业＋合作社＋农户"养殖格局。二是形成以异地短期育肥为主的地方特色养殖模式，常年异地育肥量40万—50万只，提高了东乡县肉羊全年出栏率，增加了商品羊的个体重、屠宰率和经济效益。三是从根本上改变以往传统的养殖技术，逐年开展肉羊品种选育、个体选择、饲草料科学合理搭配、分群分圈饲养、暖圈养畜、肥羔生产、疫病综合防治等技术的组装配套和集成，以增强全县肉羊养殖水平和养殖户的自我发展能力。

三、东乡县肉羊产业可持续发展影响因素灰色关联分析

（一）东乡县肉羊产业可持续发展影响因素分析

1. 人口因素

人口增长率的变化与经济增长紧密关联，由图8-6可见，东乡县人口自然增长率从2007年至2018年变幅不大，人口自然增长率基本稳定在10%左右。其中2017年到2018年下降相对突出（见图8-6）。羊产业从业人数变化明显，2007—2018年，羊产业从业人数呈先减少，后增加的总体趋势。在2015年产业精准扶贫工作全面开展背景下，东乡县重点扶持肉羊产业后，从2016年开始肉羊从业人数大幅度增加，2018年肉羊从业人数高达9.11万人（见

图8-7）。人口增加而人均耕地减少，大量富余劳动力进入养殖产业，为东乡县肉羊养殖业的发展提供了便利条件。

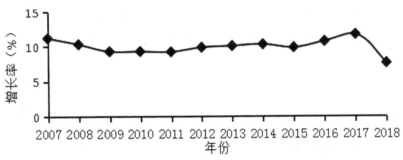

图 8-6　2007—2018 年东乡县人口自然增长率（%）

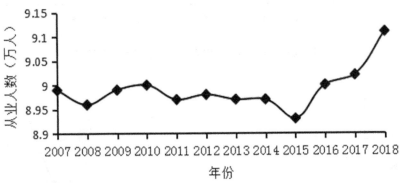

图 8-7　2007—2018 年东乡县羊产业从业人数（万人）

2. 种植业因素

种植业是人类衣食之源、生存之本，是一切生产的首要条件，它为国民经济其他部门提供粮食、副食品、工业原料等，是提供所有产业发展的基础产业，因此，农业产业的发展直接影响其他产业发展。2007—2018 年，东乡县粮食总产量呈波动性增长态势（见图8-8），粮食发展势头良好。在粮食产量增加的同时，作为副产品的农作物秸秆产量亦呈增加趋势。2007—2016 年，农作物秸秆产量变化略有增加，但增幅不大，基本保持在 9 亿吨左右。随着"粮改饲"政策的实行，从 2017 年开始，东乡县农作物秸秆产量明显增加，尤其是 2018 年，农作物秸秆产量增加到 2007 年的 15 倍，达92.4 万吨（见图 8-9），为东乡县肉羊产业发展提供了有力保障。

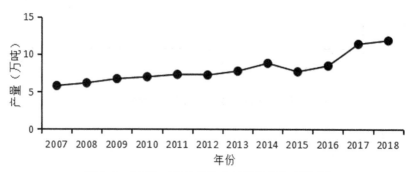

图 8-8　2007—2018 年东乡县粮食产量（万吨）

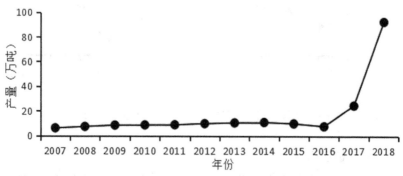

图 8-9　2007—2018 年东乡县农作物秸秆产量（万吨）

3. 市场需求

市场的供求关系直接影响产业发展的前景。2007—2018 年，东乡县肉羊存栏量呈波动性增长趋势，从 2007 年的 34.12 万只增至 2018 年的 50.35 万只，增长率为 47.57%（见图 8-10）。2007—2018 年，全国羊肉平均价格总体呈波动上升趋势，由 2007 年的 33.62 元/千克，上涨到 2018 年的 62.06 元/千克（见图 8-11），受人们的饮食观念和食品结构变化的影响，目前羊肉需求量远大于产量，羊肉的价格仍旧会持续上涨。

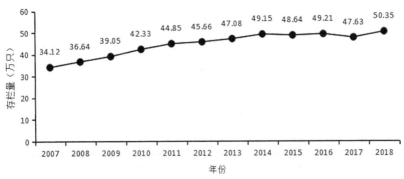

图 8-10　2007—2018 年东乡县肉羊存栏量

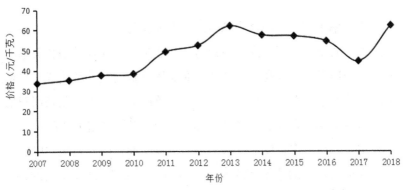

图 8-11　2007—2018 年全国羊肉平均价格（元/千克）

4. 经济发展水平

恩格尔系数是用来衡量家庭富足程度的重要指标，也可以用来衡量一个国家或一个地区的富裕程度，生活越富有，恩格尔系数越低。2007—2018 年，东乡县恩格尔系数持续下降，从 2007 年的46.8 下降到 2018 年的 29.4，十年间下降了 37.18%（见图 8-12），反映出东乡县人民生活水平增高的速度很快，消费水平不断上升。

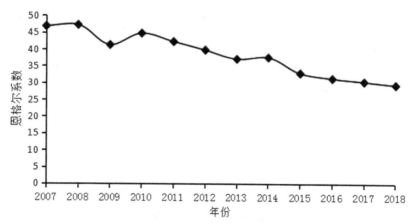

图 8-12　2007—2018 年东乡县恩格尔系数

　　商品率是用来反映该产品生产的专业化程度，以及与其他相关部门关系的密切程度，商品率越高，专业化程度和与其他相关部门关系的密切程度也越高，羊产品的商品率反映的是羊转化成与羊相关产品的效率，在一定程度上能反映出羊肉的生产方式及其消费情况。东乡县羊产品的商品率在 2008—2018 年间呈增加的趋势（见图 8-13），在一定程度上反映了肉羊产业发展方向开始从"民族传统、自给自足"的传统方式向"以肉为主，肉主毛从，肉毛兼顾，综合开发"的方向转变，同时养殖业结构也发生了相应的变化，异地育肥逐渐成为主导养殖模式，育肥量持续增加，羊肉的生产周期不断缩短，一年育肥出栏三到四批次，高频率的出栏量对养殖户收入的增加具有决定性作用。东乡县农村人均收入统计可证明这一点，2007—2018 年，东乡县农村人均可支配收入从 2007 年的 1209元增加到 2018 年的 5369.4 元，增长了 3.4 倍（见图 8-14）。

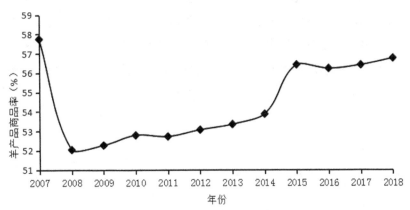

图 8-13　2007—2018 年东乡县肉羊商品率（%）

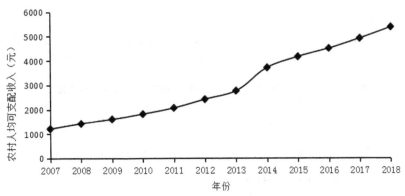

图 8-14　2007—2018 年东乡县农村人均收入（元）

5. 产业结构关系

受民族传统习惯影响，东乡县的畜牧业占农林牧渔的比重一直较高，近年来畜牧业快速发展，比重逐渐增加。2018 年，畜牧业比重由 2007 年的 43.77% 升至 49.18%，上升 5.41 个百分点（见图8-15）；畜牧业产值由 2007 年的 15816.18 万元增至 49996.17 万元，为 2007 年的 3.16 倍（见图 8-4）。东乡县通过养殖模式的调整和升级，形成规模化、集约化经营为主导的产业发展格局，加之羊肉市场需求的旺盛和价格稳中有升，养殖户对肉羊养殖的热情日益增高。另外，受益于国家对民族地区精准扶贫政策的倾斜，东乡羊肉地方品牌知名度的提升，东乡羊肉受百姓欢迎程度不断增加，羊肉价格不断攀升，东乡畜牧业的持续快速发展。

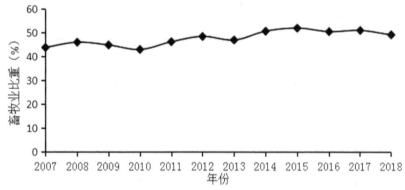

图 8-15　2007—2018 年东乡县畜牧业在农林牧渔业中的比重（%）

（二）东乡县肉羊产业可持续发展影响因素灰色关联度分析

1. 研究方法与数据来源

灰色关联度分析法是一种所需样本量小、计算量小、能够准确、客观反映系统规律与态势的统计分析方法。对于受多方面因素影响，且样本数据量有限、未表现出明显分布规律、灰度较大的系统，应用灰色关联度分析方法能够由繁杂无序的现象表面发现问题内在的关系与规律。灰色关联度分析方法首先是基于各影响因素的样本数据绘制时间序列图，以几何图像态势变化的相似程度作为描述各影响因素之间关联度的大小。若样本数据反映出的两个因素的变化态势的相似程度越大，则两者之间的关联度越大；反之，关联度越小（杨真真、方秀男，2021）。

为了更准确地判断各个因素对东乡县肉羊产业关联影响，根据前文分析，本书选取 2007—2018 年东乡县人口自然增长率（X_1）、羊产业从业人数（X_2）、肉羊出栏量（X_3）、肉羊存栏量（X_4）、人均羊肉占有量（X_5）、人均耕地面积（X_6）、农作物秸秆产量（X_7）、羊产品的商品率（X_8）、全国羊肉平均价格（X_9）、恩格尔系数（X_{10}）、东乡县粮食总产量（X_{11}）等 11 个主要指标与畜牧业占农林牧渔业比重（Y_1）、农村人均收入（Y_2）、牧业总产值（Y_3）三个指标之间进行了灰色关联度分析，具体数据见表 8-4。数据来源于 2008—2019 年《甘肃发展年鉴》和 2008—2019《东乡族自治县社会和国民经济统计资料》。

由于参考序列与比较序列中各指标（见表 8-2）所包含的内容和表现形式有区别，其维度和数量级也会不同，各指标之间不存在可以比较的点，因此，为了便于进行灰色关联度分析，对数据要进行无量纲化处理，结果如表 8-3 所示。灰色关联分析结果见表 8-4。

表8-2　2007—2018年东乡县肉羊产业可持续发展影响因素各指标数据

指标	2007	2008	2009	2010	2011	2012	2013	2014	2015	2016	2017	2018
人口自然增长率（%）	11.21	10.32	9.29	9.29	9.23	9.86	10.07	10.29	9.83	10.71	11.70	7.61
羊产业从业人数（万人）	8.99	8.96	8.99	9.00	8.97	8.98	8.97	8.97	8.93	9.00	9.02	9.11
肉羊出栏量（万只）	46.62	39.75	42.76	47.33	50.01	51.61	53.83	57.39	62.94	63.20	68.85	76.07
肉羊存栏量（万只）	34.12	36.64	39.05	42.33	44.85	45.66	47.08	49.15	48.64	49.21	53.87	57.97
人均羊肉占有量（千克）	27.51	29.04	30.05	33.27	34.80	35.56	36.77	38.82	42.36	42.11	45.42	46.56
人均耕地面积（公顷）	0.09	0.09	0.09	0.09	0.09	0.09	0.09	0.09	0.09	0.08	0.08	0.09
农作物秸秆产量（吨）	61570	73260.5	84504.5	86219.5	87896.5	98045	104947.5	108719	98492	76215	245672	924000
羊产品的商品率（%）	57.74	52.04	52.27	52.79	52.72	53.06	53.34	53.87	56.41	56.22	56.40	56.75
全国羊肉平均价格（元/千克）	33.62	35.13	37.58	38.32	49.12	52.29	61.88	57.34	56.83	54.31	44.4	62.06
恩格尔系数	46.8	47.17	41.28	44.71	42.24	39.76	37.08	37.56	32.86	31.29	30.36	29.4
粮食总产量（吨）	57902	61578.3	67211	69828.5	73032.8	72292.8	77664.1	88153.8	77006.1	84978.2	113985.2	118743.1
畜牧业占农林牧渔业比重（%）	43.77	45.98	44.83	42.97	46.20	48.42	46.96	50.66	51.96	50.49	51.02	49.18
农村人均收入（元）	1209	1419	1602	1814	2062	2413	2755	3704	4152	4496	4908	5369.4
东乡县牧业总产值（万元）	15816.2	19035.7	19709.1	22391.4	26155.9	34246	35562.9	36407	37702.1	38807.8	44923.8	49996.2

表8-3 2007—2018年东乡县肉羊产业可持续发展影响因素标准化处理后数据

因子	2007	2008	2009	2010	2011	2012	2013	2014	2015	2016	2017	2018
人口自然增长率 X_1	1.1868	0.3479	-0.6228	-0.6228	-0.6794	-0.0856	0.1123	0.3196	-0.1138	0.7155	1.6486	-2.2063
羊产业从业人数 X_2	-0.0189	-0.7008	-0.0189	0.2083	-0.4735	-0.2462	-0.4735	-0.4735	-1.3827	0.2083	0.6629	2.7086
肉羊出栏量 X_3	-0.7674	-1.3943	-1.1196	-0.7026	-0.4581	-0.312	-0.1095	0.2153	0.7218	0.7455	1.2611	1.9199
肉羊存栏量 X_4	-1.6789	-1.314	-0.965	-0.49	-0.1251	-0.0078	0.1977	0.4975	0.4236	0.5062	1.181	1.7747
人均羊肉占有量 X_5	-1.473	-1.2318	-1.0726	-0.5651	-0.324	-0.2042	-0.0135	0.3095	0.8675	0.8281	1.3498	1.5295
人均耕地面积 X_6	0.1666	0.1666	0.1666	0.1666	0.1666	0.1666	0.1666	0.1666	0.1666	-0.8333	-0.8333	0.1666
农作物秸秆产量 X_7	-0.4515	-0.4032	-0.3567	-0.3496	-0.3427	-0.3007	-0.2722	-0.2566	-0.2989	-0.391	0.3095	3.1141
羊产品的商品率 X_8	1.5883	-1.1781	-1.0665	-0.8141	-0.8481	-0.6831	-0.5472	-0.29	0.9427	0.8505	0.9379	1.1078
全国羊肉平均价格 X_9	-1.4324	-1.2877	-1.053	-0.9822	0.0523	0.356	1.2746	0.8397	0.7909	0.5495	-0.3997	1.2919
恩格尔系数 X_{10}	1.3297	1.3881	0.4584	0.9998	0.6099	0.2184	-0.2045	-0.1287	-0.8706	-1.1184	-1.2652	-1.4167
东乡县粮食总产量 X_{11}	-1.1745	-0.9808	-0.6841	-0.5462	-0.3774	-0.4164	-0.1334	0.4191	-0.1681	0.2518	1.7798	2.0305
畜牧业占农林牧渔业比重 Y_1	-1.303	-0.5708	-0.9518	-1.568	-0.498	0.2374	-0.2462	0.9794	1.4101	0.9231	1.0987	0.4891
农村人均收入 Y_2	-1.2155	-1.0723	-0.9475	-0.803	-0.6339	-0.3947	-0.1615	0.4854	0.7908	1.0253	1.3062	1.6208
东乡县牧业总产值 Y_3	-1.4562	-1.1616	-1.0999	-0.8545	-0.51	0.2302	0.3508	0.428	0.5465	0.6477	1.2074	1.6715

西北民族地区特色优势产业现状与发展调查研究

表8-4 2007—2018年东乡县肉羊产业可持续发展影响因素灰色关联矩阵

指标\因子	畜牧业占农林牧渔业比重 Y_1		农村人均收入 Y_2		牧业总产值 Y_3	
	关联度	关联序	关联度	关联序	关联度	关联序
人口自然增长率 X_1	0.6688	7	0.7616	7	0.7632	7
羊产业从业人数 X_2	0.6476	9	0.7259	9	0.7156	9
肉羊出栏量 X_3	0.7602	2	0.9114	2	0.8951	3
肉羊存栏量 X_4	0.7524	3	0.8742	4	0.9188	1
人均羊肉占有量 X_5	0.7830	1	0.9205	1	0.9135	2
人均耕地面积 X_6	0.6222	10	0.6644	10	0.6962	10
农作物秸秆产量 X_7	0.6594	8	0.7455	8	0.7249	8
羊产品的商品率 X_8	0.7254	6	0.8392	5	0.8063	6
全国羊肉平均价格 X_9	0.7424	4	0.8092	6	0.8567	4
恩格尔系数 X_{10}	0.5291	11	0.5730	11	0.5846	11
东乡县粮食总产量 X_{11}	0.7259	5	0.8766	3	0.8443	5

2. 结论与建议

所选各指标基本可以反映东乡县肉羊产业发展现状，因此可以利用灰色关联度值来评价各因子对东乡县肉羊产业的影响。根据各因子与牧业占农林牧渔业比重、农村人均收入、东乡县牧业总产值的灰色关联分析，其灰色关联度计算结果显示各因子与东乡县肉羊产业之间的呈现一定的规律（见表8-4）。

不同因子对牧业占农林牧渔业比重影响依次为：人均羊肉占有量＞肉羊出栏量＞肉羊存栏量＞全国羊肉平均价格＞东乡县粮食总产量＞羊产品的商品率＞人口自然增长率＞农作物秸秆产量＞羊产业从业人数＞人均耕地面积＞恩格尔系数。

不同因子对农村人均收入影响依次为：人均羊肉占有量＞肉羊出栏量＞东乡县粮食总产量＞肉羊存栏量＞羊产品的商品率＞全国羊肉平均价格＞人口自然增长率＞农作物秸秆产量＞羊产业从业人数＞人均耕地面积＞恩格尔系数。

不同因子对东乡县牧业总产值影响依次为：肉羊存栏量＞人均羊肉占有量＞肉羊出栏量＞全国羊肉平均价格＞东乡县粮食总产量＞羊产品的商品率＞人口自然增长率＞农作物秸秆产量＞羊产业从业人数＞人均耕地面积＞恩格尔系数。

分析结果显示关联值较高，说明这些因子与东乡县肉羊产业关系密切，除部分指标对畜牧业占农林牧渔业比重、农村人均收入、东乡县牧业总产值影响有区别外，其他指标对三者的影响均相同。其中人均羊肉占有量、肉羊出栏量与肉羊存栏量是影响牧业占农林牧渔业比重的主导因子，灰色关联度分别达 0.7830、0.7602 和 0.7524。

人均羊肉占有量与肉羊出栏量是影响农村人均收入的主导因子，灰色关联度分别达 0.9205 和 0.9114。东乡县粮食总产量、肉羊存栏量、羊产品的商品率和全国羊肉平均价格是影响农村人均收入的重要因子，灰色关联度分别达 0.8766、0.8742、0.8392 和 0.8092。

肉羊存栏量、人均羊肉占有量是影响东乡县牧业总产值的主导因子，其灰色关联度分别为 0.9188、0.9135。肉羊出栏量、全国羊肉平均价、东乡县粮食总产量和羊产品的商品率是影响东乡县牧业总产值的重要因子，其灰色关联度均在 0.8 以上。

总之，肉羊存栏量、出栏量、人均羊肉占有量是影响东乡县肉羊产业可持续发展的重要影响因素，人口自然增长率、羊产业从业人数、人均耕地面积、农作物秸秆产量、恩格尔系数等因素影响不大，未来需大力提高肉羊存栏量、持续发展短期育肥提高出栏量，并提高肉羊产业产品商品率，增加人均羊肉占有量，促进东乡县肉羊产业可持续发展。

另外，建议坚持种养结合，在相互促进上下功夫。大力全面推广粮改饲全贮玉米适用技术，为肉羊养殖产业的发展打好坚实基础；调整生产方式，在保护东乡县传统肉羊品质资源和种群的同时，重点发展短期强化育肥，以增加产肉量和改善肉质，属于高投入、高产出、技术含量不高的养殖模式，适合在东乡民族地区开展；大力扶持肉羊暖棚和成规模的养殖小区的建设，同时也要完善畜牧兽医基础设施建设，改进饲养方式和经营方式，积极探索"龙头企业＋合作社＋贫困户"模式，发挥带动效应，满足市场对优质绿色畜产品的需求。

第二节　青海旅游业发展现状与游客满意度研究

一、青海旅游业发展现状

青海的旅游资源具有较强的垄断性、多样性、神秘性、独特性和代表性，极具利用价值和开发价值，已形成以"大美青海"为核心的多元化旅游品牌体系，同时基于全域旅游理念，培育具有青海特点的旅游新业态。

（一）青海的特色旅游资源优势明显

1.旅游资源类型多样

根据《旅游资源分类调查与评价》（GB/T 18972–2017）分类，青海省的旅游资源涵盖地文景观、水域风光等八大主类旅游资源，形成了以生态资源为主要支撑的资源单体。青海省旅游资源单体达1066个，涉及8主类、30亚类、101个基本类型；其中，自然类旅游资源406个，占旅游资源种类的38.09%，人文类旅游资源660个，占旅游资源种类的61.91%，涵盖高山峡谷、江河湖泊、历史文化、民风民俗、主题娱乐、都市风情等多种类型。青海省旅游资源规模体量较大，开发潜力较大。

2.旅游层级资源丰富

青海省形成了以世界级旅游资源为品牌，国家级旅游资源为支撑，省级旅游资源为基础的多层级旅游资源体系（见表8-5至8-7），青海省共有11处世界级旅游资源为青海所独有，如可可西里和三江源等，具备极高的旅游价值，是青海省旅游业发展的核心竞争力（青海省"十三五"旅游业发展规划，2016）。其次，青海省拥有国家风景名胜区、森林公园、自然保护区等国家级旅游景区85处，构成了类型丰富、分布广泛的旅游资源格局，具备强大的旅游吸引力。最后，青海省内还富集了200余处省级旅游景区，作为青海省旅游资源的重要补充部分，奠定了青海省旅游发展的资源基础，为游客提供了各具特色的旅游地。

表 8-5 青海省世界旅游资源

类型	名称	地址
世界自然遗产	可可西里	格尔木市
	"三江并流"自然景观	青藏高原南部
潜在世界级旅游资源	世界屋脊风光、青海湖（鸟岛）、塔尔寺、昆仑山（昆仑六月雪、玉珠峰、玉虚峰、西天瑶池）、玉树歌舞、藏族史诗格萨尔王传、盐湖（万丈盐桥）、隆宝滩、勒巴沟—新寨嘛呢石城	

资料来源：《青海省旅游业资源概况》《青海省旅游业发展与布局总体规划（修编）（2018—2030）》。

表 8-6 青海省国家级旅游资源

类型	名称	地址
国家风景名胜区	青海湖	海南藏族自治州
国家森林公园	青海坎布拉国家森林公园 青海北山国家森林公园 青海哈里哈图国家森林公园 青海大通国家森林公园 青海群加国家森林公园 青海仙米国家森林公园 青海麦秀国家森林公园	黄南藏族自治州尖扎县 海东市互助土族自治县 海西蒙古族藏族自治州乌兰县 西宁市辖县 西宁市 海北藏族自治州 黄南藏族自治州

续表

类型	名称	地址
国家自然保护区	青海三江源国家级自然保护区 青海可可西里国家级自然保护区 青海隆宝国家级自然保护区 青海孟达国家级自然保护区 隆宝滩黑颈鹤国家级自然保护区 青海湖国家级自然保护区 青海柴达木梭梭林国家级自然保护区 大通北川河源区国家级自然保护区	青海省南部 玉树藏族自治州 玉树藏族自治州玉树县 海东市循化县 玉树县 海南藏族自治州 海西蒙古族藏族自治州 西宁市
国家湿地公园	黄河清湿地公园 达日黄河 刚察沙柳河 贵南茫曲 甘德班玛仁托 泽库泽曲 班玛玛可河 曲麻莱德曲源 乐都大地湾 湟水 洮河源国家湿地公园 青海玛多冬格措纳湖国家湿地公园 青海都兰阿拉克湖国家湿地公园 青海乌兰都兰湖国家湿地公园 海德令哈尕海国家湿地公园 青海玉树巴塘河国家湿地公园 青海天峻布哈河国家湿地公园 青海祁连黑河源国家湿地公园 青海互助南门峡国家湿地公园	贵德县 玛沁县 刚察县 贵南县 甘德县 可可西里 可可西里 可可西里 青海东部河湟地区 西宁 河南蒙古族自治县 青海省玛多县 青海省都兰县 青海省乌兰县 海西蒙古族藏族自治州德令哈市 青海省玉树市 青海省天峻县 青海省祁连县 青海省互助县
国家公园	三江源	玉树县
国家水利风景区	互助土族自治县南门峡水库水利风景区 长岭沟水利风景区 黄南藏族自治州黄河走廊水利风景区 黑泉水库水利风景区 孟达天池水利风景区 互助县北山水利风景区 久治县年保玉则水利风景区 民和县三川黄河水利风景区 玛多县黄河源水利风景区 囊谦县澜沧江水利风景区 海西州巴音河水利风景区 乌兰县金子海水利风景区 通天河水利风景区	海东市 海东市 黄南藏族自治州 西宁市 海东市 海东市 果洛藏族自治州 海东市 果洛藏族自治州 玉树、果洛、海南、黄南、海西 海西蒙古族藏族自治州 海西蒙古族藏族自治州 玉树藏族自治州

续表

类型	名称	地址
国家地质公园	青海尖扎坎布拉国家地质公园 青海贵德国家地质公园 青海互助嘉定国家地质公园 青海久治年宝玉则国家地质公园 青海昆仑山国家地质公园 青海省青海湖地质公园 青海玛沁阿尼玛卿山地质公园 青海格尔木察尔汗盐湖国家矿山公园 互助北山国家森林地质公园	西宁市 海南藏族自治州贵德县 海东市 果洛藏族自治州 海西蒙古族藏族自治州 海南藏族自治州 果洛藏族自治州 格尔木市 海东市互助县
国家历史文化名城	同仁	同仁县
国家历史文化名镇名村	青海省循化撒拉族自治县街子镇 青海省同仁县年都乎乡郭麻日村 青海省玉树县仲达乡电达村 青海省班玛县灯塔乡班前村 青海省循化撒拉族自治县清水乡大庄村 青海省玉树县安冲乡拉则村	海东市 黄南藏族自治州 玉树藏族自治州 果洛藏族自治州 海东市 玉树藏族自治州
国家文物保护单位	塔尔寺 瞿坛寺 马场坦遗址 隆务寺 喇家遗址 西路红军革命旧址 贵德文庙 玉皇阁 沈那遗址 原子城221基地 西海郡城遗址 藏娘佛塔及桑周寺 勒巴沟摩崖 新寨嘉那嘛呢石堆 文成公主庙 格萨尔三十大将军灵塔 达那寺 热水墓群 塔温搭里哈遗址 鲁丝沟岩画	湟中县 乐都县 民和回族土族自治县 同仁县 民和县 循化县 贵德县 贵德县 西宁市 海晏县 海晏县 玉树县 玉树县 玉树县 玉树县 囊谦县 囊谦县 都兰县 都兰县 都兰县

资料来源：《青海省旅游业资源概况》《青海省旅游业发展与布局总体规划（修编）（2018—2030）》。

表 8-7　青海省省级旅游资源表

类型	名称	地址
省级风景名胜区	老爷山景区	大通回族土族自治县
	宝库风景区	大通回族土族自治县
	互助佑宁寺景区	青海省海东市
	乐都药草台景区	青海省海东市
	天峻山景区	天峻县
	昆仑野牛谷景区	海西州格尔木市
	柴达木魔鬼城景区	海西州格尔木市
	门源百里花海景区	门源县
	互助北山景区	互助土族自治县
	都兰热水景区	都兰县
	贵南直亥风景区	贵南县
	泽库和日景区	泽库县
	海西哈拉湖景区	德令哈市
	天境祁连	祁连县
	德令哈柏树山	德令哈市
	海晏金银滩	海晏县
	乌兰金子海风景名胜区	乌兰县
省级历史文化名城	尖扎老城	尖扎县
省级文物保护单位	巴燕遗址	化隆县
	湟源古城	湟源县
	扎藏寺	湟源县
	希里沟城址	乌兰县
省级森林公园	黑河大峡谷	祁连
	夏群寺	平安县
	玛奇卡	贵德县
	互助松多	互助
	湟中南朔山	湟中
	滩山地森林公园	海东市

资料来源:《青海省旅游业资源概况》《青海省旅游业发展与布局总体规划（修编）（2018—2030）》。

3. 以体验、休闲旅游为主的乡村旅游景观蓬勃发展

青海省作为我国少数民族及其关键文化的集萃地之一，境内少数民族总共有 54 个，有 5 个世世代代居住在这里的少数民族聚居区，并且一直实行的是区域自治，自治地方面积占全省总面积的 98%，区内少数民族人口占全省少数民族人口的 81.55%。有六大

民族文化（汉、藏、回、土、蒙古、撒拉）等多样性的文化遗产，创造出了具有独特民族特色的民族节日、民族服饰、民族歌舞戏剧等文化，形成了 16 项国家级非物质文化遗产，为青海旅游更是增添了民族特色和神秘色彩，形成了吸引游客体验、互动少数民族生活方式的乡村旅游。"十二五"末已建成全国休闲农业与乡村旅游发展的示范县 5 个、认定的示范点 15 个，当地的农（牧）家乐 3016 家，乡村旅游总收入达 4.7 亿元，乡村旅游直接从业人员 6 万多人，并带动 14 万农牧民从中受益（青海省旅游业发展与布局总体规划，2018）。根据《青海省"十三五"旅游业发展规划》目标，至 2020 年全省乡村旅游接待点达到 4000 家，星级乡村旅游接待点达到 1200 家，省级休闲农业与乡村旅游示范点达到 190 家。

4. 具备特色的高原体育景观

青海省多民族聚集，高原民间传统体育十分丰富，形式多样；同时，青海省也拥有开展高原体育景观的资源优势，现有我国和亚洲海拔最高、最适合耐力性项目训练的高原体育训练基地——多巴高原训练基地等一批运动旅游资源及载体，已经形成以"环青海湖国际公路自行车赛"为品牌代表的各种体育赛事活动。打造了体育旅游精品线路、旅游精品赛事等景观，吸引大量外地游客前往。典型代表有中国·青海岗什卡国际滑雪登山滑雪线路、环青海湖全国徒步大会、中国·青海国际民族传统射箭精英赛、文峰碑全国山地自行车邀请赛、中国·青海国际高原攀岩精英赛。

（二）旅游业已成为引领青海经济、社会发展的特色优势产业

2002 年，旅游业被确立为青海省六大特色产业之一；2005 年，旅游业被青海省定位为全省第三产业的龙头和支柱；2006 年，青藏铁路全线通车和"一带一路"倡议的实施，是青海旅游业发展的重

要节点，极大地促进了青海旅游业的发展。从旅游人数看，2006—2019年，青海接待旅游人数由814.56万人增加到5080.17万人，旅游人数逐年增加，13年间增长了5.24倍，年均增速20.08%，增长迅速。从旅游收入看，2006—2019年，旅游收入由35.69亿元增长到561.33亿元，增长了14.73倍，年均增长率为29.30%，旅游外汇收入由458.14万美元增长到目前的3335.67万美元，增长6.28倍（见图8-16）（青海省统计年鉴，2020）。从游客来源地看，青海旅游来源地主要以国内游客为主，占到接待人数的99%以上。据统计，2019年国内游客主要来源地前五名为甘肃、四川、陕西、河南、新疆等省（自治区），其依次占比为12.82%、3.5%、3.5%、2.25%、2.10%，甘肃游客显著多于其他省份游客。从出游时间看，一日游客占比为44.3%，过夜游客55.7%；按照逗留时间统计，1—2日的游客占比为58.8%，8天以上游客占比为22.1%，其他逗留天数游客占比19.1%，游客逗留时间呈现出两极分化的特点（青海省统计年鉴，2020）。从旅游占GDP比重看，旅游收入占全省GDP的比例由2006年的5.50%提高到2019年18.93%，增长了13.43

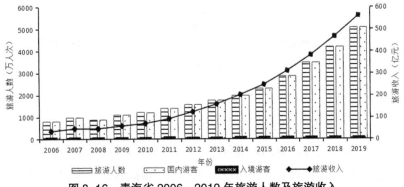

图8-16　青海省2006—2019年旅游人数及旅游收入

数据来源：根据《青海省统计年鉴》（2007—2020年）整理。

个百分点。青海各地依据自己的特色和优势，积极推出具有当地特色和浓郁民族文化的旅游项目，为促进旅游产业发展提供了多种机遇，并且带动相关产业的发展。从旅游配套设施及从业人员看，2006 年，旅游从业人员为 1730 人，旅行社 155 家，星级饭店 96 家；经过旅游业多年的蓬勃发展，产业要素集聚、相互交织形成产业链条，促使旅游配套设施及从业人员规模不断扩大。2018 年，旅游从业人员 3267 人，旅行社 437 家，星级饭店 344 家，分别年均增长 5.01%，8.30%，10.32%，表明旅游业的发展带动从业人员增加及配套设施的发展。2018 年每万人中旅行社、从业人员、星级饭店的数量分别为 0.10 家、0.78 人、0.08 家（见图 8-17—8-18）。

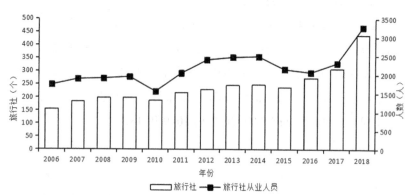

图 8-17　青海省 2006—2018 年旅行社及旅行社从业人员统计表
数据来源：《青海省统计年鉴》（2007—2019 年）整理。

（三）政府对旅游业的保护和开发力度较强

青海省充分认识到旅游资源是青海尚待开发的优势资源，并把旅游业确立为青海省六大特色产业之一，进而确立为全省第三产业的龙头和支柱产业。

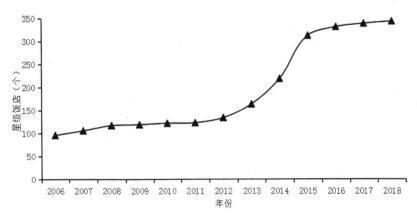

图 8-18　2006—2018 年青海省星级饭店统计表
数据来源:《青海省统计年鉴》(2007—2019 年)整理。

第一,注重顶层设计与高起点规划。青海提出"高起点规划、高品位建设"的要求,从顶层设计层面推进旅游业的发展;先后编制了《青海省旅游业发展与布局总体规划(2001—2020)》《青藏铁路沿线旅游规划》《青海省三江源地区生态旅游发展规划》《丝绸之路旅游区总体规划》等百余个区域和重点景区规划;2007 年,率先推出全国第一部省级自驾车旅游规划——《青海自驾车旅游产品开发规划》,开始对青海旅游资源从总体发展转向专项开发,2019 年,青海省旅游主管部门根据青海旅游业的发展目标,重新修编了《青海省旅游业发展与布局总体规划(2018—2030)》,对青海省旅游业的未来发展制定了路线图。

第二,强化品牌打造与宣传。2014 年,"大美青海"商标注册成功,旅游品牌形象得到突破,通过环湖赛、民族文化旅游节、青洽会等一系列有声势、有影响的重大节事活动,加大了对国内外重点旅游市场宣传促销,进一步提高了青海的知名度和美誉度。

第三,夯实旅游基础设施和配套服务。2006 年青藏铁路的开通是青海旅游业发展的重要节点，2014 年兰新高铁建成投运，极大地促进了青海旅游业的发展。青海省为夯实旅游基础，提升旅游交通公共服务体系水平，解决"最后一公里"问题，加快铁路、航空、高速公路等旅游交通设施建设；借助京藏高速、西塔高速、宁大高速、西宁过境高速公路，着力完善景区与高速公路有效衔接的旅游公路网；强化西宁曹家堡机场龙头作用，全面形成"一主八辅"民航机场运营格局，加密青海与内地重要城市及三大经济圈航班；利用兰青铁路、青藏铁路、兰新客专运力，加强西宁至周边省（自治区、直辖市）之间的旅游快线建设。青海省为满足旅游市场的个性化、差异化的需求，有效缓解旅游业供需矛盾，夯实旅游业发展的配套服务，推动风景道和自驾游产品体系建设，打造黄河旅游等6 条风景道和青海湖特色体验型等生态科普教育体验型六大主题营地群，建设自驾车风景道、自驾车营地、汽车租赁服务的自驾车旅游产品与服务体系，规划到 2020 年省级自驾车营地达到 80 家（青海省旅游业发展与布局总体规划，2018）。以此完善旅游基础和服务设施建设，提升服务质量，推动区域旅游合作，进一步扩大青海旅游品牌影响力。

二、基于 SEM 的青海旅游业游客满意度分析

（一）文献综述及研究现状

顾客满意水平的量化就是顾客满意度，顾客满意度指数从总体、综合的角度对企业、行业在满足顾客需求方面进行综合评价（李宁，2016）。20 世纪 90 年代许多国家（地区）都开发了顾客满意度模型并进行测评工作。瑞典于 1989 年在世界上率先建立了国家层次上的顾客满意度指数模型；美国的顾客满意度指

数模型（ACSI）是在以瑞典顾客满意度指数模型为原型的基础之上建立的（张继武，2006）；美国费耐尔（Fornel）教授将顾客满意度指数模型运用到旅游业中，构建了旅游者顾客满意度指数模型（TDSCI）（Fonrell C，1996），Akama 等运用 SERVQUAL 模型对肯尼亚 Tsavo West 国家公园的游客满意度进行测度和服务质量分析（Akama J S，2003）。我国从 20 世纪 90 年代后期开始启动顾客满意度指数测评工作，国内学者汪侠、顾朝林、梅虎（2005）对国际主流顾客满意度指数模型（ACSI）进行改进的基础上，结合旅游景区的特点，构建了旅游区顾客满意度指数模型和测评指标体系（TACSI）；何琼峰（2011）应用游客满意度 SEM，全面分析游客感知价值、旅游形象、感知质量、游客预期和满意度的内在机理和时空特征。万倩、孙洪兵（2015）以昆明为例，从游客体验、游客感知价值、游客满意度、游客忠诚度等角度构建结构方程模型，得出提高游客满意度可以提高游客忠诚度，游客体验和感知价值对游客满意度均有正向影响的结论。刘丽、张宁（2016）提出顾客满意度在顾客感知价值与忠诚度之间产生中介效应，客户对于产品或服务具有较高的感知价值，可提高产品或服务的满意度，进而利于忠诚度的形成。闫伟红（2009）提出顾客期望直接影响和决定旅游体验质量，而旅游者实际体验与期望之间的偏差，会造成投诉率上升，影响游客满意度。佘升翔、李根、杨帆、段文军（2016）以桂林为例，从游客感知角度探讨旅游目的地形象维度与内容，认为目的地形象对满意度有显著影响。林翠生、张光英、方晓（2019）以福建湄洲岛为例，提出利用重游意愿、推荐意愿和分享评测旅游忠诚度。

综上所述，利用结构模型来对游客满意度进行研究已是普遍且成熟的方法，且基于 SEM 模型对国内众多热点景区的游客满意度进行测评和分析已有较多研究，但对旅游特色鲜明的少数民族地区青海省的旅游业未见类似文献报道。因此，本书吸收国内外有关顾客满意度测评的研究成果，对青海省多个特色景区进行实地调研和游客访谈，运用网络结构性问卷调查法，获取了大量原始材料和翔实可靠的基础数据，进行基于 SEM 的青海旅游业游客满意度实证研究。

（二）研究假设与数据收集分析

1. 模型设计与假设

根据 TACSI 模型的基本理论和国内外顾客满意度指数模型，紧密结合青海旅游业的特有属性，构建包含总体形象、旅游期望、感知质量、感知价值、游客满意度、游客忠诚度、游客抱怨与投诉等 7 个维度的指标体系和 24 个观测变量（见表 8–8），采用结构方程模型（SEM）对青海旅游业游客满意度进行测评。

表 8–8　基于 SEM 的潜变量和观测变量

潜变量	相关测量题项描述	题项数目
总体形象	X_1 您对青海省旅游知名度如何评价 X_2 您对青海省旅游业的总体印象如何评价 X_3 您对青海省自然景观类景点如何评价 X_4 您对青海省历史、民族特色类景点如何评价 X_5 您对青海省宗教特色类景点如何评价	5
旅游期望	X_6 出游之前您是否期望到青海省旅游 X_7 出游之前您对青海省旅游提供良好的旅游体验是否有信心 X_8 出游之前您对青海省旅游中保障好游客权益是否有信心	3

续表

潜变量	相关测量题项描述	题项数目
感知质量	X_9 您对青海省旅游交通服务是否满意 X_{10} 您对青海省旅游餐饮服务是否满意 X_{11} 您对青海省旅游酒店住宿服务是否满意 X_{12} 您对青海省旅游景区服务是否满意	4
感知价值	X_{13} 您对青海省旅游所支付的费用感觉是否满意 X_{14} 相对于您支付的旅游费用，您对青海旅游体验是否满意 X_{15} 相对于周边省份旅游景区，您对青海旅游景区的性价比是否满意	3
游客抱怨与投诉	X_{16} 针对青海旅游中的某些方面，您会对他人抱怨吗 X_{17} 针对青海旅游景区中的某些方面，您会向景区有关部门投诉吗 X_{18} 针对青海旅游中的某些方面，您会拨打消费者投诉热线投诉吗	3
游客满意度	Y_1 请问您对此次青海旅游的整体过程是否满意 Y_2 与您期望中的旅游景区相比较，您对青海省旅游景区是否满意 Y_3 与周边省份相似旅游景区相比较，您对青海旅游景区是否满意	3
游客忠诚度	Y_4 您会再次来青海旅游吗 Y_5 您会把青海省旅游景区推荐给他人吗 Y_6 您会通过网络社交平台宣传青海旅游吗	3

根据研究需要，本书提出以下 7 个假设关系：H1、H2、H3、H4：景区总体形象、游客旅游期望、感知质量、感知价值对游客满意度产生正向影响；H5、H6：游客满意度、旅游期望对旅游忠诚度产生正向影响；H7：游客抱怨与投诉对旅游忠诚度产生正向影响。

2. 数据来源与处理

对青海各大景点游客和旅游管理部门进行实地调研和面对面访谈，从总体形象、旅游期望、感知质量、感知价值、游客满意度、游客忠诚度、抱怨与投诉 7 个维度设计了 24 个相关问题，运用网络结构性问卷调查法获取基础数据。为方便数据统计与信息收集分析，调查采用国内外较为广泛的李克特 5 级量表尺度（Likert Scale）来测定（1= 非常不满意 / 肯定不会，5= 非常满意 / 肯定会）。

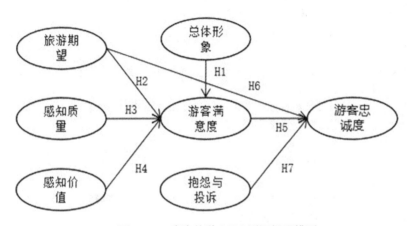

图 8-19　青海旅游 SEM 测评假设模型

问卷调查时间为 2020 年 7—9 月，调查地点选择青海湖、茶卡盐湖、塔尔寺、丹噶尔古城、互助土族故土风情园、门源百里油菜花等国家级 5A、4A 级景区，采用一对一随机抽样调查方式。调查共发放问卷 481 份，回收到有效问卷 437 份，有效问卷率为 90.85%。主要运用 Amos 23.0 和 SPSS 23.0 进行数据处理分析。

（三）数据结果分析

1. 样本人口和旅游行为统计学特征

从受访游客的性别结构来看，男性游客占比 44.85%，女性游客占比 55.15%，表明女性游客对青海旅游更感兴趣。从客源地的时空分布来看，甘肃游客占比 67.96%，青海游客占比 3.89%，表明青海旅游业对周边的省份吸引力更强。从旅游者年龄结构来看，26—40 岁占比 42.11%，41—60 岁占比 32.27%，表明中、青年人前往青海旅游的出游度更高。从受教育程度来看，本科和大专学历占比 53.09%，其他学历占比较小，数据表明前往青海旅游的游客中本科和大专学历及以上是青海旅游的主要人群。从游客的收入结构，月收入 3000 元以下占比 30.98%，月收入 3000—5000 元占比 40.50%，表明青海旅游的游客中高收入人群的占比较小，大部分人属于中低收入群体，与被调查者的职业情况基本吻合。从游客成员构成来看，和家人出游占比 59.95%，和朋友出游占比 21.05%，说明青海旅游选择和家人、朋友出游的占比最高，据调查，青海旅游主要分布在 4—10 月，而旅游旺季主要在 7—9 月，正值学生放暑假，游客利用公休、年假等前往青海旅游特征明显。从出游方式来看，自助游（自驾游除外）占比 30.98%，自驾游占比 44.48%。据调查，前往青海旅游主要以家庭为主，人数集中在 2—5 人之间，随着游客收入水平的提高，私家车的保有量逐年上升；同时，游客注重个性化、高端化旅游的方向，当下自驾游已经成为青海旅游的最重要的出游方式。从旅游频次来看，前往青海 1 次旅游占比 41.65%，2 次旅游占比 29.98%，旅游频次特征表明，前往青海旅游 1—2 次人数最多，重复旅游占比较低。从青海最受欢迎的景区来看，青海湖占比 85.37%，塔尔寺占比 45.12%，茶卡盐湖占比 41.71%，门源百里油菜花景区占比 23.66%，金银滩景区占比 16.1%，互助土族故土风情园占比 9.51%，其他景区 16.83%。说明青海湖、塔尔寺、茶卡盐湖景区知名度更高，深受游客欢迎。

2.信度、效度和拟合度检验

信度检验：信度、效度检验是描述观测变量题项之间的内部一致性，运用 SPSS23.0 软件对测量指标进行信度分析，测量总量表的克朗巴哈 α 值为 0.952，模型中 7 个变量组合信度 CR 值均在 0.916—0.942 之间，均大于 0.9 的标准，说明问卷测量数据可信。变量的平均方差萃取 AVE 值抽取量均大于 0.5，说明测量模型的会聚效度较为理想（见表 8-9）。

表 8-9　信度分析结果表

潜变量	克朗巴哈系数 （Cronbach's alpha）	组合信度 CR 值	平均方差抽取 AVE 值
总体形象	0.950	0.942	0.786
旅游期望	0.929	0.93	0.815
感知质量	0.961	0.936	0.792
感知价值	0.941	0.94	0.84
游客满意度	0.939	0.94	0.838
游客忠诚度	0.915	0.916	0.785
游客抱怨与投诉	0.915	0.919	0.791
总量表	0.952		

效度检验：对 24 个评价指标进行分析得出，相关关系显著性检验 P 值小于 0.5，说明原始变量之间存在着较强的相关性。以因子载荷大于 0.5 作为标准筛选观测变量，研究运用千米 O（Kaiser-

Meyer-Olkin）检验，利用 SPSS 23.0 软件，经检验，千米 O=0.941，大于 0.9，巴特利特球形度检验近似卡方值为 11963.803，P 值小于 0.001，旋转载荷平方和 85.214%，大于 50%，说明问卷效度具有有效性和正确性（吴明隆，2009），适合做因子分析（见表 8-10）。

表 8-10　效度分析结果

千米 O 取样适切性量数		.941
巴特利特球形度检验	近似卡方	11963.803
	自由度	276
	显著性	.000
旋转载荷平方和		85.214%

针对 7 个因子 24 个分析项进行验证性因子分析（CFA）分析（见表 8-11），7 个因子分别对应的 AVE 平方根值最小为 0.886，大于因子间相关系数的最大值 0.884，数据具有良好的区分效度。

表 8-11　区分效度分析结果

潜变量	总体形象	旅游期望	感知质量	感知价值	游客满意度	游客忠诚度	游客抱怨与投诉
旅游期望	0.631	0.903					
感知质量	0.668	0.749	0.89				
感知价值	0.604	0.72	0.807	0.916			
游客满意度	0.654	0.736	0.83	0.884	0.916		
游客忠诚度	0.52	0.687	0.671	0.704	0.728	0.886	
游客抱怨与投诉	0.183	0.269	0.292	0.355	0.327	0.383	0.889

　　模型拟合度检验：利用验证性因子分析进行参数估计，分析各观测变量对游客满意度和游客忠诚度的影响程度。得知测量模型的拟合参数：χ^2=453.232，df=203，卡方自由度比 χ^2/df=2.233，拟合优度指数（GFI）0.923，比较拟合指数（CFI）0.979，NFI 指数 0.963，非赋范拟合指数（NNFI）0.972，简效规划拟合指数（IFI）0.979，都达到了 0.9 的标准（吴明隆，2007），近似均方根差（RMSEA）0.053（小于0.08）（见表 8–12）。各指标均显示测量模型具备较好的整体拟合度。

表 8–12　模型拟合指标

常用指标	χ^2	df	p	χ^2/df	GFI	RMSEA	RMR	CFI	NFI	NNFI	IFI
判断标准	—	—	>0.05	<3	>0.9	<0.08	<0.05	>0.9	>0.9	>0.9	>0.9
值	453.232	203	0	2.233	0.923	0.053	0.028	0.979	0.963	0.972	0.979
是否符合	—	—	—	符合	符合	符合	符合	符合	符合	符合	符合

（四）SEM 分析

　　通过对问卷调查表中观测变量含义与特征的统计数据分析，得出游客满意度总体评价结果如下。

　　总体形象 5 个观测变量的均值最高 3.96，最低 3.79，表明游客对青海旅游业的总体形象评价较高；旅游期望 3 个观测变量的均值 3.80、3.76、3.73，由此推断游客对前往青海旅游的期望较高；感知质量 4 个观测变量的均值 3.75、3.72、3.69、3.75，表明游客对青海旅游交通服务、景区服务较为满意，但酒店住宿和餐饮的均值低于其他变量的均值，说明游客对酒店住宿和餐饮满意度略低；感知价值 3 个观测变量均值 3.71、3.76、3.82，表明游客对旅游中所支付的费用满意度略低，而旅游体验和性价比满意度较高；游客满意度 3 个观测变量的均值 3.82、3.80、3.80，表明游客对青海旅游的满意度较高；游客忠诚度 3 个观测变量均值 3.70、3.67、3.63，说明游客对青海旅游的忠诚度不够，重游意愿较低；游客投诉与建议 3 个观测变量均值 3.08、2.98、2.99，表明青海旅游的游客投诉率较低，游客对于青海旅游的忠诚度较高（见表 8-13）。

表 8-13 游客变量含义与特征

潜变量	观测变量	均值	标准差	标注差误差平均值
总体形象	X_1 您会您对青海省旅游知名度评价 X_2 您对青海省旅游业的总体印象如何评价 X_3 您对青海省自然景观类景点如何评价 X_4 您对青海省历史、民族特色类景点如何评价 X_5 您对青海省宗教特色类景点如何评价	3.82 3.79 3.96 3.84 3.86	1.074 1.081 1.013 1.071 1.042	0.051 0.052 0.048 0.051 0.050
旅游期望	X_6 出游之前您是否期望到青海省旅游 X_7 出游之前您对青海省旅游提供良好的旅游体验是否有信心 X_8 出游之前您对青海省旅游中保障好游客权益是否有信心	3.80 3.76 3.73	1.071 1.034 1.046	0.051 0.049 0.050
感知质量	X_9 您对青海省旅游交通服务是否满意 X_{10} 您对青海省旅游餐饮服务是否满意 X_{11} 您对青海省旅游酒店住宿服务是否满意 X_{12} 您对青海省旅游景区服务是否满意	3.75 3.72 3.69 3.75	1.050 1.059 1.080 1.047	0.050 0.051 0.052 0.050
感知价值	X_{13} 您对青海省旅游所支付的费用感觉是否满意 X_{14} 相对于您支付的旅游费用，您对青海旅游体验是否满意 X_{15} 相对于周边省份旅游景区，您对青海旅游景区的性价比是否满意	3.71 3.76 3.82	1.009 1.015 1.033	0.048 0.049 0.049

续表

潜变量	观测变量	均值	标准差	标注差误差平均值
游客满意度	Y_1 请问您对此次青海旅游的整体过程是否满意 Y_2 与您期望中的旅游景区相比较，您对青海省旅游景区是否满意 Y_3 与周边省份相似旅游景区相比较，您对青海旅游景区是否满意	3.82 3.80 3.80	0.985 0.992 0.979	0.047 0.047 0.047
游客忠诚度	Y_4 您会再次来青海旅游吗 Y_5 您会把青海省旅游景区推荐给他人吗 Y_6 您会通过社交网络平台宣传青海旅游吗	3.70 3.67 3.63	1.002 1.052 1.047	0.049 0.050 0.050
游客投诉与建议	X_{16} 针对青海旅游中的某些方面，您会对他人抱怨吗 X_{17} 针对青海旅游景区中的某些方面，您会向景区有关部门投诉吗 X_{18} 针对青海旅游中的某些方面，您会拨打消费者投诉热线投诉吗	3.08 2.98 2.99	1.179 1.196 1.213	0.056 0.057 0.058

（五）研究假设检验和 SEM 修正

对理论模型潜变量之间的假设关系进行检验，显示 H2 标准化路径系数为 0.017，p 值 0.697 大于 0.05 显著性水平的标准（见表8-14），其他路径 p 值均小于 0.05，表明该路径不成立，其他路径成立。因此，将 H2 路径删除，删除后的模型各潜变量间的关系与理论模型的假设一致。

表 8-14　SEM 假设检验结果

X	标准化路径系数	SE	z	p	假设关系验证
旅游期望→游客满意度路径删除前					
总体形象→游客满意度	0.106	0.032	2.972	0.003	成立
旅游期望→游客满意度	0.017	0.041	0.389	0.697	不成立
感知质量→游客满意度	0.158	0.055	2.886	0.004	成立
感知价值→游客满意度	0.704	0.051	13.697	0.000	成立
游客满意度→游客忠诚度	0.461	0.058	7.901	0.000	成立
旅游期望→游客忠诚度	0.288	0.054	5.295	0.000	成立
游客抱怨与投诉→游客忠诚度	0.138	0.032	4.348	0.000	成立
旅游期望→游客满意度路径删除后					
总体形象→游客满意度	0.108	0.031	3.229	0.001	成立
旅游期望→游客满意度					
感知质量→游客满意度	0.173	0.052	3.228	0.001	成立
感知价值→游客满意度	0.730	0.049	14.326	0.000	成立
游客满意度→游客忠诚度	0.478	0.058	7.894	0.000	成立
旅游期望→游客忠诚度	0.312	0.056	5.365	0.000	成立
游客投诉与建议→游客忠诚度	0.156	0.032	4.340	0.000	成立

模型修正后，利用极大似然估计法对结构模型中各变量之间的路径关系进行参数估计。结果表明，青海旅游总体形象反映了游客心目中锚定心理，对游客前往青海旅游期望存在着显著影响，路径系数为0.661。总体形象和旅游期望对感知质量产生显著影响，路径系数分别为0.324、0.592，说明游客通过总体形象和旅游期望等因素，影响游客对旅游质量的实际认知和感受。游客感知价值绝大部分来自感知质量，路径系数为0.637，旅游期望对感知价值影响较小，路径系数为0.267。感知质量中旅游交通、住宿、餐饮条件等因素，对感知价值产生显著的影响；而总体形象对游客的感知价值无直接影响；感知价值直接影响游客是否会抱怨与投诉，路径系数为0.372，感知价值通过游客的抱怨与投诉中介变量间接影响游客忠诚度（见图8-20）。

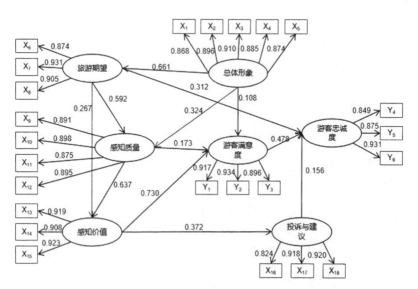

图8-20　修正后青海省旅游业游客满意度结构方程模型路径图

　　游客的满意度主要受游客的感知价值影响，路径系数为 0.730，感知质量对游客满意度影响较小，路径系数为 0.173；总体形象对满意度有影响，但不够显著，路径系数 0.108，但这并不意味着总体形象对满意度的影响作用不大（刘昌雪、汪德根，2012）。

　　首先，游客忠诚度主要受游客满意度影响，游客的忠诚行为是产生正面情感累积的结果，满意度与忠诚度呈现正相关，即满意度越高，忠诚度也会越高，路径系数 0.478。其次，忠诚度还受到旅游期望影响，路径系数 0.312，反映了游客忠诚度对于游客前往青海旅游的良好的旅游期望，期望越高，忠诚度也会越高。最后，投诉与建议的产生是游客负面情感累积的结果，说明如果游客在旅游过程中存在抱怨、投诉而得不到及时反馈的话，将会影响忠诚度；而抱怨与投诉对忠诚度的直接影响较小，路径系数 0.156。

三、结论与建议

（一）结论

1.青海旅游配套设施建设不足，旅游接待能力有待提高

　　模型结果表明，感知质量每增加一个单位，游客的满意度就会提升 0.173 个单位。根据感知质量中单个因子来看，"X_{10} 您对青海省旅游餐饮服务是否满意"和"X_{11} 您对青海省旅游酒店住宿服务是否满意"，因子负荷值 0.898、0.875，说明餐饮和住宿条件是游客关注的重点，为游客提供高效、便捷的餐饮和住宿服务有助于提高游客的满意度。但根据调研问卷中游客对青海省餐饮住宿业的满意度测评均值来看，住宿业 3.69、餐饮业 3.72，明显低于其他观测变量的满意度。2018 年，全国城镇居民旅游人均花费 1646.6 元/次，其中住宿费和餐饮费占比达到 39.1%（雒数刚，2019），因此，

住宿和餐饮是影响游客满意度的重要因素。从实地调研来看，青海旅游主要集中在每年的 4—10 月，游客年龄主要以中、青年人群为主，占比达到 74.38%，此年龄段的游客具有一定消费能力，且以家庭为主的自驾游方式出游，对住宿和餐饮的标准要求较高。2018 年全省星级饭店仅有 344 家（青海省统计年鉴，2020），旅游每万人拥有酒店数量为 0.082 家，且主要分布在西宁市，重点旅游景区的星级宾馆较少，根本不能满足旅游旺季庞大游客群体的需求，是影响游客体验的重要因素之一。以青海湖景区为例，景区周边及共和县的三星级以上酒店仅有 21 家，接待能力严重不足，导致房价上涨，影响游客的满意度。青海旅游景区大多远离城镇，餐饮服务主要由景区周边的农家乐、小餐馆提供，大多以大排档式中低端餐饮服务为主，同质化严重、卫生质量令人堪忧，且旅游旺季价格高涨，无法满足游客密集的就餐需求。据调研问卷得知，71.39% 的游客收入处于中等偏下水平，对旅游餐饮价格较为敏感，承受能力有限，是造成游客感知质量下降的因素之一。

2. 游客游玩时间短，消费水平低

总体形象中"X_2 您对青海省旅游业的总体印象如何评价"和旅游期望"X_6 出游之前您是否期望到青海省旅游"的因子负荷 0.896、0.874，表明游客对青海旅游业的总体形象评价较高和对前往青海旅游的期望值较高。2019 年青海省旅游人数达到 5080.17 万人，旅游人数高速增长，游客在青海境内游览的时间却较短，1—2 日游的游客占比 58.8%，游客对于青海旅游的期望值较高与游玩时间过短之间存在矛盾。究其主要原因，首先，以青海省现有旅游产品来看，观光型旅游产品占主流地位，游客主要体验高原风光，旅游产业结构、旅游产品内容等较为单一（黄涛，2018），导致游客游玩时间短；其次，周边省份旅游资源的竞争加剧，造成游客时间和空间的紧迫感，多数游客游览完青海景区后，会前往甘肃或新疆等省（区）继续游玩，青海成为事实上的旅游过境地而非目的地。据调研数据，热门线路甘青大环线旅游占到青海旅游人数的50%—60%，在青海旅游时间约为1—2日，仅占整个甘青大环线游玩7—8天的14.29%—25.00%。最后，青海景区较为分散，关联度较低，距离较远，致使游客的交通时间长、成本高（孟珊，2016）；青海省自助游和自驾游的比例为74.37%，交通成本占到了游客出行成本的35%左右（雒数刚，2019）。因此，游客在青海旅游时间较短，而交通及时间成本的过高，造成游客在景区游玩时间有限，难以产生更多的消费机会，是制约旅游产业链条发展的瓶颈。

3. 门票是青海旅游业收入的主要来源，非门票收入严重不足

旅游景区是一种稀缺的物品，所形成的独特景观具有不可复制性，不同于一般工业品，门票价格是衡量旅游业的"温度计"，游客门票上的开支在旅游消费中所占比例近22%（卢东亮，2019）。据调研数据，青海旅游景区收益主要依靠门票收入，2019年青海湖、塔尔寺重要景点门票收入比重分别达64%、95%，其他景区门票收入占比也在60%以上（见表8-15）。以青海湖为例，2018年沙岛、鸟岛两大景区关闭，现存二郎剑景区主要以坐船游览青海湖项目为主，而水上摩托、自驾游艇等活动，游客参与很少；塔尔寺作为宗教圣地，主要以旅游观光、朝圣为主。数据表明，游客首次旅游的占比达到41.65%，而重复旅游的比例较低。青海旅游业严重依赖门票，呈现"门票经济"现象，使得旅游产品单一化，缺乏对旅游产业链条上系列产品的开发，游客难以获得情感和物质的双重享受。

表8-15　青海省重点景区旅游收入占比情况表

序号	景区名称	旅游人数（万人）	门票价格（元）	门票收入占景区收入情况
1	塔尔寺	230	40	95%
2	青海湖	230	90	64%
3	茶卡盐湖 *	约300	60	—
4	丹噶尔古城	2.189**	20	—
5	互助土族故土园	118	50	60%
6	门源百里油菜花景区	25—28	60	75%

* 茶卡盐湖未获得相关数据；** 丹噶尔古城免费开放，其中2个景点收取门票。
数据来源：课题组调研数据整理。

（二）青海旅游业高质量可持续发展的对策建议

1.完善餐饮、住宿等方面的旅游配套设施，提高游客的满意度

结构方程模型表明，感知价值是影响满意度和忠诚度的重要因素之一，感知价值对顾客满意度具有正向的影响。表明旅游业对"吃、住、行"等相关产业的依赖程度更高，其能否有效供给旅游业发展所需要的产品和服务，对旅游业的发展影响巨大。因此，青海省旅游业要补齐短板，就必须着力改善在住宿、餐饮等旅游配套设施方面进行改善，制定规范的旅游餐饮、住宿的地方标准，加大监督检查力度，通过黑红牌制度，优胜劣汰，逐步提高接待能力与水平。

2.推进全域旅游融合发展战略，整体提升青海旅游业的水平

游客的满意度在感知价值和忠诚度之间产生中介效应，通过青海特色优质的旅游产品，提高游客的满意度，进而会形成忠诚度，从而产生重复旅游的可能。首先，青海省应依托"大美青海"的品牌影响力，推进全域旅游的发展战略，提升旅游业的发展水平，以

游客的深层次、多样化的需求为目标，深度挖掘旅游景区的优势，推出既体现当地民族特色，又能受游客欢迎的旅游项目，降低依赖门票旅游经济模式。其次，积极融合发展，将周边的农牧民纳入景区发展的范围中，使当地居民能够享受旅游产业所带来的红利，全域发展增加旅游收益。最后，利用知名度高的景区，积极创建国家公园，争取纳入国家公园体系中，依托国家的投资，理顺管理体制，更好地保护开发青海景区。

3.丰富旅游产品，开发淡季旅游项目、景区与线路

青海的旅游业的淡旺季严重不均衡，旺季价格高涨，游人如织；淡季，景区游客稀少，运营困难。因此，拓展淡季旅游产品供给的旅游新业态，充分挖掘青海旅游业的特色优势资源，开展专项旅游、探险旅游、文化旅游、冰雪旅游等，扩展淡季旅游产品供给，形成大旅游产业体系，延伸旅游产业链，完善淡季旅游产品供给体系，为游客提供更好的旅游环境和全新的旅游体验，借此提高游客满意度。另外，青海应大力宣传，通过改变人们的旅游观念，更好地吸引游客错峰出游，尝试新的旅游体验。

第三节　宁夏枸杞产业现状与发展 SWOT 分析

"世界枸杞看中国，中国枸杞看宁夏"，枸杞是宁夏 13 个农业特色产业之一。宁夏得天独厚的天时、地利条件，造就了宁夏枸杞的优良品质。宁夏中宁枸杞依托独特的土壤、灌溉和小气候条件，与其他产地枸杞具有不同的独特品质，被誉为"中国枸杞之乡"。目前，宁夏枸杞种植面积约为 6.67 万公顷，占全国的 30%，枸杞

干果总产量 18 万吨，年综合产值 150 亿元，加工转化率 25%。新中国成立以来，宁夏回族自治区党委、政府以及农业部门坚持把发展枸杞产业作为促进农业产业结构调整，实现农民增收、脱贫致富的主导产业，近年更将其确定为宁夏农业"1+4"特色优势主导产业之一（陈昊，2019）。

SWOT 分析是指基于内外部竞争环境和竞争条件下的态势分析，即将与研究对象密切相关的各种主要内部优势、劣势和外部的机会和威胁等列举出来，用系统分析的方法，把各种因素相互匹配起来加以分析，对研究对象所处的情景进行全面、系统、准确的研究，从而根据研究结果制定相应的发展战略、计划以及对策等。S 是优势（Strengths）、W 是劣势（Weaknesses）、O 是机会（Opportunities）、T 是威胁（Threats）。按照企业竞争战略的完整概念，战略应是一个企业"能够做的"（即组织的强项和弱项）和"可能做的"（即环境的机会和威胁）之间的有机组合。

一、宁夏枸杞产业发展优势分析（S）

（一）区位条件优越

宁夏位于西北内陆地区，处于北纬 35°14′—39°23′，东经 104°39′，平均海拔在 1100 米左右，平原与山区地貌共存，属于典型的温带大陆性气候。宁夏主要有三大部分组成，分别为北部引黄灌溉区，地势平坦，土壤肥沃，依托黄河流经区域自流灌溉这一得天独厚的优势，瓜果、水稻产业发展处于优势地位，加之光照资源丰富，产品质量优良，素有"塞上江南"的美誉；中部干旱带干旱少雨，风沙大，适合发展特色旱作节水作物；南部山区丘陵沟壑林立，气候阴凉雨水充足，生物种类繁多，生态环境保护状况完好，对于发展生态农业具有较大的可行性。宁夏生态环境的多样性造就了气候的多样性及生物资源的多样性，并且环境洁净，污染较少，这为宁夏发展优势特色农业提供了最基础的环境保障条件。

（二）产业基础良好

宁夏形成了以中宁为核心、清水河流域和银川北部为两翼的"一核二带"枸杞产业发展格局，枸杞种植已由分散型、粗放型向集约化、标准化转变，宁夏枸杞从传统的分散农耕种植和肩挑背扛的原始干果销售，拓展到现代规模化种植、标准化生产，现代化营销，枸杞及其制品已经发展到干果、饮品、酒类、果酱、籽油、芽茶、保健品（糖肽）、功能性（特膳）食品、化妆品、药品等十大类100余种产品。在宁夏枸杞核心产区的规模乡镇及专业村，枸杞收入占到农民总收入的60%以上。宁夏共有各类枸杞生产经营主体732家，其中生产型企业66家、加工型企业84家、流通型企业55家、专业合作社254家、统防统治专业化组织84个。截至2018年，全区具有有效出口资质企业48家，获得国外有机认证的31家，产品远销40多个国家和地区，出口产品主要为枸杞干果、枸杞汁、枸杞粉、枸杞籽油、枸杞酒等，其中枸杞干果占出口份额的85%以上。

国家级研发中心和人才工作站相继建成。目前，宁夏农科院、宁夏林业研究院、宁夏红、百瑞源、沃福百瑞、中宁枸杞职业技术学院、厚生记等科研院所和枸杞企业相继建立了院士工作站和国家重点实验室。此外，宁杞系列品种培育已达到宁杞10号，中宁国际枸杞交易中心已成为全国枸杞集散中心，是中国枸杞交易市场的价格"风向标"，宁夏枸杞及其产品已实现全国一、二、三线城市100%全覆盖，已涌现"中宁枸杞""宁夏红"百瑞源"等5个中国驰名商标、13个宁夏著名商标、3个国家级重点龙头企业、16个自治区级龙头企业。聘请有关专家，成立自治区枸杞产业技术服务专家指导组；相继建成1个国家级枸杞良种苗木繁育中心、2个国家级枸杞种质资源圃、5个自治区级苗木繁育基地，枸杞良种覆盖率达83%，基地标准化率达到63%。

（三）全产业链发展成效明显

1. 种植规模稳步增长

（1）全区种植规模和产量稳步上升

随着国家及地方政府在枸杞产业方面一系列优惠支持政策的出台，如国家科技部将宁夏枸杞列入国家"中药现代化研究与产业开发"项目，宁夏回族自治区党委、自治区政府将医药产业列为宁夏国民经济发展的六大支柱产业之一，以及人们对健康和养生的日渐重视，枸杞产业迎来蓬勃发展的良好机遇，发展前景十分广阔（高鹏等，2020）。市场需求以及政策导向快速的促使宁夏地区越来越多的农民开始种植和生产枸杞，迅速扩大了宁夏地区的枸杞种植面积。2006—2018年，宁夏枸杞种植面积逐渐增长，与2006年相比，2018年种植面积翻番（图8-21）。

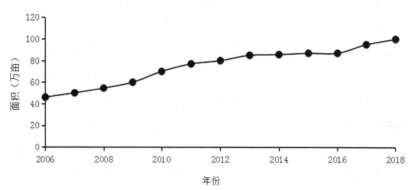

图8-21　2006—2018年宁夏枸杞种植面积

由于枸杞种植面积的迅速扩大，使得产量也呈现出逐年增长的良好趋势，2001—2006 年，枸杞总产量从 1.8 万吨增加到 6.5 万吨；2007 年，降到 5.8 万吨；之后连续四年增长，2013 年达到高峰，之后连续两年下降。随着枸杞生产规模的进一步扩大，受气候条件、市场和贸易壁垒等因素影响，总产量波动幅度加大，波动周期缩短（图 8-22）。

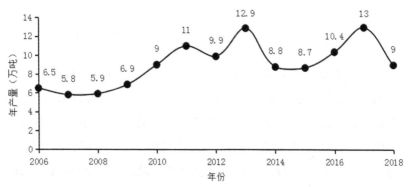

图 8-22 2006—2018 年宁夏枸杞产量情况

（2）中宁种植规模和产量稳步增长

宁夏中宁因其得天独厚的地理、气候、水源、土壤等条件，是枸杞的最佳生长区，中宁枸杞因其独特的地域、产品、产业链优势，成为宁夏最具有地方特色和品牌优势的主导产业。近年来，中宁县枸杞种植规模不断扩大，2006—2017 年，全县枸杞种植面积由 6511 公顷增长到 8253 公顷，增长了 26.75%，新增面积有所减少，结果面积由 6511 公顷增加到 7650 公顷，增加了 17.49%（图 8-23）。

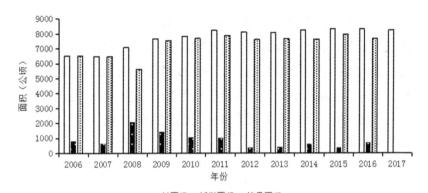

图 8-23　2006—2017 年宁夏中宁县枸杞种植面积

中宁县枸杞产量呈现出波动上升的趋势，2006—2011 年，中宁枸杞产量迅速稳步增长，从 19807 吨增加到了 30498 吨，2012 年产量下降，2013—2015 年，枸杞产量再次迎来增长潮，但相比前一增长阶段，增速放缓，2015 年，产量增至 30506 吨，2016 年开始，产量又有所下降，2017 年降至 27977 吨，与 2006 年比，2017 年产量增加了 41.25%（图 8-24）。

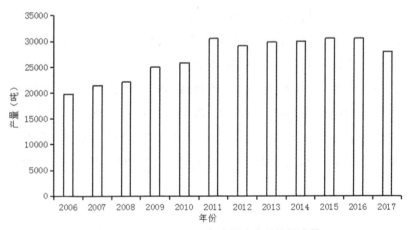

图 8-24　2006—2017 年宁夏中宁县枸杞产量

2. 加工业发展迅速

近年来宁夏枸杞加工业发展迅速，2011 年宁夏紧紧围绕做优做精特色农业，完善产业支撑体系，突出了生产过程前、中、后的全过程构建，注重生产、加工、流通有效衔接，不断强化以奖代补与项目带动相结合的激励发展措施，促进产业向优势产区集中。大力实施龙头企业升级工程，进一步加大"内培外引"力度。在这一政策引领下，早康枸杞等"宁"字号龙头企业不断发展壮大，拉动枸杞等农产品加工业的强劲增长。当年，全区形成了枸杞 5.13 万公顷的种植规模，建立了中国枸杞馆和中国枸杞博物馆。中宁县被国家林业局再次命名为国家枸杞示范基地。2012 年，宁夏研究制定了《全区农业特色优势产业发展推进计划》，出台了《葡萄、枸杞、红枣、苹果等产业扶持方案》，明确了枸杞特色产业发展的思路、目标、工作重点和保障措施，成立了枸杞特色优势产业指导组，及时督促各项政策措施的落实，协调解决发展中存在的问题，初步形成围绕枸杞等六大区域性特色产业的农产品加工体系。截至2013 年底，全区枸杞种植面积达 5.67 万公顷，枸杞干果总产量达到 13 万吨，年综合产值超过 50 亿元。以枸杞干果、果汁、果酒、料油、芽茶等产品为主的各类销售、加工企业达到 200 余家，其中成规模的加工流通企业超过 60 家，枸杞加工转化率达到 15%，枸杞及系列产品出口到 40 多个国家和地区。枸杞产业已成为促农增收的主导产业和特色优势产业。2013 年 11 月，宁夏出台了《关于发展壮大枸杞产业的若干意见》，提出到 2017 年，力争全区枸杞基地种植面积达到 6.67 万公顷，枸杞加工转化率达到 25%以上，产品出口率达到 10%以上，枸杞质量安全追溯体系全面建立，"三品"认证率达到 85%以上；培育产值 5 亿元以上的枸杞加工流通企业 10—15 家，实现产业总产值 120 亿元以上。2015 年，宁夏枸杞加工企业162家，总产值24亿元，营业收入20亿元。2016年12月，宁夏推进枸杞产业发展提升领导小组分别命名本区百瑞源、宁夏红、早康、沃福百瑞、杞动力和福寿果等6个品牌为首批"宁夏枸杞知名品牌"；百瑞源标准化枸杞示范基地、宁夏杞泰农业科技有限公司枸杞基地、宁夏农林科学院枸杞研究所枸杞基地、宁夏源乡玺赞生态枸杞庄园、宁夏大地生态中宁红梧山现代枸杞高新技术试验示范区暨道地中药材GAP认证基地和宁夏润德庄园6个基地为首批"宁夏枸杞优质基地"。2016年，在河南驻马店举办的第十九届中国农产品加工业投资贸易洽谈会上，宁夏源乡枸杞产业发展有限公司的"玺赞"牌枸杞获金质产品奖。2017年，在河南驻马店举办的第二十届中国农产品加工业投资贸易洽谈会，宁夏"圣峰百年"牌苦水枸杞获金质产品奖，宁夏"杞之龍"牌、"御萃"牌、"玺赞"牌枸杞获优质产品奖。在适宜的气候条件下加持现代科技的有效支撑，使宁夏枸杞在加工性方面具有独特优势（温淑萍、王琛、张治华，2018）。截至2018年，宁夏枸杞产业化龙头企业共有55家，其中国家级农业产业化龙头企业3家、自治区级16家。中宁县枸杞相关农产品加工业整体形势向好，枸杞产品出口40多个国家和地区，占全国出口总量的60%以上（张静、温淑萍，2019）。

3. 市场拓展成效显著

（1）宁夏枸杞市场价格基本平稳，略有下降

据中药材天地网数据，2014年1月至2019年12月河北安国药市和广西玉林药市出售的宁夏枸杞（280粒）价格最高值出现在2015年8—11月，均为80元/千克，最低值出现在2018年7—8月，为50元/千克（图8-25），宁夏枸杞市场价格也有下降。

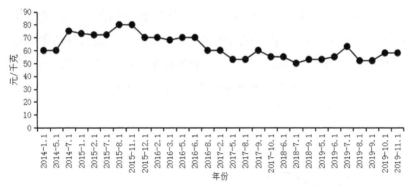

图 8-25　2014—2019 年安国药市（280 粒）宁夏枸杞价格
数据来源：中药材天地网，下同。

据中药材天地网数据，2014 年 1 月至 2019 年 12 月宁夏回族自治区中卫市中宁县出售的宁夏枸杞（统货）价格最高值出现在 2015 年 4—6 月，均为 60 元 / 千克，最低值出现在 2018 年 10 月，为 22 元 / 千克（图 8-26），宁夏枸杞市场价格有所下降。

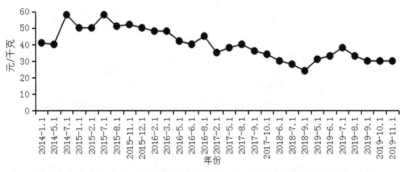

图 8-26　2014—2019 年宁夏回族自治区中卫市中宁县枸杞统货价格

（2）宁夏枸杞市场价格显著高于其他地区

虽然全国枸杞市场价格总体呈现下降趋势，但与其他产地来源的枸杞价格相比，具有道地性品质优势的宁夏枸杞市场价格显著高于其他地区。例如，比较 2014—2019 年河北安国药市、安徽亳州药市、广西玉林药市宁夏和新疆的枸杞价格发现，虽然各药市枸杞市场呈下行趋势，但总体来说，宁夏枸杞的价格显著高于新疆（图8-27），这充分体现了宁夏枸杞的优良品质和品牌效应。

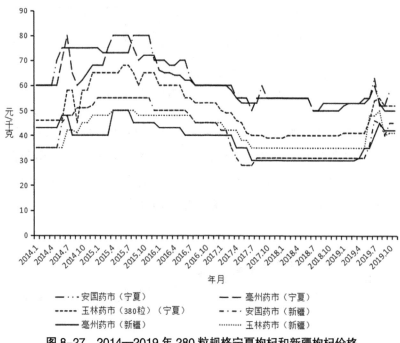

图 8-27　2014—2019 年 280 粒规格宁夏枸杞和新疆枸杞价格

（3）出口量波动上升

随着电商经济的快速发展，宁夏枸杞的销售市场越来越大，出口量和出口额迅速增长，加快了宁夏枸杞的品牌建设，也为宁夏枸杞产业的进一步发展打下了良好的基础。宁夏枸杞从 1978 年开始有外贸出口记录，1990 年以后形成稳定出口。目前，宁夏枸杞出口企业 30 多家，其中出口额超过 500 万元的企业有宁夏沃福百瑞生物食品工程有限公司、宁夏乐杞生物科技发展有限公司、宁夏顺元堂汉方生物科技有限公司、宁夏博瑞源贸易有限公司等，其他还有（按出口量排序）宁夏正阳健康食品发展有限公司、宁夏通洋贸易有限公司、宁夏正源吴忠清真食品有限公司、宁夏正九品贸易有限公司、中宁县德源贸易有限公司、宁夏杞乡生物食品工贸有限公司、宁夏中宁县宁海土产果品有限公司、宁夏红枸杞商贸有限公司等。2006—2019 年 9 月宁夏枸杞出口贸易呈现出"增—减—增—减"的波动性趋势（图 8-28）。2011 年，宁夏枸杞出口遭遇严重贸易壁垒之后，自治区通过系列"组合拳"，加大科技创新，提升枸杞质量标准和品牌水平，2013 年和 2014 年出口增长显著。但2015 年以来，随着国内枸杞面积的增加，市场竞争加剧，以及世界经济环境的变化，宁夏枸杞出现出口总值下跌状况（图 8-29）。

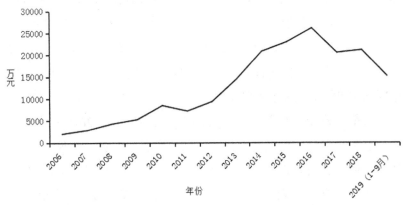

图 8-28　2006—2019 年 9 月宁夏枸杞出口额
数据来源：宁夏海关，下同。

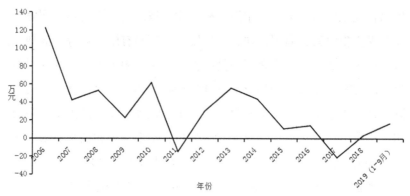

图 8-29　2006—2009 年宁夏枸杞出口额增减变幅

（4）出口量最大

宁夏枸杞从传统的肩挑背扛原始干果销售，到如今的果汁、果酒、芽茶、保健品等 100 余款枸杞产品在国内一、二、三线城市各类专卖店、专柜和电商平台销售，实现了国内市场全覆盖。先后在法国、意大利、俄罗斯、马来西亚、新加坡、英国、德国、澳大利亚、美国等国家和我国台湾、广州、上海、成都、长沙等中心城市开展宁夏枸杞专项宣传推介活动，宁夏枸杞集散中心、信息中心在全国枸杞市场上发挥了重要作用。

目前，枸杞出口涉及 31 个省（区、直辖市），2018—2017 年出口总量排名前十位的是宁夏、广东、安徽、湖南、青海、山东、辽宁、河北、内蒙古和广西。这 10 个地区占出口总额的 88.93%。宁夏回族自治区是我国枸杞最大的集散地，出口量最大，占全国枸杞出口量的 39.43%（表 8-16）。而其他出口较多省份主要为国际贸易比较发达的东部省份。

表 8-16　2008—2017 年不同省份枸杞出口情况

排名	省份	出口总量 / 吨	占比（%）
1	宁夏	32542.93	39.43
2	广东	9541.53	11.56
3	安徽	6292.92	7.62
4	湖南	5746.58	6.96
5	青海	5232.64	6.34
6	山东	5068.70	6.14
7	辽宁	2739.31	3.32
8	河北	2504.11	3.03
9	内蒙古	1909.8	2.31
10	广西	1831.77	2.22
11	天津	1757.63	2.13
12	四川	1192.34	1.44
13	贵州	981.69	1.19
14	湖北	977.68	1.18
15	新疆	774.66	0.94
16	浙江	591.53	0.72
17	福建	525.39	0.64
18	吉林	449.61	0.54
19	河南	370.84	0.45
20	上海	312.94	0.38
21	陕西	311.53	0.38
22	甘肃	257.18	0.31
23	黑龙江	190.11	0.23
24	西藏	168.34	0.20
25	北京	121.34	0.15

排名	省份	出口总量／吨	占比（%）
26	江苏	67.29	0.08
27	山西	44.17	0.05
28	江西	23.36	0.03
29	重庆	7.67	0.01
30	云南	3.83	0.00
31	海南	0.05	0.00

（5）品牌价值有效提升

品牌是特色产业的核心，是提质增效的关键。随着国家提出实施特色产业品牌工程，构建现代农业产业体系、生产体系、经营体系，打造现代农业全产业链，培育一批质量上乘、科技含量高、市场容量大的特色农产品品牌政策，经过多年发展，宁夏"枸杞之乡"品牌知名度享誉全国。"宁夏枸杞"入列中央电视台"广告精准扶贫"，"宁夏枸杞""中宁枸杞"两个区域公用品牌双双获得"全国消费者最喜爱的 100 个中国农产品品牌"称号；"中宁枸杞"在全国农产品区域品牌价值评价活动中以 172.88 亿元的品牌价值进入全国农业区域品牌价值十强；"宁夏枸杞"获全国农产品区域公用品牌中药材排行榜第一名；在京广、京沪等高铁专线和部分航班、机场等投放宣传广告，扩大宁夏枸杞的对外宣传力度。

（6）研发能力稳步增强

宁夏相继建成了国家农业部枸杞工程技术研究中心、国家林业局枸杞工程技术研究中心、国家发改委"国家地方联合共建枸杞工程研究中心""中国枸杞工程研究院""中国枸杞联盟"等国家级研发中心和 19 个枸杞人才高地工作站；大力开展科企科地合作，积极引导企业与中科院、国家枸杞工程技术研究中心等科研机构共建研发平台，设立院士、博士工作站；大力开展成果转化，枸杞特膳、枸杞糖肽、枸杞酵素、枸杞面膜、枸杞啤酒以及枸杞明目片、护肝片、枸杞花青素含片等一批功能性产品生产线相继建成投产，枸杞深加工及功能性新产品研发已成为企业发展的动力之源、立身之本。

（四）质量管控不断强化

目前，已发布的枸杞产业国家、行业、地方标准共有120余项，其中：国家标准7项（宁夏起草制定4项），行业标准15项（国家农业部11项、国家林业局1项、其他3项），地方标准99项（宁夏制定发布59项），质量安全类11项，气象类2项，加工及其他类7项。涉及枸杞质量安全的标准，目前执行的是2016年6月1日由自治区卫生计生委发布实施的《食品安全地方标准—枸杞》。自治区林草局与自治区农业农村、农林科学院、宁夏气象局联合开展枸杞用药登记、投入品管理、标准制定、病虫害监测预报、气象服务等工作；与农业农村厅联合印发《宁夏枸杞生产推荐农药品种目录》，全力争取国家农业农村部的大力支持，持续推进枸杞农药登记工作，建立了一批绿色防控核心示范区，布设了上千个监测预报样点。配合宁夏气象局建立中国枸杞气象服务中心，开展枸杞气象预测预报服务。

（五）枸杞文化出新出彩

百瑞源枸杞博物馆、中宁枸杞博物馆相继建成，并开展了一系列文化活动；自治区林草局编著的《枸杞雅集》已于第一届枸杞产业博览会开幕前出版发行，《枸杞通史》在第二届枸杞产业博览会开幕时正式发行面世；由自治区林草局和中国绿色时报社联合主办的"百家媒体宁夏枸杞行"活动圆满成功，截至目前，共发布原创新闻报道 235 条，其中中央级媒体新闻平台发布 70 条，《中国自然资源报》《中国绿色时报》《中国食品报》分别在头版刊登了展会盛况，覆盖受众 3000 万人次。在全国范围内开展了枸杞摄影、歌曲、剪纸、动漫等作品征集评选活动，进一步巩固了宁夏枸杞在中国枸杞产业的领军地位。

二、宁夏枸杞产业发展劣势分析（W）

（一）竞争能力提升较慢

从以上分析得知宁夏枸杞产业具有多方面的优势，其种植规模，加工、销售等产业链发展都在稳步上升，但枸杞产业发展竞争力优势明显减弱，导致其总产值和知名度以及给农户带来的收益仍然不足。宁夏枸杞发展较好的中宁近几年虽然种植规模不断扩大，产量也在波动上升，但是其面积和产量占宁夏全区的比例均波动下降。2006—2017 年，中宁县枸杞种植面积占宁夏全区的种植面积由 21.21% 下降到 13.03%，枸杞产量占宁夏全区枸杞产量由 30.47% 下降到 21.52%（见图 8-30）。其中，2006—2007 年，全县枸杞产量占宁夏全区枸杞产量之比由 30.47% 升高到 37.30%，2007—2013 年，占比又下降到 23.05%，2013—2015 年，占比又回升到 35.06%，2015—2017 年，占比又由 35.06% 下降到 21.52%（图 8-30）。根据课题组调研访谈得知，近几年很多枸杞种植区有铲除枸杞现象，主要原因是中宁枸杞在个头、颜色上和其他枸杞种植区相比不占优势；其次是成本越来越高，主要是人工工价越来越高，虽然现在种植、打药等过程都能机械化，但采摘主要还是人工。另外，近几年由于宁夏大力发展优势特色产业，其他的优势特色产业发展迅速，个别地区赶超了枸杞产业，如宁夏葡萄的比较优势要比枸杞高，因而葡萄的种植超过了枸杞的种植。随着市场价格变化，枸杞种植深受市场价格的影响，只要价格低了，就有枸杞被挖掉的现象。

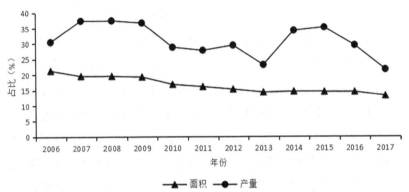

图 8-30 2006—2017 年宁夏中宁县枸杞面积与产量占全区比重

（二）全产业链发展存在技术瓶颈

1. 采摘机械化程度低

枸杞机械采摘的瓶颈制约产业规模化发展。枸杞采摘人工缺乏及其过高的成本，成为制约枸杞产业高质量发展的重大制约因素。在枸杞生产过程中机械化水平不高，枸杞的采摘人工工价和种植成本越来越高，目前枸杞采摘基本依靠人力，严重缺乏枸杞采摘的最新技术支持，过高的人工成本增加了枸杞生产成本。在采摘旺季，还会出现用工荒现象。致使枸杞果实直接烂在树上，损失严重，有些农户出现了改种其他作物的现象。

2.种植和加工用药不合理

农户缺乏农药选择、使用的专业知识，不规范用药现象依然存在，使得农药残留超标。近年来，中宁枸杞收获后的晒干过程中，存在使用硫黄或亚硫酸钠熏蒸改善其外观现象，造成果实中二氧化硫含量超过我国国家标准。另外，因常年种枸杞，无休耕、轮耕，致使枸杞根腐病严重，急需解决根腐病问题。

3.深加工产品的技术与市场化开发不足

近年来，虽然宁夏枸杞加工水平居全国较先进水平，但是智能化的加工技术装备有待进一步升级创新，加工生产的生产效率和集约化程度有待进一步突破。尤其是枸杞干果设施化加工生产工艺的集约化、集成化水平与加工转化率需要进一步提高。由于枸杞产业链生产打造不足，导致产业化水平较低，枸杞产品的80%以干果销售，高附加值的精深加工的主导产品较少。对枸杞果膏（酱）、果冻、营养添加粉剂、食用色素、调味制品、航空食品等领域扩展不足，对杞叶、花和地骨皮等其他部位的开发利用也较少，高附加值精深加工产品的市场化开发不足，产品优势尚未完全转化为经济优势。枸杞产业附加值低，削弱了产业效益。

4.企业创新动能不足

宁夏全区具有独立研发能力、科技成果转化能力和年销售过亿的企业不到10家，产品研发种类、外部包装、营销方式复制率高，产品同质化现象严重，大部分经营主体尚处在以原料和初级产品出售的较低层次。大型枸杞企业在产业现代化装备开发上投入不足，加工、贮藏、运输和销售各环节数字化、智能化、可视化和自控化程度低，市场拓展乏力。

5.品牌的提升与保护不足

目前，出现在网络购物平台上的"宁夏枸杞"干果品牌多以千计，信息难辨真伪；各类市场中以次充好、以假冒真的"宁夏枸杞""中宁枸杞"难以杜绝；名不副实的"市场调查""分析报告"等，都损害着宁夏枸杞的品牌形象，影响了枸杞产业的健康发展。另外，中宁作为宁夏枸杞的核心产区近年来得到了长足发展，但也存在优质不优价、加工转化率低、同质化竞争严重、品牌综合效益不高等问题。例如，枸杞发展定位未突破传统认识，"中宁枸杞"品牌未能充分发掘，缺乏"立足宁夏、立足中宁、面向中国、面向世界"的眼光和气魄，中宁枸杞独特的区位资源优势没能有效发挥，做大做强中宁枸杞产业，全力打造全国乃至世界知名品牌的思路不开阔。"中宁枸杞"国标制定，"龙头企业＋基地＋合作社＋农户"的发展模式推进缓慢，以标准化、专业化、规范化种植为基础，以品质化、品牌化为保障，以销售市场化与深加工为核心的中宁枸杞全产业链发展效果不明显。

（三）枸杞专业合作社发展不完善

作为宁夏枸杞产业主要的新型经营主体之一，枸杞专业合作社标准化生产经营投入不足，体系不完善，产品深加工能力弱、附加值低；用工荒用工难现象频发；初始经营困难、融资成本高；品牌保护不足导致品牌效应不强，各大主体难以形成竞争力；枸杞专业合作社缺乏必要的人才、技术支撑，人才资源储备不足，科技创新力量薄弱。

课题组从合作社经营情况，科技创新、人才需求，组织结构、绩效评价等方面对枸杞产业合作社进行了问卷调研与走访调研。结果表明，经营情况方面，合作社经过工商注册的有94%，有53%的合作社创立形式为大户牵头，政府推动成立的有44%，企业牵头和供销社牵头创立的合作社较少。基地面积在6.67—33.33

公顷之间的合作社有 75%，同时 50% 的合作社注册资金在 100 万元以上，37.5% 的合作社注册资金在 20—50 万元之间。2018 年，有 65.3% 的合作社经营处于亏损状态，在市场推广中有 44.4% 经常采取经纪人推销和定向供货的方式，采取网上推广的有 22.2%，媒体推广、电话营销推广方式利用较少。合作社产品主要针对本地市场销售，出口国外的很少。合作社采取网上交易，拍卖交易和委托代理交易方式很少见；科技创新方面，合作社拥有的科技人员人数较少，且大部分为农民技术员，平均比例约为 1/3，只有少数合作社有推广的新品种、新化肥、开发加工农产品。合作社农业技术和科技信息来源渠道 46% 的来自政府科技部门，有 62.5% 合作社缺乏从事技术推广、营销管理、产品研发、市场规划等方面的人才；在决策方面，有 75% 的合作社在制定产品价格时根据客户的意见进行调整，少数合作社要求社员掌握统一的生产技术和质量标准和根据接到的订单安排社员的生产，71.4% 的合作社与社员签订稳定的购销合同。2018 年合作社的业务增长速度与年初的预期相比，只有 47% 的合作社盈利能力较好，有 66.7% 的合作社在满足社员需求和提高社员收入方面的效果一般，60% 的合作社在向社员提供农资时价格没有优惠。40% 的合作社在对当地经济社会发展带来的积极影响比较显著，但有 20% 的合作社对社会带来的积极影响非常不显著，社员对合作社的认可程度和满意程度也一般；将近 75% 的合作社制度不完备需要改进，同时需要政府拨款支持，解决融资渠道，加强组织领导进行技术指导和培训，协助畅通农产品销售渠道，组织合作社之间的相互交流和协作，制定产品标准建立行业规范等。

三、宁夏枸杞产业发展机遇分析（O）

（一）构建现代农业产业技术体系

近年来，自治区一直着力于扎实建设现代农业产业技术服务体系，秉着因地制宜、分类指导以及统筹规划的原则，针对现代农业发展的现实需求，根据自治区内各农业科技示范园区的实际情况，尝试探索新思路、新路径。并且大力鼓励支持新兴力量进入农业生产发展的各个环节中来，对农业生产环节中的创新创业者给予充分的关怀，通过龙头企业带动、科技创新特派员带动创业、农业科技中介服务提供等多种途径，构建完善的农业科学技术服务体系，并且向多元化、融合化方向发展，为宁夏特色农业茁壮成长提供强有力的技术体系支撑。

（二）产业政策保障有力

随着特色优势产业发展意识的提高，宁夏当地政府越来越重视枸杞产业的发展，枸杞产业被确定为自治区农业产业的战略主导产业。当地政府从扶持政策、资金等多方面对枸杞产业大力支持，特别是在枸杞的主产区中宁县，对枸杞产业的品牌保护与提升、科技支撑、生产种植、加工包装和市场开拓等方面制定了一系列措施、办法，充分发挥了宁夏枸杞产业优势。如自治区人大常委会颁布了《宁夏回族自治区枸杞产业促进条例》；自治区政府做出再造宁夏枸杞产业发展新优势战略部署，印发《再造宁夏枸杞产业发展新优势规划（2016—2020年）》，相继出台了《关于创新财政支农方式加快发展农业特色优势产业的意见》（宁政发〔2016〕27号）、《创新财政支农方式加快枸杞产业发展的扶持政策及实施办法》（宁林办〔2016〕43号）等产业扶持政策。自治区党委组织部人才办、自治区财政厅、林业厅（原）联合推进，建立枸杞产业人才高地，大力引进培养枸杞产业现代化生产技术人才、现代化营销人才和高科技人才，为枸杞产业现代化发展提供人力资源支撑。

四、宁夏枸杞产业发展挑战分析（T）

（一）邻近省区间的竞争加剧

宁夏枸杞产业具有多方面的优势，如种植规模，加工、销售等产业链发展都在稳步上升，但是和全国其他枸杞产区相比，这些年宁夏枸杞产业的发展增速远远赶不上青海、甘肃等地。近年来，随着宁夏枸杞人才、种苗、技术、资金大量进入青海、新疆、甘肃、内蒙古等省（区），导致宁夏周边省（区）枸杞种植规模和产量迅速扩大，青海枸杞产量已超越宁夏，位居全国第一，且宁夏枸杞在个头、颜色上比不上其他地区，竞争压力与日俱增。尤其是新崛起的甘肃酒泉、青海都兰主产区，对传统宁夏枸杞产业造成了很大的冲击。宁夏地域狭小，枸杞种植规模受到空间限制，一定程度上也制约了枸杞产业的发展（温淑萍、王琛、张治华，2018）。

（二）产业发展风险性增大

一是自然灾害的风险。枸杞成熟期遇到降雨易造成裂果、采收或加工不及时而影响产量。前期的霜冻、低温天气或狂风；生长季偶发的冰雹、暴雨或连雨天等气象灾害，都加大了生产风险。二是鸟害等生物危害的风险。枸杞植株因茎叶繁茂、一年中多次开花、多次结果，果汁甘甜等因素容易招引鸟类等生物侵害。三是存在市场风险，外部市场的壁垒、同类市场的竞争以及市场舆情的突发情况等都可能导致市场风险。

（三）企业融资形势严峻

枸杞行业投资长、见效慢，经营主体经常会出现资金不足的情况，尤其是季节性流动资金压力大，如生产抚育、鲜果采摘、干果收购时期等。虽然自治区党委、政府配套了金融扶持政策，但由于银行政策门槛限制，枸杞林权抵押、仓储质押等无法向银行贷款，严重影响了枸杞产业的发展。

（四）产业链之间利益难平衡

枸杞种植主体受市场流通渠道限制，处于市场弱势地位的难以实现预期收益。枸杞是多年生灌木，生产周期长，从定植到形成有效产量的三年内，基本上是只有投入没有产出利润，形成产量后，如遇市场价格降低，也不能获得有效收益，导致种植积极性降低，甚至出现挖树毁林现象。

（五）品牌效应受到冲击

品牌多而不强，导致品牌的影响力和知名度较低，协同效应难以显现。

无论是电商平台还是实体销售，有的外部市场以外地枸杞冒充"中宁枸杞"或以次充好，对宁夏枸杞品牌声誉的影响较大，影响市场与客户的稳定性，价格波动、小规模经营主体销售渠道不畅，注册商标多、品牌整合不够强，品牌协同效应难以显现。

五、宁夏枸杞产业发展的对策措施

枸杞产业以实施品牌战略为核心，发挥宁夏枸杞品牌、原产地域及品质、技术等优势，完善良种繁育基地、无公害生产基地、果实制干设施、信息服务网络及市场体系建设，不断提高枸杞干果及加工产品的市场占有率。以科技为手段，以加工企业为依托，加强枸杞及其深加工产品开发研究，改进鲜果采后的商品化处理手段。对于枸杞干果、枸杞鲜汁和枸杞籽油等产品，要国际市场与国内市场并重，积极拓展营销渠道。围绕着国家的高质量发展要求，通过逐步提高枸杞产品的质量和品质，进一步提高生产水平，增加产品的市场竞争力，提高枸杞产业的质量与效益。

（一）狠抓质量安全提升

建设枸杞大数据综合平台，应用物联网技术，强化科技支撑，通过信息自动采集，推进"智慧农业"建设进程，精准掌握生产、经营、流通、消费全过程发展动态，科学指导产业发展。继续认真落实《枸杞病虫害绿色防控实施方案》，着力培育壮大一批管理规范、水平较高的枸杞病虫害绿色防控专业化服务组织，力争枸杞核心产区病虫害统防统治全覆盖。严格枸杞投入品监管，所有农资店建立枸杞投入品购买、销售台账。企业、合作社、种植大户建立枸杞投入品进出库及使用台账，做好生产管理记录，严格执行《宁夏枸杞推荐农药及其使用规范》，加强对散户、企业在种植环节施肥、喷施农药的技术指导和限量管控。进一步完善宁夏枸杞产业标准化体系和生产标准体系，加强枸杞质量安全标准认证和质量检测，促进枸杞产业各环节规范化操作、标准化管理。加大执法检查力度，形成不定期巡检制度，全年开展执法检查不少于 10 次。加大枸杞产品检测力度，引入第三方权威检测机构，建立自治区级枸杞质量检测中心，缩短检测时间，扩大检测面。采取政府购买服务的方式运行，实现种植、加工、流通等环节产品检测全覆盖，完善枸杞质量认证和溯源体系。推行枸杞设施烘干全覆盖，对现有烘干设施整合，提高利用率，最大限度地增加设施烘干能力和烘干企业的效益。支持枸杞生产经营主体积极开拓国际市场，大力推广良好农作物操作规范和国际国内有机食品认证、GMP 认证等。

（二）推进加工环节整合，力促枸杞深加工及产品研发

作为传统优势产业，在日趋激烈的全球农业产业竞争中，只有延长产业链，提高附加值，打造产业新业态，建立起现代枸杞产业体系，使宁夏枸杞产业从传统种植业到有机、休闲的现代农业的转变，才能赢得宁夏枸杞参与全球竞争的新优势。整合粗加工企业，制定原料加工行为规则，制定枸杞加工行业标准和规范。整合所有符合食品加工标准的加工企业，进行标准化改造，按统一标准进行加工，对加工出来的成品统一进行编码，实现加工环节的可追溯。规范成品干果运营程序，按照制定的级别和标准，统一仓储，统一配送。加大科技研发，促进科技成果转化，发挥中宁枸杞院士工作站和中宁枸杞产业创新研究院的作用，加强学习、交流、沟通和合作，从食品、保健、医药及康养等方面加大新产品研发和成果转化。逐步整合现有生产同类产品的深加工企业，鼓励其抱团发展，减少同质化竞争，支持和鼓励深加工企业将新产品逐步推向市场。对成长型深加工企业，政府在宣传推广、营销、扩大产能等方面加大资金扶持和培育力度，对新上的产品加工项目严格审批，对无显著优势的已有产品加工项目不再予以立项，对新开发的有市场前景的产品加工项目，予以支持。

（三）持续推进科技创新

激发全区的科技研发资源、金融服务资源、文化引领资源的

创新活力，提高枸杞基础研究水平，争取在质量安全和功能性产品研发转化方面取得新突破。加快具有宁夏地域特性的枸杞新品种培育，加强具有宁夏地域特征的枸杞新产品（工艺）研发、新技术推广应用，开发一批具有宁夏地域特点的枸杞专业机械装备，着力推动枸杞产业农机农艺融合、水肥一体化进程。

（四）强化宁夏、中宁枸杞品牌保护

加大维权保证执法力度，强化监督检查，严厉查处打击商标侵权、假冒中宁枸杞销售、擅自制作销售及滥用中宁枸杞包装物、假冒标识和不按规定使用标识等行为。建立中宁枸杞品牌保护跨区域合作机制；强化品牌形象建设，统一中宁枸杞宣传用语、营销术语；统一中宁枸杞专卖店（专柜）门头牌匾、展柜、包装物、展会、推介会等形象设计；统一指导价销售中宁枸杞产品；统一使用中宁枸杞质量安全溯源标识；完善提升中宁国际枸杞交易中心服务功能和档次。完善交易中心各项基础设施，优化市场布局，明确中宁国际枸杞交易中心功能，建立智能化市场交易、产品速测检测、冷仓物流、电商服务平台及客户服务中心等，尽快完成全国农产品（枸杞）产地大市场的认定工作，将中宁"全国枸杞交易集散地"的效益发挥最大化；利用互联网做好品牌宣传，将一亩枸杞田与全球市场相连，最好的媒介莫过于互联网。在产业链的终端，利用互联网拓展销售渠道，实现精细化经营，已成为宁夏推动枸杞产业升级发展的新路径。改变重线下、轻线上的认识，根据线上大数据，先了解客户需求，再开发适销对路产品，让线上来决定线下。大力培育知名品牌，充分利用现代媒体和国内外有影响力的展会、推介会，多角度、全方位、立体式宣传，集中力量打造"宁夏枸杞""中宁枸杞"两个公共区域公用品牌，扩大两大区域公用品牌的金字招牌影响力。

（五）加强市场渠道拓展

坚持办好枸杞产业博览会，筑牢宁夏枸杞在中国枸杞行业的领军地位和领导品牌，始终掌握中国枸杞行业的"话语权"；对当地的优势产业发展龙头企业给与积极支持政策和资金，培养和发展当地的优秀核心企业，通过引进和支持外有市场来带动当地的核心企业，着重于枸杞行业的发展，对枸杞的加工和保存进行精深研究，延长枸杞产业链条，提高枸杞产业的吸引力，重点推进宁夏枸杞产业的正规化、标准化、规模化和集体化的发展。着力提升中宁国际枸杞交易中心影响力，巩固全国枸杞集散地、价格风向标的地位。

（六）加强枸杞文化建设

加强枸杞文化建设，创新创作能力，挖掘4000年的枸杞历史文化，2000年的枸杞药用文化，600年的中宁枸杞人工种植文化和现代科技发展孕育的"药食同源"文化，形成独具特色的中宁枸杞文化。加强宣传引导，讲好中宁枸杞故事，培养消费者品牌情感，树立消费信心。利用中宁枸杞的品牌效应，实施中宁枸杞宣传文化主导战略，开展以中宁枸杞为名片的全域旅游，建设中宁枸杞产业小镇，打造枸杞文化与旅游盛宴。积极创作一批反映枸杞历史传承、文化内涵、保健养生、营养功效的文化产品，做好枸杞文化融合发展的好文章；鼓励和支持有条件的经营主体开发打造一批乡土文化特色鲜明、道地产区不可复制、原产地文化传承积淀深厚的项目；鼓励主产县区与核心产区建设枸杞特色小镇，推动枸杞产业与全域旅游深度融合，打造枸杞三产融合示范。

第四节　新疆棉花产业现状与发展研究

新疆位于我国西部边陲，光照充足、昼夜温差大，为棉花产业发展提供了得天独厚的自然条件，适合多种类型的优质原棉的生长，成为我国最大的棉花生产基地。棉花是新疆最具规模种植优势的经济作物，由棉花种植、加工、运销、外贸、研发、金融及深加工构成的棉花产业是新疆的重要支柱产业，新疆棉花发展状况决定着我国棉花产业安全以及棉纺织业发展方向，是保障产业稳定发展和农民增收的重要途径，在新疆整个经济和社会发展中占有非常重要的地位。但近年来，由于生产成本上升，水资源紧缺，自然灾害与病虫害问题，品种杂乱，产业链衔接不畅，品牌影响力弱等原因，新疆棉花产业的发展面临着严峻挑战。

一、新疆棉花产业地位与布局

（一）新疆棉花在中国的地位

我国耕地面积日益减少，国家为了保证粮食安全需求，黄河流域、淮河流域及长江流域作为扩大粮食生产规模的主产地，近些年棉花的种植面积和规模急剧减少。另外，国家对新疆地区实施棉花目标价格补贴政策，调动了棉农的种植积极性，使得我国棉花种植进一步向优势区域新疆棉区集中，新疆棉花种植面积稳定增加，在我国棉花供给的任务中发挥越来越重要的作用。

新疆是我国最大的优质商品棉生产基地，新疆还是我国唯一的长绒棉产区，新疆长绒棉品质极佳，纤维柔长，光泽洁白，各项质量指标均超过国家规定标准，是世界优质棉花之一，常年供不应求，被誉为"棉中贵族""白色黄金"，甚至还是人民币中的主要成分。棉花产业是新疆农村经济的支柱和特色优势产业，同时是新疆农业发展的重要组成部分。目前新疆的棉花已成为新疆的主要农作物，是全疆农民，特别是南疆少数民族农民一项重要的收入来源，占据其 30%—50% 的收入，棉花产业对新疆具有重大的社会和政治意义。

新疆棉花面积、总产、单产已连续二十余年居全国首位。2018年新疆（不包括新疆生产建设兵团）棉花种植面积达到 166.09 万公顷，占到全国棉花种植面积的 74.21%；产量达 511 万吨，占全国总产量的 85%；单产保持在 2051.5 千克 / 公顷，高于全国平均水平 200 多千克 / 公顷。新疆棉占国内消费比重约 67%。

（二）新疆棉花在世界的地位

棉花同其他大多数经济作物一样，对土地质量、气候都有其特殊的要求，土壤养分、湿度、空气质量、盐碱含量、温度等对棉花生长有很大影响。尽管全球对棉花的需求越来越大，但是适合种植棉花的地区并不多，主要分布于中国、巴基斯坦、巴西、印度、美国、澳大利亚以及中亚五国，在全球的棉花生产数量中大概占比为90%。中国也是全球当下最大的纺织服装整体包装的出口国家，在全球出口市场中的占比为总额的 33.7%。其中，对美日欧等发达国家的出口，占出口总额的一半以上。中国不仅是世界最大的棉花生产国，也是世界最大的棉花消费国，占全球消费量的 22% 左右。如今，已形成了"世界棉花看中国，中国棉花看新疆"的产业格局。新疆的棉花不仅在我国占据着主导地位，在世界上的地位也是举足轻重。

（三）新疆棉花产业布局

目前，新疆棉花种植面积涉及全区 63 个市（县），种植带根据自然环境、生产条件、宜棉程度等条件的不同分为南疆、北疆和东疆三大棉区。南疆主要生产优质陆地棉、长绒棉，是新疆最大的棉区。南疆优质陆地棉区位于天山以南、塔里木盆地周围，包括喀什、阿克苏、巴音郭楞等地的 19 个市（县）；阿克苏、巴音郭楞的 4 个县适宜种植陆地棉和早熟长绒棉，是全国长绒棉生产基地。北疆和东疆主要生产优质陆地棉。北疆棉区位于天山以北、准噶尔盆地西南缘，包括博尔塔拉、塔城、昌吉、克拉玛依等地区的植棉市（县）。东疆棉区位于天山东南部的吐哈盆地，包括吐鲁番、哈密两地区的植棉市（县），是新疆热量条件最好的地区，靠井水灌溉，是适宜种植中、晚熟陆地棉和早、中熟长绒棉的棉花产区。

2006—2018 年，新疆 10 个主要棉区中，除伊犁哈萨克自治州与和田地区棉花产量有所下降外，阿克苏地区、喀什地区、塔城地区、巴音郭楞蒙古自治州、昌吉回族自治州、博尔塔拉蒙古自治州、哈密市、克孜勒苏柯尔克孜自治州 8 个地区棉花产量均呈波动性增长趋势，增幅依次为 163%、90%、198%、100%、116%、172%、83%，增幅很大。除 2006、2014 年喀什地区为新疆产量最高的地区外，其他年份阿克苏地区均超越喀什产量居新疆首位，2017 年产量达到近年最高 1004421 吨。自 2006 年至 2018 年，阿克苏产量比平均排名第二的喀什地区平均高出 31%。2018 年变化比较明显的是伊犁哈萨克自治州，其他年份产量都呈波动增长态势，但 2018 年产量锐减到 14958 吨，较前一年减少了 33%（见图 8-31）。

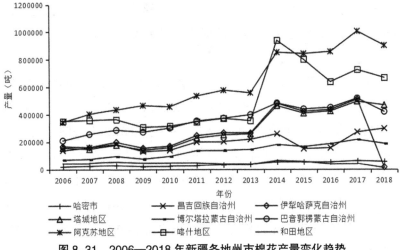

图 8-31 2006—2018 年新疆各地州市棉花产量变化趋势

二、新疆棉花产业生产现状

棉花产业是关系到我国国计民生的重要战略物资和棉纺织工业的基本原材料，产业链涉及多个行业，在我国国民经济中占据着十分重要的位置。目前，我国棉花总产量和单产均居世界首位。近年来受到经济结构调整等因素的影响，我国棉花的种植面积和产量均呈现波动下滑。到 2018 年，下降至 335.4 万公顷。

而新疆是我国最大的优质棉生产区域，经过了几十年的发展，尤其是"九五"和"十五"期间，对新疆的优质棉生产基地建设实施以来，新疆当地政府通过不断整改产业的结构，优化当地的自然资源配置和提高植棉水平，加之新疆的棉花种植条件独一无二，使新疆跃居为中国最大的产棉省区，同时也成为中国最大的商品棉基地和原棉出口基地。随着国家近年来在农机补贴上的大力扶持，新疆棉花产业机械化已大幅提升，新疆棉花机械采摘率已经达到69.83%，北疆更是95%以上的棉花田实现全程机械化。

（一）新疆棉花种植面积逐步增长，占全国的比重越来越高

这些年来，我国的棉花种植土地面积一直在下降，全国棉花的种植面积自2006年起到2018年缩减了2461.2千公顷，同比减少了42%。其他地区植棉面积在失去政策支持后降至冰点，而新疆棉区在政策支撑下逐渐增长。2017年中央1号文件明确提出深化新疆棉花目标价格改革，进一步完善目标价格政策，增强了棉农信心。到2018年，全疆棉花种植面积达到2491.3千公顷，比2006年增加了807.2千公顷，增幅达47.93%。新疆棉花播种面积占全国的比重从2006年的29%增至2018年的74%，占比增长了45个百分点（见图8-32）。新疆棉花种植在我国的地位越来越重要。

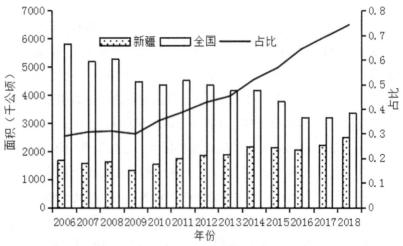

图8-32　2006—2018年新疆和全国棉花种植面积及新疆占全国的比重

（二）新疆棉花产量波动性增加，占全国比重逐年上升

由于内地棉区种植面积的萎缩，全国棉花产量也随之波动性下降。从 2006 年的 753.25 万吨下降到 2018 年的 610.28 万吨，降幅为 18.98%。而新疆棉花产量在 2009 年随着全国棉花种植面积的萎缩、产量的降低也降到一个冰点，为 264.33 万吨。2010—2018 年，新疆棉花产量又呈波动性增长趋势，2018 年，创历史新高，达到了 511 万吨，占全国产量的 83.75%（见图 8-33）。

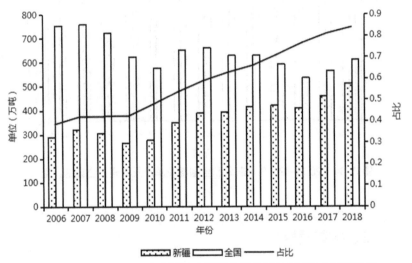

图 8-33　2006—2018 年新疆和全国棉花总产量及新疆在全国的比重

（三）新疆棉花单产波动上升但与全国差距逐渐缩小

新疆丰富的光热资源和特殊的绿洲灌溉农业的优越生产条件，使新疆棉花的总产、单产连续多年居全国首位。自 2006 年统计，新疆棉花单产水平一直高于全国单产水平，2013 年达到了近十几

年的最高值 2088.47 千克 / 公顷，是全国平均单产水平的 1.38 倍
（见图 8-34）。2018 年，新疆单产水平达 2051.5 千克 / 公顷，与
2006 年比，增长了 18.89%。近几年，新疆单产水平一直趋于平稳，
随着全国平均单产的升高，新疆与全国单产水平差距越来越小。

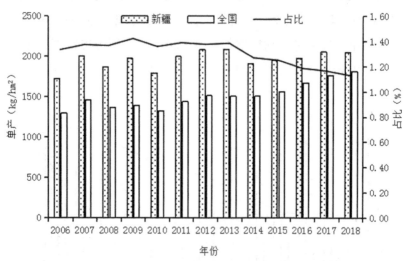

图 8-34　2006—2018 年新疆和全国棉花单产及新疆占全国的比重

三、棉花质量分析

棉花质量直接关系着棉花的价格，影响着上亿农民、上千万
纺织工人的切身利益。棉花质量指标数据可谓"四两拨千斤"，若
棉花纤维的长度值短 1 毫米，一吨棉花的价格将相差 200 余元人民
币，以 2020 年我国棉花总产量 591 万吨计算，将对广大棉农造成
十几亿元的损失。因此，在棉花的生产与加工中，不仅要注重产量
的增加，还要注意质量的提升。本书通过对棉花品级、长度级、马

克隆值、断裂比强度、长度整齐度五个主要棉花质量指标数据，对比分析了全国、新疆地方、新疆兵团近年棉花质量变化趋势。因2017—2018年仅搜集到当年12月数据，无全年整体数据，为与其他年份数据口径相统一，本小节分析年份为2006—2016年。数据来源于中国纤维质量监测中心网（http://www.ccqsc.gov.cn/authorize/index.action）。

（一）品级分析

品级是指棉花品质的级别，根据棉花的成熟程度、色泽特征和轧工质量，从高到低分为7个级，7级以下为级外。品级标准级是3级。整体来看，2006—2014年，无论是新疆地方，还是新疆生产建设兵团，棉花品级都不高，而且还呈下降趋势。

新疆地方2006—2013年棉花的品级中，3级比重最大，1、2级棉花比重很小。2006年、2009—2016年1级棉花的占比都为零。2014、2015年5级最多，2016年，6级最多，占51.5%，可见品级下滑严重（见图8-35—8-36）。

新疆生产建设兵团棉花品级与新疆地方变动趋势类似，1—4级比重下降严重，而5—7级比重上升明显。与新疆地方明显不同的是，2016年，新疆兵团棉花品级有所恢复，4级品占32.37%。

新疆生产建设兵团与地方比，从2006—2016年1—7级品平均比重来看，1、2级品，兵团分别高于地方0.32、3.57个百分点，但3级品地方高于兵团5.04个百分点，5、6级品地方高于兵团1.03、1.41个百分点，总之品级质量上兵团优于地方。

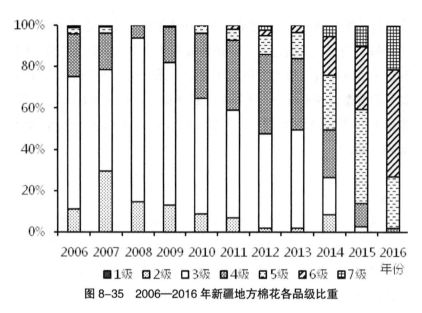

图 8-35　2006—2016 年新疆地方棉花各品级比重

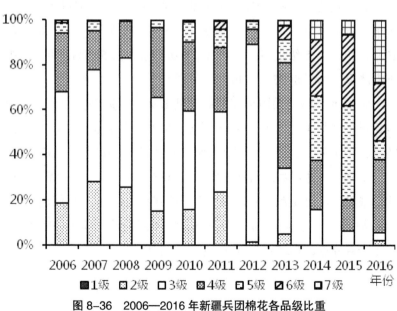

图 8-36　2006—2016 年新疆兵团棉花各品级比重

（二）长度级分析

长度是反映棉花内在质量的重要指标之一。棉花长度以 1 毫米为级距，从 25 毫米级到 32 毫米级分为 8 个长度级。棉花长度越长越好，可纺纱线性能越好。

整体来看，2006—2016 年，新疆地方和兵团棉花长度级主要为 29 毫米、28 毫米，但从期内各级平均比重来看，29 毫米级的棉花地方比兵团高 4.52 个百分点，28 毫米级的棉花兵团比地方高 2.44 个百分点，总的来说，形势向好，地方和兵团长度级高的棉花比重越来越高，而长度级低的棉花比重越来越低，兵团棉花比地方长度级更优（见图 8-37—8-38）。

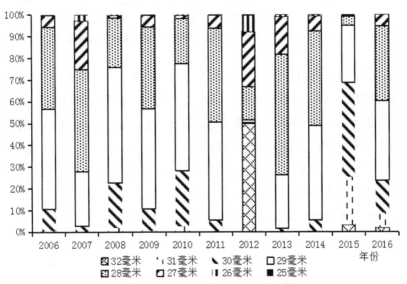

图 8-37　2006—2016 年新疆地方棉花各长度级占比

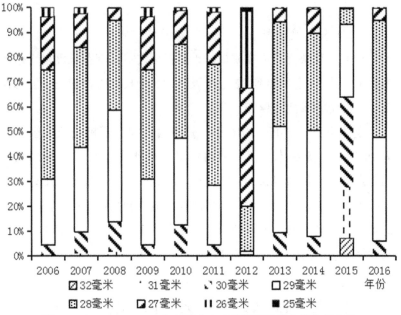

图 8-38 2006—2016 年新疆生产建设兵团棉花各长度级占比

与 2006 年比，2016 年新疆地方棉花 32、31、30 毫米级比重依次升高 1.87、6.27、4.82 个百分点，其中 31 毫米级比重升高最多；29、28、27、26、25 毫米级比重依次降低 9.43、3.14、0.15、0.23、0.01 个百分点，其中 29 毫米级比重降低最多。

与 2006 年相比，2016 年新疆生产建设兵团棉花 32、30、29、28 毫米级比重依次升高 0.03、1.58、15.23、3.12 个百分点，其中 29 毫米级比重升高最多；31、27、26、25 毫米级比重依次降低 0.02、16.28、3.47、0.18 个百分点，其中 27 毫米级比重降低最多。

（三）马克隆值分析

棉纤维的马克隆值是纤维细度和成熟度的综合反映。棉纤维的马克隆值可作为评价棉纤维内在品质的一个综合指标，直接影响纤维的色泽、强力、细度、天然性、弹性、吸湿、染色等。马克隆值分为 A、B、C 三级，B 级为标准级。马克隆值过高或过低的棉花对纺纱均有不利影响，马克隆值适中的棉花才能获得较全面的经济效果。马克隆值在 3.7—4.2 范围内定 A 级，在 3.5—3.6 和 4.3—4.9 范围内为 B 级，在 3.4 及以下和 5.0 及以上的定为 C 级。马克隆值 A 级的使用价值最好，B 级的使用价值正常，C 级的使用价值较差。

整体来看，2006—2016 年，新疆地方和兵团棉花马克隆级主要为 A 级和 B 级，兵团 A 级最多，占 35.95%，地方 B 级最多，占 38.81%，兵团好于地方，其 A 级棉高于地方 7.50 个百分点。但与 2006 年比，2016 年地方和兵团 A 级棉均大幅降低，比重分别降低 23.77、27.5 个百分点。而 B 级棉比重均有所上升，分别上升 16.96、32.3 个百分点。对于 C 级棉来说，兵团比重下降 4.8 个百分点，而地方则下降更多，下降 27.5 个百分点（见图 8-39—8-40）。

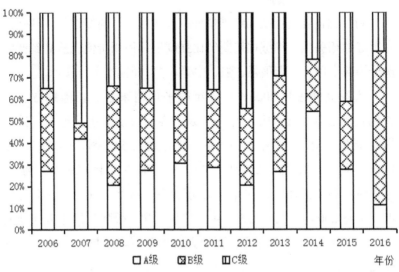

图 8-39　2006—2016 年新疆地方棉花各级马克隆值比重

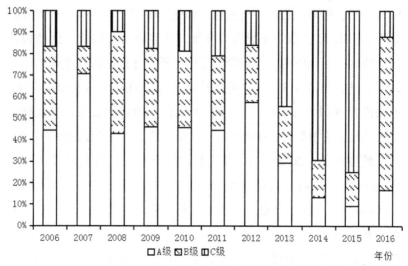

图 8-40　2006—2016 年新疆兵团棉花各级马克隆值比重

（四）断裂比强度分析

断裂比强度是反映棉纤维拉伸强度的指标，与纱线的成纱强力有很好的相关性。细绒棉按断裂比强度值和使用价值，从高到低依次分为五个档次，即很强、强、中等、差、很差。

从各级别占比 2006—2016 年的平均值来看，新疆地方、兵团棉花断裂比强度均以"中等"及"强"级别为主。地方、兵团棉花断裂比强度级别为"中等"的分别占 63.58%、63.75%，级别为"强"的分别占 25.25%、20.75%。地方和兵团相比，级别为"强"和"很强"的比重地方分别高于兵团 4.50、0.36 个百分点，但与 2006 年比，2016 年兵团"强"和"很强"的比重分别上升了 11.53、2.62 个百分点，而地方则处于下降趋势（见图 8-41—8-42）。

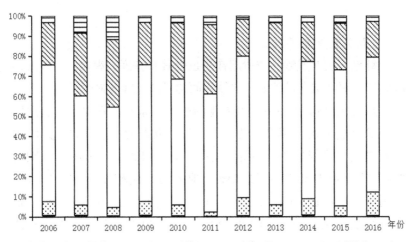

图 8-41　2006—2016 年新疆地方棉花断裂比强度各级别比重

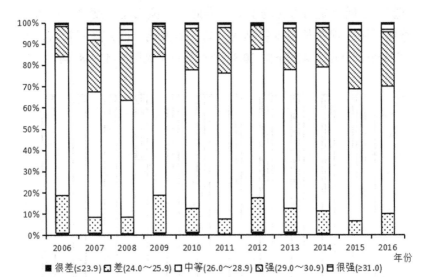

图 8-42　2006—2016 年新疆生产建设兵团棉花断裂比强度各级别比重

（五）长度整齐度分析

纤维长度对成纱品质所起作用也受其整齐度的影响，一般纤维越整齐，短纤维含量越低，成纱表面越光洁，纱的强度越高。

从各级别占比 2006—2016 年的平均值来看，新疆地方、兵团棉花长度整齐度均以"中等"及"高"级别为主。地方、兵团棉花断裂比强度级别为"中等"的分别占 59.12%、68.93%，级别为"高"的分别占 35.29%、22.23%。地方与兵团相比，"高""很高"级别占比分别比兵团高 13.06、0.46 个百分点，而"中等""低""很低"级别占比分别比兵团低 9.81、2.9、0.39 个百分点，因从整体来看，新疆地方棉花长整度水平高于新疆兵团。但与 2006 年相比，2016 年新疆地方、兵团"高""很高"级别占比均下降，而"低""很低"级别占比均上升，因此，新疆棉花长度整齐度水平整体下降，棉花长整度级别为"高"的占比，地方降幅较大，为44.78 个百分点，兵团下降 20.83 个百分点（见图 8-43—8-44）。

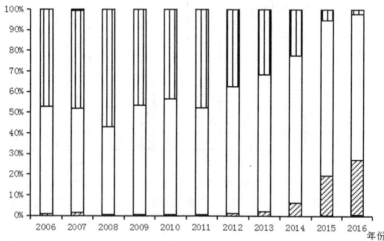

图 8-43　2006—2016 年新疆地方棉花长度整齐度各级别比重

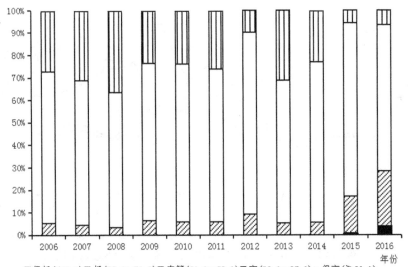

图 8-44 2006—2016 年新疆生产建设兵团棉花长度整齐度各级别比重

四、新疆棉花种植成本与收益分析

（一）新疆棉花收购价格波动上涨，涨幅不大

2006—2018 年，新疆普通棉花收购价格呈波动性上升趋势，最高点为 2013 年，价格为 18.57 元/千克，与 2006 年相比，2018 年增长 27.19%。长绒棉虽然 2018 年比 2006 年收购价格略有降低，但与普通棉相比，长绒棉长期保持价格绝对优势，2018 年长绒棉价格高于新疆普通棉花 6.65 元/千克。新疆普通棉花与我国山东、河南、湖北产区以及全国平均收购价格相比，价格并不占优势，直到 2017 年，新疆棉花收购价格才开始高于全国平均水平（见图 8-45）。

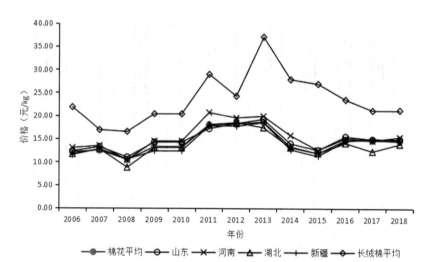

图 8-45 2006—2018 年新疆与我国其他产区棉花收购价格
注：数据来源于 2007—2019 年《全国农产品成本收益资料汇编》，下同。

（二）种植成本逐年增加，收益不容乐观

2006—2018 年，新疆棉花种植总收入呈波动上升趋势，2010 年达到最高值 3.82 万元/公顷，2008 年处于最低值 1.90 万元/公顷，与 2006 年比，2018 年棉花总收入上升了 47.12%。总成本呈波动上升趋势，甚至从 2014、2015、2018 年超过总收入，与 2006 年比，2018 年棉花总成本上升了 111.69%。总成本增幅明显高于总收入增幅，前者是后者的 2.37 倍，净利润降幅达 123.72%。成本和收入增幅差距过大导致净利润下降，2014、2015、2018 年，净利润为负值，2015 年达到最低值 -9806.7 元/公顷。成本利润率同净利润趋势一致，波动性较大，2006—2013 年、2017 年为正值，2014、2015、2018 年为负值（见图 8-46）。

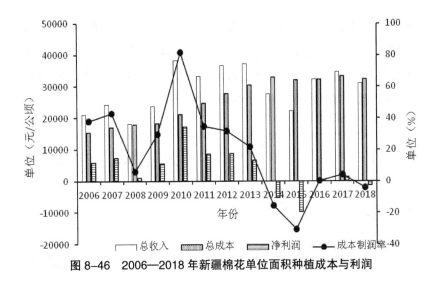

图 8-46　2006—2018 年新疆棉花单位面积种植成本与利润

（三）成本中物质与服务费用、人工成本占比较高，涨幅较大

棉花生产总成本是在生产过程中棉花所付出的经济代价的总和，主要包括生产成本和土地成本，生产成本分为物质与服务费用与人工成本，人工成本又分为家庭用工折价和雇工成本。

2006—2018 年，物质与服务费用、人工成本、土地成本在总成本中分别平均占 41%、40%、19%，可见物质与服务费用和人工成本是影响棉花总成本水平变化的主要原因，且物质与服务费用略高于人工成本。十余年来，各项成本均呈波动性上涨趋势，物质与服务费用和人工成本呈现出此起彼落的状态，如其中一者当年有所上升，另外一者则相应下降，反映出物质与服务费用和人工成本之间存在相互替代关系。土地成本费用占总成本比重较为稳定，13 年内，一直保持 17%—21%，增幅较小，与 2006 年相比，2018 年上涨 79.73%，而物质与服务费用增幅最大，为 131.61%，人工成本增幅居中，为 107.34%。在人工成本中，雇工成本涨幅明显，从 2006 年的 2485.35 元/公顷涨到 2018 年的 5799.3 元/公顷，上涨了 133.34%，其占人工成本比重也从 2006 年的 43.7% 涨到 2018 年的 49.18%，接近一半（见图 8-47）。

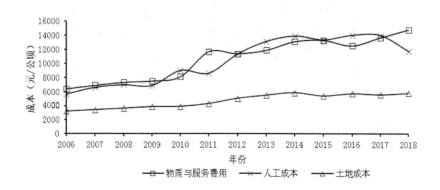

图 8-47 2006—2018 年新疆棉花种植各项成本变化趋势

（四）现金成本波动上升，现金收益波动下降

在市场经济影响下，怎样保护和奖励棉农生产棉花的积极性对于新疆棉花产业的可持续性发展具有关键性的作用。棉农生产的积极性直接来源于棉花生产取得的经济效益。现金成本与收益反映农户最重要的和实际生产经营现金成本与增益。

2006—2018 年现金成本波动性增长，而现金收益波动性下降，在 2014 年、2015 年出现了连续性剧烈下跌的现象，虽然在 2016 年之后开始回升，但也一直没有回升到 2014 年以前的历史高水平上，虽在一定程度上表明棉花目标价格政策在较大程度上扭转了棉农实际收益下降的趋势。但从整体来说，现金收益水平呈现长期下降趋势。与 2006 年相比，2018 年现金成本增长 134.27%，现金收益下降 20.79%（见图 8-48）。说明在棉花收购市场价格相对稳定的环境下，棉花生产成本持续上升对棉农生产经营净利润的侵蚀性越来越严重。

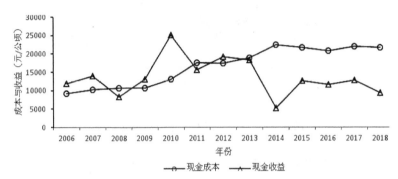

图 8-48　2006—2018 年新疆棉花种植现金成本与现金收益

五、棉花的进出口现状

我国人口基数巨大，对棉制品的需求量也非常大，国内市场供不应求，鲜少能到国外厂商手中。据观研天下《2018—2023 年中国新疆棉花产业市场竞争态势调查与投资商机分析预测报告》，中国棉花出口量仅占世界的 0.1%，跟美国 37.7%、巴西 11.7%、印度 10.3% 相比相差甚远，不仅出口很少，中国消费量的 37% 还需要进口。2006—2018 年，我国棉花进口量平均为出口量的 228 倍。2006—2012 年，我国棉花进口量先降后升，2012 年升至 513.47 万吨，2013—2016 年，随着我国产棉水平的提高，进口量逐年下降，2016 年降至最低点 89.66 万吨，2017、2018 年又有所回升。与

2006 年比，2018 年进口量降低 56.81%（见图 8-49）。

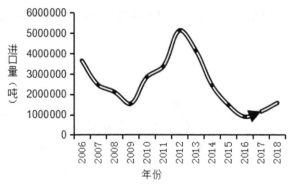

图 8-49　2006—2018 年全国棉花进口量

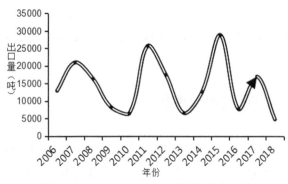

图 8-50　2006—2018 年全国棉花出口量

2006—2018 年我国棉花出口数量虽小，但波动很大，且频率加快。2015 年达出口量波峰值，为 2.88 万吨，2018 年为出口量最低谷，为 0.47 万吨。从波谷到波峰再到波谷由 4 年加快到 3 年再到 2 年。与 2006 年比，2018 年出口量下降 63.54%（见图 8-50）。从棉花进出口数据看，我国棉花长年存在贸易逆差。但是在产业链的角度来看，我国纺织业优势非常突出，我国不多的出口额基本落在了代加工产业发达的越南、印尼等国。

六、新疆棉花产业存在的主要问题

棉花种植业在新疆区域经济中占据重要地位。但是，由于生产成本上升、质量下滑、水资源紧缺等因素影响，新疆棉花产业的发展面临着严峻挑战。

（一）植棉成本过高但效益不佳

近年来，棉花种植所需的化肥、地膜、柴油等农资成本，以及人工成本、租地成本等大幅上涨引起植棉成本持续增加，虽然新疆单产水平高于全国平均水平，但是增产绝对量和增产幅度远远没有生产成本增长得快，棉花种植净利润、现金利益大幅下滑，甚至有些年份出现亏损。另一方面，棉花产品价格又受国际市场影响，波动很大，新疆三级棉的价格要高出美国同级棉花，而质量又不如进口原棉，这给新疆棉花生产和销售带来极大挑战。

（二）棉花品种多杂乱致原棉质量下滑

品种是棉花内在品质的决定因素。新疆种植的棉花品种较多，有的棉花生产地区生产品种较多，甚至有的种植户一次能种植多达四个品牌，更甚者有的种植户在一块土地上会同时种植两个品种，多种品种的混合种植使得棉花的生长差异较大，保苗率和收获株数下降，产量下降，品质低下，经济效益低下。近几年新疆大力推广机械采棉来应对劳动力成本的快速上涨问题，但因农机农艺品种匹配度不高，造成机采棉含杂率高。部分品种在收获时混收混放，加工时混轧，造成棉花品质不稳定、不均匀，杂质和籽屑含量多。新品种引进、登记制度不完善，导致未审定的棉花品种在市场上流通，从而给标准化良种繁育体系的建立带来较大压力。

（三）水资源紧缺、自然灾害频发限制棉花产业发展

新疆位于内陆干旱区，全区降水量稀少，仅为全国平均年降水量的23%。新疆的水资源主要是依靠高山冰川的融水补给，水资源一直短缺，尤其是季节性供水的不平衡矛盾，这些年来，随着社会经济、认可资源、城镇化和工业的快速增长和发展，以及大面积的复垦，水资源短缺的矛盾日益尖锐。据粗略统计，新疆中重度缺水棉田面积占总面积的30%以上，严重制约了棉花生产的发展。此外，新疆每年春季霜冻、寒害、冰雹和秋季降温快，早霜也经常给棉花生产造成很大损失。

（四）病虫害对棉花种植的影响

枯、黄萎病在新疆棉区普遍发生，主要原因是棉花的集中连作生产，以及不同棉花品种之间的大引大调致使此种现象越发严重。另外，引发枯、黄萎病的病原菌变异加快，一旦出现致病力较强的病原菌，原有品种抵抗力弱，导致病害大面积发生，产量降低、品质变差。除了遭受病害的侵扰，新疆棉区还经常遭受棉铃虫、棉蚜、棉叶螨等虫害的侵蚀，虫害大面积出现，会大大降低新疆棉花的产量。最近的几年时间里，新疆的某些地区遭受了蚜虫和棉叶螨的侵扰，大面积的棉田受到了影响，棉花产量大幅降低，甚至部分区域的降幅超过了30%。由此可以看出，病虫害对新疆棉花的产量有序发展产生了较大影响。

（五）从业人员技术水平不高，老龄化加重

目前，由于人才大量向城市流动，留在农村从事棉花种植生产的从业者大部分年龄偏大，平均年龄约55岁，文化水平和专业技术能力水平偏低，接受新思想、新知识和新技术能力不强，棉花种植和采集效率不高、效益偏低。另外，在棉花产业方面缺乏专业的人才和年轻的技术人员，尤其是高校设置的棉花专业已经不复存在，这些都加速了新疆棉花产业的人才匮乏问题。

七、新疆棉花产业可持续发展的对策和建议

（一）加大科技投入，增加棉花种植效益

不断总结经验，加强棉花科学生产技术研究，加大在科技植棉上的投入，调动政府、企业和科技人员特别是龙头企业的积极性，向棉花生产领域投资，加快节本增效新品种、新技术的研发与转化，加大宣传和推广，使科技成为新疆棉花产业高效、可持续发展的主要推动力量。另外，各植棉区依据当地资源禀赋发展长绒棉、中长绒棉、有机棉等专用棉花品种，走出各区特色优势棉创新发展的新路子，提升棉花种植效益。

（二）多措并举，提升棉花质量

质量是决定新疆棉花产业效益的核心问题，其中种子是关键。需严格规范种子市场，提高种子入市门槛，禁止生产、经营未经审定的品种，搞好棉种的良繁和提纯复壮工作，严禁不同品种混种、混放、混收，建立健全棉花品种试验—示范—推广机制，筛选适合本地的优良品种。在生产管理与后期加工中，科学制定栽培、加工

技术规程与标准，推行标准化作业。在病虫害防治中，坚持以预防为主，生物与物理防治优先，化学防治为辅，探索高效、安全、生态的综合防治系统。质量监督管理部门应加快完善棉企质量信用评价体系，开展质量提升咨询服务，提高企业质量管理水平。

（三）加快品牌建设，提升产业竞争力

依托庞大的国内市场并积极拓展海外市场，加快新疆棉花品牌建设，发掘品牌价值，更好地塑造新疆棉花品牌形象，满足人们棉制品消费升级需求，促进棉花产业迈向价值链中高端。以加工企业为核心，带动产业链种植和纺织生产环节上下游建设与联动，实现上下游需求与供给信息共享，精准对接，解决低端棉花结构性过剩，中高端棉花供给不足问题，促进新疆棉花产业健康可持续发展。另外，组建一批以具有国际影响力的大型纺织集团和跨国式公司为主的企业形成我国自主棉花品牌联盟与质量认证体系，提升企业自身发展能力和新疆棉花产业竞争力。

（四）打造新疆棉花全产业链中心，发展产业集群

借助"一带一路"发展契机，打造新疆棉花全产业链。一是重点发展宜棉区和优势棉区，发展特色优势棉花，实现优质优价，对新疆棉花的市场竞争有显著增益。二是建设完善的棉花金融体系，围绕棉花市场进行投资建设，主要是包括期货、现货和下游的纺织产业金融保险体系建设，规避市场风险，拓宽融资渠道，促进棉花产业节本增效。三是提高运输棉花的物流信息化整理与水平，促进现代先进的物联网、云计算和大数据等先进信息技术在新疆棉花领域流通的创新应用。四是发展集装箱的运输棉花方式，通过集装箱的形式，不仅可以使棉花运输减少损失，还能够增加工作效率，大

幅降低运输费用和销售成本。

（五）建立棉花大数据平台，加快产业高质量发展

　　发展棉花产业网络化、智能化是大势所趋。要加强棉花产业链农资供应到生产、加工、销售、价格补贴等各环节互联网、人工智能与棉花产业的深度融合，将各个部门孤立的棉花信息串联起来，构建"互联网＋棉花"大数据平台，一方面做到全产业链质量控制，另一方面促进棉花行业提质增效，培育棉花行业增长新动能，推进棉花产业健康、绿色、可持续发展。

第九章 结论、问题与建议

第一节 本书主要结论

本书通过对西北民族地区特色优势产业发展的背景与历史沿革，特色优势产业整体评价与筛选，省域特色优势产业描述、特色优势产业典型案例分析等内容的研究，得出结论如下。

一、特色优势产业历史沿革

本书分析了西北民族地区特色优势产业发展的政治、资源与社会背景，梳理了西北民族地区特色优势产业发展的历史演变，探索了西北民族地区特色优势产业发展的规律，指出西北民族地区是中华民族的重要发祥地，产业结构从以游牧业、手工业、粮食种植业等为主，到以规模化畜牧业、现代轻重工业、特色经济作物种植业为主，再到如今以特色旅游业为主的第三产业蓬勃发展，经过不断调整、优化与升级的历程。

二、特色优势产业整体评价与筛选

本书指出西北民族地区在我国属大农业地区，但区域内部产业结构均为"二三一",即第二产业占主导优势地位。长期来看,第二产业主导优势、贡献率均已呈下降趋势;第三产业优势逐渐显露,第一产业虽然仍不断向前发展,但与第二、第三产业相比,优势逐渐减弱。

利用"DSSM(结构偏离份额模型)—区位熵"模型、熵值法从三次产业和八大产业进行了结构与竞争力分析、评价与筛选。

从三次产业来看,西北民族地区四省(区)第一产业结构均非常不合理,竞争力不强,主要为二、三产业带动,第二产业竞争力较强,但结构不合理。第三产业除宁夏有结构优势、无竞争力优势以外,其他三省(区)均既有结构优势又有竞争力优势。近十余年来动态排名大部分年份亦为第三、一、二,可见第二产业在国计民生中重要的支撑作用与强大的产业优势、竞争力以及第三产业后来居上的生机。

从八大产业看,西北民族地区工业、建筑业优势显著,房地产业劣势明显。除工业、建筑业以外,甘肃、新疆特色优势产业以农林牧渔业为主,青海、宁夏特色优势产业以金融业为主。但从动态变化来看,工业、建筑业青海、宁夏优势维持,甘肃、新疆优势不再,农林牧渔业甘肃优势上升,新疆优势下降,金融业宁夏、青海优势略有上升。并利用 Granger 因果检验与协整检验进行了验证。

三、省域特色优势产业描述

甘肃民族地区的河西走廊民族区特色农业推进缓慢稳定,畜牧业发展持续增长,第二产业依然是河西走廊民族地区的支柱性产业,旅游资源丰富,第三产业发展日趋成熟;黄土高原回族聚居区以商贸业为主的第三产业优势增长明显,民族特色工业发展迅速、旅游资源和民族特色产业融合越发紧密；甘南州以牦牛、藏羊为主的畜牧业保持传统优势，占全省领先地位，青稞、藏药等特色种植业具有较强优势，文化旅游资源大开发、大发展。但同时民族文化对特色产业现代化发展有一定影响，民众主动发展特色优势产业意识不强等因素都影响了甘肃民族地区特色优势产业的跨越式与可持续发展。因此，在未来的产业发展中，必须提高民族地区群众共同体意识，科学合理地调整民族地区的特色产业结构，转变生产和发展方式，着力推进产业提质增效，加强民族地区人才培养，创新科技和服务体系。

青海省第一产业主要分布在西南部三江源地区的玉树州，特色优势产业为高原畜牧业和种植业；第二产业主要以海西州为中心，特色优势产业为资源开发型工业；第三产业广泛增长，以西宁市为中心，特色优势产业为旅游业。第一产业中，农业（种植业）具备产业优势的包括粮食作物、油料、蔬菜及食用菌等；林业具备产业优势的主要为枸杞产业；畜牧业具备产业优势的是以牛羊为主的高原畜牧业。第二产业中，重工业特色优势产业主要为资源密集型产业中的黑色金属矿采选业、有色金属矿采选业、钾肥等及其上下游等关联产业。第三产业中，西宁市、海北州、黄南州集中了青海众多的世界级、国家级旅游资源，旅游业具有明显的产业竞争优势。但是总的来说，农业内部结构失衡，轻重工业比例失调，第三产业发展滞后。在未来的产业发展中，可立足其独特农业资源优势的发挥来生产绿色产品；将高原特色畜牧业与牧草资源平衡结合起来；在优势区培育或扶持畜产品加工企业，创建特色优势品牌；加强冷链物流基础设施建设，加快提升冷链物流现代化水平。

宁夏第二产业是最具优势的产业，其中最有优势的产业为煤炭开采和洗选业，其次为电力、热力的生产和供应业、石油加工、炼焦及核燃料加工业、有色金属冶炼及压延加工业。在第二产业之后，以交通运输、仓储和邮政业为首的第三产业优势明显，之后为信息传输、计算机服务和软件业、公共管理和社会组织。三次产业相比，第一产业优势最弱，优势从高到低依次为农业、畜牧业和林业。宁夏第二产业中工业体系逐步完善，建立起以煤炭、电力、化工、冶金、机械、建材、食品和纺织工业为主体的具有地方特色的工业体系。随着经济社会的进一步发展，人民生活水平日益提高，金融、现代物流业等第三产业提速升级，旅游业在国内外的知名度进一步提升。此外，宁夏大力发展特色优势农业，枸杞、牛羊肉、奶业、马铃薯、优质粮食、瓜菜、淡水鱼、葡萄、红枣、优质牧草、农作物制种、苹果、道地中药材等13个特色优势产业优势显著。但优势特色产业的可持续竞争力不强，科技创新能力比较薄弱。在未来的产业发展中，需加强三次产业中特色与优势的培育，进一步优化与升级产业结构，加强科技创新，提高特色优势产业可持续的竞争力。

新疆第一产业中农牧业发展优势明显，专业化程度持续增高。从新疆六大特色优势农产品产量来看，新疆粮食作物和蔬菜产量遥遥领先，其次为果用瓜、棉花、苜蓿，油料产量最低。第二产业中石油和天然气开采业，石油加工、炼焦及核燃料加工业，有色金属矿采选业，黑色金属矿采选业，电力、热力的生产和供应业，化学纤维制造业，燃气生产和供应业产业优势显著。且石油和天然气开采业长期保持绝对优势，具有强大的发展潜力和空间。新疆第三产业中，旅游业、商贸物流业、金融业等现代服务业发展迅速，特色餐饮、家政服务、健康养老、文化体育、休闲娱乐等新业态不断涌现，各行业你追我赶、争相发展。其中交通运输、仓储和邮政业优势增幅最大，对第三产业的蓬勃发展发挥了重要作用。但在特色优势产业的发展中，还存在创新能力不足，产业链比例失衡，知名自主品牌匮乏，政策扶持力度不足等问题。未来，需建立各产业间联动发展模式，树立品牌意识，加强民族团结，完善信息化建设。

四、特色优势产业典型案例分析

为更深入了解西北民族地区特色优势产业发展的现状，提出更具针对性的促进产业发展的对策建议，边研究对西北民族地区4个典型特色优势产业进行案例分析结果如下。

对甘肃东乡县肉羊产业发展现状及其可持续发展影响因素的灰色关联度分析，结果表明东乡县养殖方式不断向集约化、规模化转变，羊肉产量与人均羊肉占有量持续增加，品牌效应不断增强，带动畜牧业、农业服务业产值不断增加。肉羊存栏量、出栏量、人均羊肉占有量是影响东乡县肉羊产业可持续发展的重要影响因素，未来需大力提高肉羊存栏量、持续发展短期育肥提高出栏量，并提高肉羊产业产品商品率，增加人均羊肉占有量，促进东乡县肉羊产业可持续发展。纵观西北民族地区，牛羊产业的发展离不开牛羊肉餐饮产业链的逆向拉动与相关技术的转型改良、民族传统习惯的发扬，属传统习惯型特色优势产业。

对青海旅游业发展现状与游客满意度研究结果表明，青海旅游业特色优势明显，已成为引领青海经济、社会发展的特色优势产业。青海景区的总体形象，游客的感知质量、感知价值都对游客满意度产生正向影响，其中，感知价值对满意度影响显著，满意度显著正向影响忠诚度。因此，建议从提升青海旅游业基础设施建设，增加游客逗留时间，提高游客感知价值、感知质量，从而提高游客的满意度与忠诚度，促进青海旅游业蓬勃发展。从整个西北民族地区来看，发展旅游业资源优势明显，西北民族地区旅游业属于资源优势型特色优势产业。

对宁夏枸杞产业现状与发展态势 SWOT 分析结果表明，宁夏枸杞产业发展优势突出，区位条件优越，产业基础良好，全产业链发展成效明显，种植规模稳步增长、加工业发展迅速，市场拓展成效显著。但是也存在竞争力提升缓慢，品牌提升与保护不足，新型经营主体发展不完善等产业内部劣势。同时也受到邻近省区间竞争加剧，品牌效应受到冲击等外部挑战，因而抓住构建现代农业产业技术体系和特色优势产业扶持政策等机遇发展枸杞产业势在必行，提出持续推进科技创新，促进枸杞深加工及产品研发，强化宁夏枸杞品牌保护，加强枸杞文化建设等促进宁夏枸杞产业发展的对策建议。宁夏枸杞产业的成功是国民保健理念的提升与品牌优势的共同发挥作用产生的积极效应，属于消费偏好型特色优势产业。

对新疆棉花产业现状与发展研究结果表明，"世界棉花看中国，中国棉花看新疆"，新疆棉花产业在我国占据重要地位。新疆棉花产业布局在南疆、北疆和东疆三大棉区，生产规模日益扩大，棉花质量优良但因品种多杂乱等因素下滑严重，水资源紧缺、自然灾害频发限制棉花产业发展，病虫害对棉花种植的影响，从业人员技术水平不高，老龄化加重。未来需加大科技投入，增加棉花种植效益；多措并举，提升棉花质量；加快品牌建设，提升产业竞争力；打造新疆棉花全产业链中心，发展产业集群；建立棉花大数据平台，加快新疆棉花产业高质量可持续发展。新疆棉花产业的发展源于棉纺业对于优质棉花的强劲需求以及新疆绿洲灌溉农业的规模化发展能力，属于市场拉动型。

第二节 存在的主要问题

一、科技创新能力不足

由于资源禀赋、资金、人才不足以及思想观念开放不够，西北民族地区特色优势产业新品种、新技术、新工艺开发应用远远落后于发达地区。很多特色优势产业产区停留在大宗原材料和初级产品供应地的尴尬局面，限制了特色优势产业链的延伸与发展，如甘肃肉羊产业、宁夏枸杞产业、新疆葡萄和棉花产业等。

二、产业链上下游衔接不畅

特色优势产业上下游信息不对称，各环节衔接不畅，影响产销供需协调均衡关系，阻碍产业的快速可持续发展。如棉花产业，旅游产业旺季供不应求，产品、服务价格虚高，淡季供过于求，无人问津或价格大幅下跌。

三、知名自主品牌匮乏，品牌保护不力

西北民族地区特色优势产业普遍存在重生产、轻营销现象。经营主体对于自身产品宣传力度不够、营销模式过于单一、对市场定位研究不足、产品档次普遍较低，产业竞争力不强。而且，品牌保护不力，假冒伪劣品牌屡见不鲜，影响产业可持续发展能力。

四、从业者专业技术能力弱

西北少数民族地区特色优势产业从业者普遍存在文化水平和专业技术能力弱，接受新思想、新知识和新技术能力不强，劳动生产率低的问题，导致产业经营效益不高，发展缓慢。如旅游业中，管理松散、混乱，导游业务水平参差不齐，"黑导""假导"扰乱市场秩序，影响旅游体验及产业健康可持续发展。

五、邻近地区特色优势产业同质化严重，竞争加剧

因资源禀赋所限与政府部门引导，西北民族地区不同省份或地区特色优势产业类似，竞争加剧。如宁夏枸杞产业本是我国药食同源最负盛名的特色优势产业，但随着甘肃、青海、新疆等产区枸杞产业发展势头越来越强，且青海枸杞个头颜色优势超过宁夏，对传统宁夏枸杞产业造成了很大的冲击。

六、特色生态旅游业发展不足

西北民族地区独特神秘的自然景观与迥异多样的人文历史景观富集，具有发展特色生态旅游业的先天优势，但目前旅游配套设施建设不足，旅游接待能力亟待提高，尤其是酒店数量少、餐饮服务质量不高。另外，旅游产品单一，观光型多，融入体验型少，致使游客逗留时间短，重复游概率小，"门票经济"现象严重，旅游业发展后劲乏力。

第三节　进一步发展的建议

一、进一步优化升级产业结构，科学合理调整特色产业

通过建设生态、高效、集约化、标准化农牧业种质与生产基地，培育动植物新品种，推广标准化种植技术、制定相应的技术标准等措施，积极建设现代农业园区等手段，促进资本、技术、人才的集聚，提升绿色有机农畜产品生产和深加工能力，加强冷链物流基础设施建设，加快提升冷链物流现代化水平。在优势区培育或扶持农畜产品深加工企业，引导企业适应市场结构变化和消费升级需求，创建特色优势品牌，促进产业结构进一步优化升级。优化品种和品质结构，有条件地实行"一县一品、多乡一品"，引导种养业良种工作的重心从一般品种向特色品种拓展，由高产向优质、高效、特色转变。大力发展高新技术工业、休闲旅游业、物流业、软件与信息技术服务业等现代工业与服务业，转变能源型工业形成的路径依赖，促进第二、三产业转型、升级。

二、加大民族地区人才培养，推进科技创新

坚持以人为本，加强民族地区义务教育，完善专业技术人才职业教育，大力培养本地人才、青年骨干人才，组建科技创新团队，制定人才振兴支持政策。加大科技投入，提高原有优势特色产业科技含量，加快特色优势新产品、新工艺研发、新技术与新机械装备

的推广应用，推进农机农艺融合、水肥一体化进程，提升特色优势产业生产效益，使科技成为西北民族地区特色优势产业高效、可持续发展的主要推动力量。

三、延伸产业链，提升品牌影响力

以资源精深加工和智能制造为方向，通过引进先进技术对传统资源型产业进行升级改造，促进产业链延伸，优化产品结构，形成从初级产品到终端产品的深加工以适应市场需求，实现传统产业升级。整合同类产品深加工企业，减少同质化竞争，鼓励其抱团发展，并注重构建产业自主品牌联盟与质量认证体系，提升核心竞争力。强化品牌形象建设与监督管理，建立特色优势产业品牌保护跨区域合作机制，维护品牌可持续健康发展。

四、深化三产融合，促进全产业链发展

充分利用本地特有动植物资源、特色旅游资源，促进种养业结合，文旅、农旅结合，并以加工企业为核心，带动三次产业间融合与产业链上下游联动，实现上下游需求与供给信息共享、精准对接，解决特色优势产业低端产品结构性过剩、中高端产品供给不足问题，促进西北民族地区特色优势产业健康可持续发展。

五、完善信息化建设，加快产业提质增效

完善特色优势产业网络化、智能化、信息化建设，加强农资、原材料供应到产品生产、加工、销售等各环节互联网、人工智能与

特色优势产业的深度融合，将各个部门孤立的产业信息串联起来，构建"互联网＋特色优势产业"大数据平台，加强全产业链质量控制，促进特色优势产业提质增效，培育增长新动能，推进特色优势产业健康、绿色、可持续发展。

六、增强中华民族共同体意识，促进全民族共同发展

中华民族共同体意识是国家统一之基、民族团结之本、精神力量之魂，没有民族地区的现代化，就没有全国的现代化。加强民族地区乡村振兴战略实施，调动各方积极性，解决好各族群众最关心、最直接、最现实的生产生活问题，不断增强中华民族共同体意识和凝聚力，促进各民族和睦相处、和衷共济、共同发展，借助"西部大开发""一带一路"等发展契机，促进民族地区经济社会发展，缩小与经济发达地区的差异，维护国家繁荣稳定。

七、大力发展特色生态旅游业

西北民族地区特色生态旅游业要补齐短板就要完善餐饮、住宿等方面的旅游配套设施，制定规范的旅游餐饮、住宿的地方标准，加大监督检查力度，通过黑红牌制度，优胜劣汰，逐步提高接待能力与水平，提高游客满意度。另外，要丰富旅游产品，开展专项旅游、探险旅游、文化旅游、冰雪旅游等，扩展淡季旅游产品供给，形成大旅游产业体系，延伸旅游产业链。推进全域旅游融合发展战略，整体提升西北民族地区特色生态旅游业水平。

参考文献

［1］70年大发展，四个结构变化大．西海都市报，2019-9.

［2］安树伟．西部优势产业和特色经济发展．北京：科学出版社，2016.

［3］曹曼，叶文虎．产业体系划分的理论探讨．经济学动态，2004（6）：20-23.

［4］曹琼．丝绸之路经济带"核心区"特色优势产业集群发展影响因素研究．西安：陕西师范大学硕士学位论文，2017.

［5］辰昕，刘逆，惠长虹，韩非池，张赛君．创新完善产业划分理论将数据业设为第四产业的思考和建议．产业经济评论，2020（5）：5-14.

［6］陈昊．生态立区背景下宁夏农业优势特色产业转型升级与可持续发展研究．北京：北方民族大学，2019.

［7］陈亚威．关于加快青海轻工业发展的思考．哈尔滨金融学院学报，2013（6）：34-35.

［8］陈燕武，李育恒．福建省农业产业链变迁及其优化．华侨大学学报（哲学社会科学版），2021（1）：76-88.

［9］程利英．20年来明代西北民族史研究综述．西北第二民族学院学报（哲学社会科学版），2004（1）：30-35.

［10］程文明，王力，陈兵．乡村振兴下民族地区特色产业提

质增效研究——以新疆棉花产业为例.贵州民族研究,2019,40（6）：166–171.

［11］崔荣星,李延芬.昆明市外向型特色优势产业发展研究.现代城市研究,2012,27（6）：89–94.

［12］崔永红,等.青海通史.西宁：青海人民出版社,1999.

［13］代敏,王鹏,李豫新.西北少数民族地区经济差异及其影响因素分析.财会月刊,2017（12）：108–113.

［14］戴鹏.青海省一、三产业供给侧改革初探.青海金融,2016（6）：11–14.

［15］丁柏峰.简论羌人对青海农牧业发展的开拓地位.青海师范大学学报（哲学社会科学版）,2017,39（2）：54–58.

［16］段玮,张福伟.民族地区特色产业建设的思考.黑龙江民族丛刊（双月刊）,1999（4）：35–39.

［17］范从来,杜晴.产业结构影响 M2/GDP 比值的实证研究.中国经济问题,2015（2）：3–12.

［18］范省伟.西部地区旅游产业的发展战略及其实施对策.西北大学学报（哲学社会科学版）,2005（1）：27–31.

［19］甘南藏族自治州统计局.甘南统计年鉴.甘南藏族自治州统计局出版,2018.

［20］高新才,闫磊.西部民族经济区特色优势产业发展问题研究.地域研究与开发,2010,29（4）：35–39.

［21］高志伟.青海地区古代农业的起源与发展.青海民族研究,2005（3）：108–112.

［22］弓泽宇,陈玉兰.新疆棉花种植成本效益分析研究.天津农业科学,2020,26（4）：32–36.

［23］关爱萍,等.产业集聚水平测度方法的研究综述.工业技

术经济，2014（12）：150–155.

［24］国务院新闻办公室．新疆的发展与进步白皮书，2009.

［25］韩紫亮．从人的现代化看少数民族现代化．中共伊犁州委党校学报，2007（2）：74–77.

［26］何青宝．青海省林业资源可持续性发展的重要性探析．现代农业科技，2018（20）：137–139.

［27］何琼峰．中国国内游客满意度的内在机理和时空特征．旅游学刊，2011（9）：45–52.

［28］胡鞍钢．地区与发展：西部开发新战略．北京：中国计划出版社，2001.

［29］黄涛．青海藏区旅游业发展问题与对策研究．产业经济，2018，99（3）：73–74.

［30］贾曼莉，高静，武星宇．我国西北少数民族地区"精准扶贫"问题研究．经济视角，2020（2）：64–70.

［31］贾衍菊，林德荣．旅游者服务感知、地方依恋与忠诚度．地理研究，2016（2）：390–400.

［32］金小琳．旅游季节性及其两面性分析．旅游纵览，2020（15）：49–51.

［33］靳润成．青海古代农牧业的历史变迁．青海师范大学学报（社会科学版），1988（1）：117–126.

［34］康军．少数民族地区特色优势产业分析——以甘肃省临夏回族自治州为例．湖北民族学院学报（哲学社会科学版），2015，33（2）：54–58.

［35］科斯，等．契约经济学．北京：经济科学出版社，1999.

［36］寇连山．青海地区现代农业发展存在的问题及对策．现代农业科技，2012（17）：318–320.

［37］蓝庆新，韩萌.青海特色优势产业融入丝绸之路经济带建设的促进机制和政策建议.西北民族大学学报（哲学社会科学版），2017（1）：135-140.

［38］类承曜，魏开朗.货币政策中不同利率之间的传导机制及对经济的影响——基于 VAR 格兰杰因果检验的实证研究.投资研究，2018，37（9）：33-43.

［39］冷奕锦，王扬，赵倚天，熊宗伟.2014—2018 年度新疆棉花质量分析报告（二）.中国纤检，2020（5）：24-29.

［40］李国柱，黄琪骏.京津冀能源—经济—环境—科技系统协调发展研究.统计与政策，2021，37（14）：129-131.

［41］李俊峰.论西部特色经济的培育与发展.中央民族大学学报，2002（3）：80—84.

［42］李澜，张君丽.论西部地区民族经济发展中的特色经济开发.中央民族大学学报（哲学社会科学版），2001，28（6）：116-120.

［43］李宁，付加利，辛毅.新疆棉花成本收益及其生产效率研究.价格理论与实践，2021（2）：95-99.

［44］李宁.顾客满意研究综述.商业流通，2016（32）：19-20.

［45］李尚骜，龚六堂.非一致性偏好、内生偏好结构与经济结构变迁.经济研究，2012，47（7）：35-47.

［46］李文庆.宁夏优势特色产业发展研究.银川：宁夏人民出版社，2014.

［47］李文庆.西部大开发宁夏发展报告.新西部，2019（28）：60-63.

［48］李颖婷，崔晓敏.亚洲产业链：现状、演变与发展趋

势.国际经济评论，2021（2）：145-160+8.

［49］林翠生，张光英，方晓.福建湄洲岛旅游者感知价值与行为意向的关系研究.广西师范学院学报（自然科学版），2019（1）：141-149.

［50］刘昌雪，汪德根.基于SEM的旅游者对世界非物质文化遗产满意度评测——以苏州昆曲为例.地理科学进展，2012（10）：1369—1376.

［51］刘吼海，等.基于熵值法的农业信息化竞争力空间格局研究.广东农业科学，2012，39（21）：207-211.

［52］刘晖.大力发展旅游业　促进西部民族地区小康社会建设.黑龙江民族丛刊，2005（4）：59-63.

［53］刘丽，张宁.顾客感知价值、满意度与忠诚度的关系研究——电子商务环境下的实证研究.信息资源管理学报，2016（3）：50-58.

［54］刘颖琦，李学伟.西部区域竞争优势分析.中国软科学，2003（1）：130-134.

［55］刘雨.中国棉花进口的现状及问题分析.西部皮革，2017（10）：86-86.

［56］刘志坦，叶春，王文飞.产业链视角下天然气发电产业发展路径.天然气工业，2020，40（7）：129-137.

［57］卢东亮.提升门票价格对全域旅游发展的作用探究.中国市场，2019（8）：53-56.

［58］雒数刚.旅游抽样调查资料.北京：中国旅游出版社，2019.

［59］吕斯涵，张小平.基于DSSM的西北五省（区）林业产业结构变化与差异分析.湖北农业科学，2019，58（1）：126-132.

［60］马骏.基于产业链的工业互联网数据治理评价体系研究.天津：天津理工大学硕士学位论文，2021.

［61］马克·波拉特.信息经济论.长沙：湖南人民出版社，1987.

［62］孟鹭.基于产业链理论的移动短视频发展探析——以抖音为例.视听，2020（11）：152–153.

［63］孟珊.青海旅游业存在的问题及对策研究.价值工程，2016（19）：20–21.

［64］敏晓花.青海省畜牧业发展存在问题与对策探讨.经济管理，2018（1）：46–48.

［65］啤特果：临夏州和政县群众增收致富的"金果果".https://www.sohu.com/a/233869027_100029613.

［66］青海省"十三五"旅游业发展规划.http://fgw.qinghai.gov.cn/ztzl/n2018/sswgh/sswzxgh/201801/t20180112_51016.html.

［67］青海省旅游业发展与布局总体规划（修编）（2018—2030）.http://whlyt.qinghai.gov.cn/m/zwgk/ghjh/3047.html.

［68］青海省统计局.青海省统计年鉴（2008—2020）.北京：中国统计出版社，2019—2021.

［69］瞿梦杰.民族地区特色优势产业研究述评.经贸实战，2016，31（3）：245–246.

［70］任媛，安树伟.西部地区发展特色优势产业的优劣势分析.生态经济，2011（5）：125–130.

［71］佘升翔，李根，杨帆，段文军.旅游目的地形象对游客满意度和忠诚度的影响研究——以桂林市为例.广西社会科学，2016（10）：27–32.

［72］申兵.西部地区特色优势产业发展现状、问题及政策取

向.经济研究参考,2012(55):51-62+96.

[73]施正一.中国西部民族地区经济开发研究.北京:民族出版社,1988.

[74]宋超智,宋维明,印中华.浙江林业产业结构效应与战略选择实证分析.林业经济,2009(5):65-70.

[75]苏卉,党楠.我国出版产业高质量发展水平测度.统计与决策,2021,37(10):57-60.

[76]孙国盛.连片特困地区特色优势产业选择研究.兰州:兰州财经大学硕士学位论文,2015.

[77]孙立霞,等.基于产业集聚视角的青海省轻工业空间布局分析.青海师范大学学报(哲学社会科学版),2016(1):17-22.

[78]田国华.基于产业链理论的山西省大数据产业发展路径探究.商业经济,2020(8):24-25+133.

[79]田洪铭.提升青海特色农牧业市场竞争力问题研究.西宁:青海大学硕士学位论文,2014:28-36.

[80]田杰.中国工业系统生态效率评价——基于产业链视角.统计与决策,2021,37(15):96-99.

[81]万倩,孙红兵.基于结构方程模型的游客满意度研究——以昆明为例.曲阜师范大学学报,2015(4):62-73.

[82]汪侠,顾朝林,梅虎.旅游景区顾客的满意度指数模型.地理学报,2005,60(5):807-816.

[83]王恩胡.我国西部特色优势产业集群优化发展对策.商业时代,2012(1):125-126.

[84]王建新,关楠楠.河西走廊多民族交融发展的历史作用与现实意义.西北民族研究,2019(2):42-44.

［85］王岚.甘肃特色优势产业的界定.甘肃农业，2005（10）：79-81.

［86］王谋.世界排放大国 CO_2 排放和 GDP 的格兰杰因果分析及其对国际气候治理的影响和意义.气候变化研究进展，2018，14（3）：303-309.

［87］王奇，叶文虎.可持续发展产业结构创新.中国人口资源与环境，2002（12）：9-12.

［88］王文长，李曦辉，李俊峰.西部特色经济开发.北京：民族出版社，2001.

［89］王喜莎.基于"SSM—区位熵"的主导产业选择基准——以新疆巴音郭楞蒙古自治州为例.新疆师范大学学报（自然科学版），2016，35（1）：5-11.

［90］王香花，张伟婷，苏彩平.基于区位熵与集中度的山西省林业产业集群测度.林业经济，2015，37（10）：71-73+118.

［91］王英臣，王斌，耿潇潇.基于产业链理论的河北省绿色建筑发展路径研究.住宅与房地产，2019（22）：5.

［92］王昱，等.青海简史.西宁：青海省人民出版社，2013.

［93］王长松.青海省第三产业比重偏低的原因分析.西部金融，2015（10）：43-46.

［94］魏立桥，郑博文.甘肃省特色优势产业定量选取研究.开发研究，2008（1）：22-25.

［95］温军，白永平.突出民族特色发展特色旅游——西北少数民族旅游业发展构想.自然资源，1997（6）：75-80.

［96］温淑萍，王琛，张治华.宁夏枸杞产业发展及全产业链技术创新趋势分析.农业展望，2018，14（3）：53-58+64.

［97］乌小花，金彦伟.论我国民族地区的跨越式发展.黑龙江

民族丛刊（双月刊），2003（5）：25-29.

［98］吴明隆.结构方程模型——AMOS操作与应用.重庆：重庆大学出版社，2007.

［99］吴明隆.问卷统计分析实务——SPSS操作与应用.重庆：重庆大学出版社，2009.

［100］吴三忙.产业关联与产业波及效应研究——以中国旅游业为例.产业经济研究，2012（1）：56-58.

［101］习近平.决胜全面建成小康社会，夺取新时代中国特色社会主义伟大胜利——在中国共产党第九次全国代表大会上的报告.（2017-10-27）［2020-12-08］.http://www.xinhuanet.com/2017-10/27/c_1121867529.htm，2017.

［102］肖小虹.产业链理论研究综述.科技创业月刊，2012，25（12）：74-75.

［103］徐朝阳.工业化与后工业化："倒U型"产业结构变迁.世界经济，2010，33（12）：67-88.

［104］徐永富.宁夏五十年.银川：宁夏人民出版社，2014.

［105］亚当·斯密.国民财富的性质和原因的研究（下卷）.北京：商务印书馆，1974.

［106］闫建峰.新疆维吾自治区棉花生产现状及发展对策.乡村科技，2020，11（22）：47-48.

［107］闫伟红.顾客期望理论在旅游体验中的应用.连云港师范高等专科学校学报，2009（3）：58-62.

［108］严广恩.尼勒克县特色优势产业选择与培育研究.郑州：河南农业大学硕士学位论文，2014.

［109］颜雯.关于青海地区林业经济发展产业结构与创新型模式的预测研究.现代经济信息，2017（11）：488.

［110］杨明婉，李浩学，颜梁柱．中国棉花进出口贸易特点分析．中外企业家，2015（16）：241.

［111］杨真真，方秀男．基于灰色关联分析的 GDP 增长与产业结构关联程度研究——以黑龙江省为例．中国科技信息，2021（16）：113–114.

［112］姚红义，等．青海省传统工业的现状及问题分析．现代经济信息，2015（23）：468–470.

［113］姚旻，陈厚义．开放经济下欠发达的西部民族地区优势产业选择．贵州民族研究，2008（4）：124–129.

［114］姚齐源，宋伍生．有计划商品经济的实现模式——区域市场．天府新论，1985（3）：1–4+11.

［115］姚荣锦．西部地区发展特色优势产业的战略选择．理论导刊，2014，24（7）：74–76.

［116］叶骏骅．旅游业的经济贡献及其与交通运输业相互作用关系研究．生产力研究，2013（7）：118–120+133.

［117］叶元土．水产食品产业链发展关键问题的思考与发展机遇．饲料工业，2021，42（6）：1–8.

［118］依据携程网官网青海湖住宿索引．https://hotels.ctrip.com/hotels/listPage?cityename=qinghaihud&city.

［119］尹凯．基于偏离—份额分析法的山东省产业结构优化研究．经济研究导刊，2019（32）：26–31.

［120］于景飞，刘季玉．西北地区交通基础设施建设与旅游业发展的关系——以内蒙古、甘肃、青海为例．建筑经济，2020，41（S2）：57–61.

［121］于泽，章潇萌，刘凤良．中国产业结构升级内生动力：需求还是供给．经济理论与经济管理，2014（3）：25–35.

［122］詹鹏，等.基于产业链的我国三七产业发展现状与对策.北方园艺，2021（14）：158-164.

［123］詹瑜，崔嵬.农业产业链理论与实证研究综述.贵州农业科学，2012，40（5）：214-218.

［124］张斌.论数字出版产业链的形成与演化.出版广角，2021（5）：33-35.

［125］张海洲，陆林，贺亚楠.产业链旅游：概念内涵与案例分析.世界地理研究，2020，29（5）：1006-1016.

［126］张贺轩，徐爱武.新疆棉花生产地位分析.中国棉花加工，2020（4）：4-7.

［127］张红芳.西部地区竞争优势刍议.陕西经贸学院学报，2000，13（4）：18-21.

［128］张继武.顾客满意度指数模型的比较与借鉴.经济论坛，2006（20）：92—94.

［129］张静，温淑萍.宁夏枸杞新型经营主体的现实困扰与对策选择.宁夏农林科技，2019，60（10）：54-57+62.

［130］张明林，周荣华.基于区位熵的中国中部地区产业发展战略研究——以江西省为例//美国 James Madison 大学，武汉大学高科技研究与发展中心，美国科研出版社.Proceedings of International Conference on Engineering and Business Management（EBM2011）.美国 James Madison 大学，武汉大学高科技研究与发展中心，美国科研出版社，2011（4）：503-506.

［131］张前进，马丽.西北民族地区特色优势农业发展研究——以宁夏为例.安徽农业科学，2008（19）：8354-8356+8380.

［132］张喜才.物流产业链管理.北京：中国商业出版社，2018.

［133］张旭，崔志宇，卢炳文.支持农业优势产地发展促进农

民增收 . 中国财政，2004（1）：42-43.

［134］张洋 . "一带一路"背景下新疆开放型经济发展研究 . 长春：吉林建筑大学，2019：12-18.

［135］章潇萌，杨宇菲 . 对外开放与我国产业结构转型的新路径 . 管理世界，2016（3）：25-35.

［136］赵会杰，于法稳 . 基于熵值法的粮食主产区农业绿色发展水平评价 . 改革，2019（11）：136-146.

［137］政协委员聚焦发展现代农业，明天我们靠什么种田 . http://www.chinanews.com/cj/2011/01-26/2811565.shtml.

［138］中共宁夏回族自治区委员会党史研究室，宁夏回族自治区农牧厅，宁夏中共党史学会 . 宁夏工业经济改革与发展史研究 . 银川：宁夏人民出版社，2016.

［139］周芳 . 生态经济视角下区域特色优势产业评价 . 长沙：湖南农业大学硕士学位论文，2016.

［140］周丽，蔡张瑶，黄德平 . 西部民族地区乡村旅游高质量发展的现实需求、丰富内涵和实现路径 . 农村经济，2021（6）：137-144.

［141］庄万禄 . 论西部民族地区特色经济发展战略 . 中南民族大学学报（人文社会科学版），2004，24（1）：17-21.

［142］Akama J S, Kieti D M. Measuring tourist satisfaction with Kenya's wildlife safari: a case study of Tsavo West National Park. *Tourism management*, 2003, 24(1): 73-81.

［143］Baumol W.J. Macroeconomics of Unbalanced Growth: the Anatomy of Urban Crisis. *The American Economic Review*, 1967, 57(3): 415-426.

［144］Comin D.A., D. Lashkari and M. Mestieri. Structural

Change with Long-Run Income and Price Effects. *NBER Working Paper*, 2015(2): 15-95.

[145] Dennis B.N., T.B. Iscan. Engel versus Baumol: Accounting for Structural Change Using Two Centuries of US Data. *Explorations in Economic History*, 2009, 46(2): 186-202.

[146] Foellmi R., J. Zweimuller. Structural Change, Engel's Consumption Cycles and Kaldor's Facts of Economic Growth. *Journal of Monetary Economics*, 2008, 55(7): 1317-1328.

[147] Fonrell C, Johnson M D. The American customer satisfaction index: Nature, purpose, and findings. *Journal of Marketing*, 1996, 60(2): 7-8.

[148] Granger C W J. Investigating causal relations by econometric models and cross-spectral methods. *Econometrica*, 1969, 37(3): 424-438.

[149] Herrendorf B., R.Rogerson and A. Valentinyi.Two Perspectives on Preferences and Structural Transformation. *American Economic Review*, 2013, 103(7): 2752-2789.

[150] Kuznets S., J.T. Murphy. *Modern Economic Growth: Rate, Structure, and Spread*. New Haven: Yale University Press, 1966.

[151] Kuznets S. Modern Economic Growth: Findings and Reflections. *The American Economic Review*, 1973, 63(3): 247-258.

[152] Maddison A.. *Western Economies in Transition: Structural Change and Adjustment Policies in Industrial Countries*. London: Croom Helm, 1980: 124-136.

[153] Ngai L.R., C.A. Pissarides. Structural Change in a Multisector Model of Growth. *The American Economic Review*, 2007, 97(1): 429-

443.

　[154] Paul R. Krugman. Increasing Returns and Economic Geography. *The Journal Of Political Economy*, 1991, 99(3): 499.

　[155] Swiecki T.. Determinants of Structural Change. *Review of Economic Dynamics*, 2017(24): 95–131.

图书在版编目（CIP）数据

西北民族地区特色优势产业现状与发展调查研究 /
白贺兰等著 . -- 北京 : 民族出版社 , 2023.11
ISBN 978-7-105-17160-6

Ⅰ . ①西… Ⅱ . ①白… Ⅲ . ①民族地区—特色产业—
产业发展—调查研究—西北地区 Ⅳ . ① F269.274

中国国家版本馆 CIP 数据核字 (2024) 第 002502 号

西北民族地区特色优势产业现状与发展调查研究

责任编辑：李燕妮
封面设计：金　晔
出版发行：民族出版社
地　　址：北京市东城区和平里北街 14 号
邮　　编：100013
电　　话：010-64228001（汉文编辑二室）
　　　　　010-64224782（发行部）
网　　址：http://www.mzpub.com
印　　刷：北京中石油彩色印刷有限责任公司
经　　销：各地新华书店
版　　次：2023 年 11 月第 1 版　2023 年 12 月北京第 1 次印刷
开　　本：880 毫米 ×1230 毫米　1/32
字　　数：250 千字
印　　张：10.25
定　　价：30.00 元
书　　号：ISBN 978-7-105-17160-6/F · 499（汉 392）

该书若有印装质量问题，请与本社发行部联系退换。